中原学术文库·学者丛书

郑州大都市区建设研究

STUDY ON THE CONSTRUCTION OF
ZHENGZHOU METROPOLITAN AREA

王建国 等 / 著

社会科学文献出版社
SOCIAL SCIENCES ACADEMIC PRESS (CHINA)

本书作者

王建国　　王新涛　　柏程豫

李建华　　左　雯　　韩　鹏

郭志远　　彭俊杰　　易雪琴

前　言

　　大都市区是以一个大的城市人口为核心，以及与其有着密切社会经济联系的具有一体化倾向的邻接地域的组合，它是国际上进行城市统计和研究的基本地域单元。大都市区作为城镇化发展到较高阶段产生的城市空间组织形式，是人类社会生产力发展到一定阶段的产物；作为城镇化发展到高级阶段的主体形态，大都市区是一个国家或区域经济社会发展的制高点，凸显了城市群和城镇化发展的客观趋势，反映了区域经济社会发展的基本规律。

　　随着世界城镇化不断向高级阶段的演进，大都市区作为区域城市空间组织形式不断在美欧日等发达国家和地区形成和涌现，距今已有近百年的历史。美国在进入20世纪20年代时，城市人口超过农村人口，大城市人口开始逐渐向郊区迁移，形成了具备相当城市功能的郊区，区域核心城市和周边城市不断连接起来形成大都市区。1920年，美国有58个大都市区；1940年，增加到140个；目前，美国大都市区达到331个，大都市区人口近2.2亿，占全国总人口的80%以上。日本的工业化、城市化进程也是以大都市区发展为主导特征，在20世纪五六十年代，日本形成了东京、大阪、名古屋、福冈四个大都市区，目前日本近八成的国内生产总值集中在四大都市区。欧洲如英、法、德、荷等国，在其城市化发展中也出现了大都市区形成和发展的现象。大伦敦地区、大巴黎地区等都是世界上历史最悠久的大都市区。

　　改革开放以来，尤其是进入21世纪以来，我国以超大城市和大城市为特征的城镇化不断加速发展，2015 年城镇化率达到 56.1%，大批农业人口涌向长三角、珠三角和京津冀地区，北上广深等地区常住人口迅速大规模增长，"城市病"频发，直接影响了超大城市的运行效率和质量。于是，在市场看不见的手和政府看得见的手的共同作用下，通过产业的向外转移和城市功能的疏散，以北京和天津、上海、广州和深圳为中心的大都市区迅速形成。

河南作为全国第一农业和人口大省，不仅城镇化发展相对滞后（2015 年与全国城镇化平均水平相差 9 个多百分点），而且区域分布也极不平衡。郑州作为河南省会，以及中原城市群核心城市和我国支持建设的国家中心城市，成为大量农业转移人口的首选地，外来人口相对较多，过去 5 年郑州净流入人口在全国各大城市中排第七位，使得无论是公共服务供给，还是基础设施和交通运输承载，都不能满足需要；同时，从生产和消费的角度看，郑州土地供给有限，房地产价格高涨。据国家统计局公布的 2016 年 8 月 70 个大中城市住宅销售价格变动情况，郑州新房和二手房分别为 5.6% 和 4.5% 的环比涨幅，同时位居第一，这在一定程度上表明郑州市区容量愈益有限，资源呈相对稀缺态势，凸显了建设郑州大都市区的必要性和紧迫性。从现实情况看，以高速铁路、高速公路和城际铁路为纽带，以郑州为中心的城市密集区正在形成，郑州企业已经越界进入开封，跨河布局新乡和焦作。

随着我国对外开放层次的提升、国内区域经济格局的变化，以及城镇化的稳步推进，以郑州中心城区和航空港经济综合实验区为双核，以城际快速交通为基础，以区域产业分工合作为纽带，按照组团发展、产城融合、统筹协调、跨界互动原则，着眼于建设国家中心城市、支撑国家战略实施、打造中西部地区核心增长极的发展目标，在"一小时通勤圈"内推动郑州、开封、新乡、焦作、许昌等地打破传统行政区划分割，按照区域经济规律进行整合，构建组合型郑州大都市区，业已具备良好的时代背景和历史条件。

建设郑州大都市区，顺应了时代发展的潮流，有利于拓展郑州的发展腹地，延长城市发展的生命周期，增强集聚渗透与辐射带动功能，提升郑州国家中心城市地位，对于优化中原城市群结构，提升河南城镇化质量，促进中原崛起河南振兴富民强省，以及深化落实国家重大发展战略，促进国家区域协调发展具有重大现实意义和深远历史意义。

王建国
2017 年 4 月

目录
CONTENTS

第一章
建设郑州大都市区的时代背景

大都市区作为城市群发展的高级空间形式,是城镇化发展到高级阶段的主体形态,也是一个国家或区域经济社会发展的客观趋势和制高点。2016 年 3 月,《国民经济和社会发展第十三个五年规划纲要》提出"中原城市群要成为支撑区域发展的增长极""加快郑州航空港经济综合实验区建设"等重大战略。《河南省国民经济和社会发展第十三个五年规划纲要》提出"把中原城市群作为彰显区域优势、参与全球竞争的战略支撑,打造支撑全国发展新的增长极"的战略构想。郑州作为中原城市群的龙头和中西部地区的区域中心城市,在全省乃至全国经济社会发展中发挥着越来越重要的作用,与此同时,以高速铁路、高速公路和城际铁路为纽带,以郑州为中心的城市密集区正在形成。随着我国对外开放层次的提升、国内区域经济格局的变化,以及城镇化的稳步推进,建设郑州大都市区具备良好的时代背景和历史条件。

第一节 城市群成为区域经济发展趋势

一 全球经济发展格局面临深度调整和重组

当前,全球经济格局深度调整,国际竞争更趋激烈,特别是在应对国际金融危机的过程中,新兴经济体迅速崛起,成为拉动国际经济增长的重要力量,但自 2013 年以来普遍遇到了前所未有的诸如产能过剩、中等收入陷阱、新经济增长点薄弱等挑战，面临经济下行的巨大压力，而发达国家则渐次走出了困境，进入经济复苏。在国际经济格局处于再平衡的背景下，与世界经济联系越来越紧密的我国经济，需要通过主动参与国际经济分工体系，为我国发展营造有利的外部条件。新时代背景下，人类的生产力水平、科技水平实现了跨越式的发展，城市形态、功能以及在区域发展中的作用也发生了深刻而巨大的变化与演进。城市的发展更注重城市与区域的整合，城市间的互动更加注重区域内外、城市之间商品、劳务贸易、生产要素等紧密的交流与互换，区域的发展也更加注重区域城镇体系的规划与建设。因此，随着全球社会分工的日益深化，世界各国的经济联系日益紧密，城市区域化、区域城市化日益呈现，城市与区域的协同、综合发展就成为推进城镇化发展的新主题。建设郑州大都市区，逐渐形成以郑州为中心，以城市边缘区、重点镇、美丽乡村为支撑的城市－区域系统地域单元，有利于增强城市—区域之间、城镇之间、城乡之间的互动融合，促进城市之间的各种资源要素自由流通、优势互补，形成城市、城镇与乡村经济、社会、文化、环境等方面的综合发展，从而提升郑州城市综合实力和综合竞争力。

二　我国区域发展格局演变呈现新态势

改革开放以来，为加快推进我国经济社会发展，全面优化国土开发格局，着力促进区域协调、均衡发展，我国相继实施了一系列的区域重大发展战略。1979 年我国启动东部率先发展战略，在东南沿海地区设立了深圳、珠海、汕头、厦门四大经济特区。1984 年在四大经济特区的基础上，我国又全面开放大连、秦皇岛、天津、烟台、青岛等 14 个沿海城市，同时设立了一批国家级经济技术开发区。为缩小东中西部发展差异，加快推进内陆地区的发展，1999 年国家提出西部大开发战略，2003 年提出东北振兴战略，2005 年提出中部崛起战略。至此，我国区域发展战略格局也从沿海、内地两个板块，东部、中部和西部三大地带，演变成东部、西部、中部和东北地区四大板块。目前形成了哈长、环渤海、中原、成渝、长江中游、长三角、珠三角七大国家级城市群（见图 1－1）。并且以这些城市群为核心，形成东北、泛渤海、泛长三角、泛珠三角、海峡、中部、西南、西北等八大经济区。总体来说，国内区域经济格局发展的新趋势主要体现在以下五方面：一是主体功能区全面展开。目前，国家已经颁布主体功能区建设规划，各地区将依据自身资源条件走特色发展之路。二是区域产业重组和转移趋势明显。东部资源投资报酬率的下降，倒逼资源向中西部地区转移，中西部地区将会成为国内经济潜在增长极。三是大都市圈和城市群在区域经济发展中的主导地位增强。以中原城市为代表的新兴城市群将加快中西部地区区域经济发展的步伐。四是区域经济合作关系明显加强。以长江经济带为代表的"四带一区"将会构建横跨南北的区域合作新格局。区域合作由政府主导的格局逐渐转变为由市场主导，大企业、大项目在区域资源配置中发挥更加关键的作用。五是全方位对外合作格局逐步形成。近年来，国家加强了与周边地区的合作关系，通过珠江—西江经济带，充分利用中国—东盟自由贸易区平台，深化云南、广西、珠三角与老挝、缅甸、越南等东盟国家的合作；把长江经济带与孟中印缅经济走廊连接起来，深化澜沧江—湄公河国际次区域合作。深化新疆与哈萨克斯坦、塔吉克斯坦、吉尔吉斯斯坦等中亚国家和地区的合作，把新疆建成向西开放的重要基地；加强东北与朝鲜、俄罗斯、日本、韩国等的合作，深化东北亚的国际区域、次区域合作，使东北地区成为我国面向东北亚开放的核心区和重要枢纽。因此，随着国家新的区域协调发展战略的逐步展开，河南省周边地区的发展格局和竞合关系也在不断地发生变化。例如，河南周边的湖北省通过国家实施促进中部地区全面崛起、"一带一路"、长江经济带和长江中游城市群建设等战略，着力打造国家级规划重点区域和中国经济增长"第四极"，并且湖北在争夺"引领区域经济发展的重要增长极"这一重要发展机遇上是中原城市群的最大竞争对手；河北省紧紧抓住京津冀协同发展，以及被纳入国家战略的重要机遇，全力建设京津冀城市群这个空间载体，与京津发展差距不断缩小。这些都将导致河南在新的国家发展格局中地位发生变化，河南需要适应性地调整省域发展格局的部署，以进一步提升区域竞争力。因此，建设郑州大都市区是体现国家区域发展战略布局，加快打造中原经济区、中原城市群和国家中心城市的需要，有利于优化强化郑州主城集聚辐射功能，科学规划、整体打造郑州国家中心城市，提升国家中心城市和中原城市群的辐射带动作用，在服务中部崛起中发挥更重要的作用，实现国家区域发展战略意图。

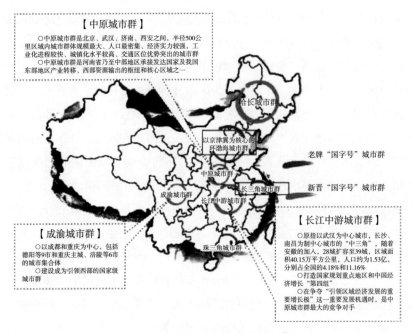

图1-1　七大国家级城市群示意

三　城市群率先成为带动经济发展的区域增长极

首先，随着经济全球化和区域经济一体化的发展，单打独斗的城市发展模式已不能适应竞争和发展的需要，城市群发展有利于提高区域经济的整体竞争力。区域经济研究指出，将来的竞争将是区域的竞争，而区域的核心竞争力在于其一体化程度的高低。目前，我国一些城市的发展模式还是以行政区划为单元，造成统一区域内产业结构趋同，重复建设严重，资金、人才、科技、信息等资源分散使用等问题。城市群发展就是要解决这种生产要素封闭式流动和低层次配置问题，实现发展规划、产业布局的统筹规划，使区域内的各城市由相互竞争走向相互合作，更好地实现优势互补，借势发力，从而增强区域经济的整体竞争力。其次，城市群发展有利于降低发展成本。以基础设施建设为例，如果能摆脱行政区划的束缚，着眼于区域布局，在共建共享的基础上进行统筹规划、统一建设，不仅会节约大量资金，而且项目利用率会大大提高。再次，城市群发展有利于提高城镇对农村劳动力转移的承载能力，促进城乡协调发展。目前我国的城市化远远落后于经济的工业化,一方面农村大量剩余劳动力有待转移,另一方面各地又在拼命地抓工业上项目。而工业,尤其是现代工业,其本质特征是提高生产率,排斥劳动力,这就加剧了农村劳动力转移的难度。城市群发展可以以区域内的大中城市为中心,以小城镇为节点,将区域大小城镇连成有机的一体,便于统一服务体系的形成和建立。此外,由于城市群内部强调城市定位,产业分工,可以有效地避免结构趋同、重复建设等现象的发生,这样无论在发展的空间上还是纵深上,都为第三产业的发展提供了条件,使农村剩余劳动力的转移成为可能,而这又是实现城乡协调发展的前提条件。尤其是党的十八大以来,以大城市为中心的城市群率先成为区域经济发展的龙头和核心增长极,成为我国区域经济发展的支撑点。因此,建设郑州大都市区,打破传统单核集聚发展模式,将郑州、开封、新乡、许昌、焦作等重点市县统筹考虑,构筑网络化的大都市区,有助于进一步推动国家中心城市功能在更大区域尺度重构,使大都市区率先成为带动河南经济发展的重要增长极。

四 建设郑州大都市区是中原城市群发展的内在要求

建设中原城市群,是河南省委、省政府谋划河南发展的重要战略部署,也是中部崛起战略和中原经济区建设的内在要求。《中共河南省委关于科学推进新型城镇化的指导意见》提出,加快发展中原城市群,完善发展协调机制,推动交通一体、产业链接、服务共享、生态共建,推进毗邻城市金融、通信、物流等一体化,提升城市群整体发展效率。《河南省新型城镇化规划(2014—2020年)》指出,推动中原城市群一体化发展,围绕建设中西部地区跨省级行政区城市群的目标,坚持核心带动、轴带发展、节点提升、对接周边,以郑州为核心城市、洛阳为副中心城市,推动城际交通一体、产业链接、服务共享、生态共建,提升整体实力和综合竞争力,使中原城市群成为推动国土空间均衡开发、引领区域经济发展的重要增长极。就当前而言,中原城市群发展呈自然分散状态,其发展还存在很多非理性的经济问题,有待整合资源、协同发展,特别是应结合自身情况处理好城市格局、产业发展、区域利益以及城乡发展等方面的平衡协调问题,主要表现在,核心城市郑州、洛阳的中心带动能力不强,对整个地区的辐射带动作用不明显，中等城市数量偏少，位序—规模序列结构不完整，城市之间的互补性不强，彼此间还没有形成紧密的分工协作关系，城市群发展缺乏重要抓手。因此，在科学推进新型城镇化进程中，亟须形成序列完整、结构清晰、功能互补、协调发展的城镇体系，从而带动城市—区域的整合发展。推进郑州大都市区建设，科学划分功能区域，形成主体功能明确、发展布局合理、实践路径科学的体制机制，有序推动人口、产业和生产要素向城镇集聚，破解城乡二元结构，促进中原城市群一体化发展，构建高效、协调、规范、可持续的国土空间开发格局，从而实现中原城市群内部资源配置最优化和整体功能最大化。

第二节 城镇化进入量与质并重阶段

一 量质并重是我国城镇化发展新阶段

改革开放以来，中国经济保持了三十多年的高速增长，成为令世界瞩目的新兴经济体，城市化的发展水平也不断提升。笔者通过对新中国成立以来我国城镇化发展历程的深入分析发现，我国城镇化过程同世界上大多数国家一样，虽然经历曲折，但总体趋势基本符合城镇化发展的 S 形曲线规律。改革开放以前，我国城镇化的发展速度和空间布局主要受计划经济政策的影响，总体表现为时间上的波动性和空间上的随意性。改革开放以后，受到城市和乡村改革的推动，以及东部城市区域化的引领，我国城镇化开始步入正常轨道。我国从 1949 年到 1995 年用了近 47 年的时间完成了城镇化发展的起步阶段，并从 1996 年开始进入城镇化发展中期的快速成长阶段。特别是 2011 年城镇化率突破了 50%，达到 51.3%，这意味着我国城镇人口首次超过农村人口，城市化进入量质并重的关键发展阶段（见图 1-2）。对于河南来说，城镇化发展进入快速成长阶段，2015 年全省城镇化率达到 46.6%，比 2006 年提高了 14.1 个百分点，但与全国平均水平相比，仍然落后 10 个百分点，河南的城镇化发展空间仍然很大。也就是说，在未来的一个时期河南也将步入城镇化发展量质并重阶段，发展后劲依然很强。新的城镇化发展阶段，对河南推进城镇化提出了新的要求和新的使命。尤其是农业转移人口市民化，农民进城以后，出现了成本负担过重，政府相应的公共服务供给短缺，城市主体意识不强，城市管理跟不上等问题，不仅会导致原有城市居民的生活水平大打折扣，而且城市生活宜居度和幸福指数也会下降，严重影响城镇化质量。建设郑州大都市区，协同推进城市空间布局优化调整，协同推进城乡一体化发展，协同推进基础设施和城市基本公共服务共建共享，协同促进产业分工协作，协同推进区域生态环境共建共治，从而提升了河南省城镇化发展质量。

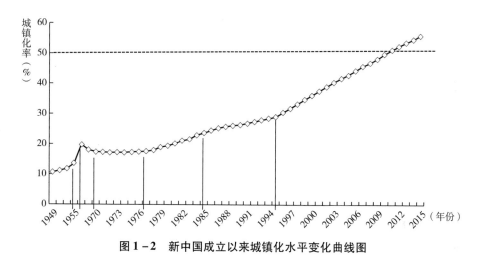

图 1－2　新中国成立以来城镇化水平变化曲线图

二　郑州大都市区建设是河南城镇化发展的重要抓手

从国内外的城镇化发展规律以及国家新型城镇化战略规划来看，当前区域经济的协调发展和激烈竞争，更多体现在城市群之间的竞争和能量释放上。在拥有 1.6 亿人口的中原地区，交通相对便利，如果不能实现城镇化健康发展，形成具有竞争力的城市群，国家推进新型城镇化战略和经济社会发展的地域空间结构的建构就会出现缺失和断裂，中原地区在区域竞争中很可能会被边缘化。长期以来，郑州等中心城市产业层次较低，核心竞争力不足，现行户籍管理、土地管理、社会保障等制度，在一定程度上固化了已经形成的城乡利益失衡格局，制约了农业转移人口的有序市民化和城乡一体化发展，导致城镇化发展质量不高，城镇管理体制落后等问题，进而引起人们对中原城市群的认同度不高。但是，随着粮食生产核心区、中原经济区、郑州航空港经济综合实验区、郑洛新国家自主创新示范区、河南自贸区上升为国家战略，郑州、洛阳成为"一带一路"主要节点城市，郑州航空港经济综合实验区现代综合交通枢纽、国际物流中心和全球智能终端制造基地初步形成，切实解决了中原城市群乃至中原经济区核心增长极的构建问题，实现了郑州、洛阳、新乡、开封等的产业、城市重新定位，中原城市群的"核变"全面拉高了区域发展坐标。因此，推动郑州大都市区建设，构建以郑州为中心，涵盖"郑汴焦新许巩"6城市的"中原经济区核心区"大都市区一体化发展格局，积极整合区域优势资源，统筹区域功能分区和布局，推进区域的优势互补，发挥区域协同和集合效应，对于加快推进河南城镇化发展质量，促进中部地区崛起，优化我国现代城市体系和地域空间结构具有重要的战略意义。

三　建设郑州大都市区决定河南城镇化发展水平

郑州大都市区产业基础雄厚、科教实力较强、区位条件优越、交通通信发达、资源优势明显、城镇分布密集、配套功能相对完善，是中原城市群工业发展基础较好、发展条件相对优越、发展水平相对较高、发展潜力相对较大的区域，也是中原城市群城镇发展的密集区。不仅囊括了城市群的中心城市，而且集中了城市群发展最好的小城镇和县域经济，同时也是中原崛起河南振兴富民强省的战略核心区，决定着中原城市群工业化、城镇化发展的整体水平，关系河南城镇化建设的成败得失。可以说，郑州大都市区沿线地区的发展，郑汴新焦洛一体化的推进，决定着河南城镇化整体的发展质量和效益，决定着河南城镇化区域影响力和辐射力，也决定着河南城镇化在国家新型战略格局中的地位和作用。

第三节　"两个百年"的决胜关键阶段

一　全面建成小康社会进入决胜时期

党的十八届五中全会公报指出："十三五"时期是全面建成小康社会决胜阶段。这个时期既是到2020年实现第一个百年奋斗目标、全面建成小康社会的收官阶段，也是中国经济发展进入新常态后的首个五年。这五年，既要完成人均 GDP 和城乡居民收入翻两番的目标，又要面对城市宜居度不高、生活成本负担过重、绿色发展掣肘等诸多困难。长期以来，我们在推进新型城镇化进程中，不同程度地存在"重物轻人"、"见物不见人"的现象，由此产生一系列问题。"土地城镇化"快于人口城镇化，城镇用地粗放低效，新城新区、开发区和工业园区占地过多。城镇空间分布和规模结构不合理，与资源环境承载能力不匹配。城市管理服务水平不高，"城市病"问题日益突出。自然历史文化遗产保护不力，城乡建设缺乏特色。现行户籍管理、土地管理、社会保障、财税金融、行政管理等制度，固化着城乡利益失衡格局，阻碍了人民生活水平的提高和城镇化健康发展。对于郑州老百姓而言，城市的发展带给他们最直观的感受，莫过于城市生活品质的提高。按照规划，郑州大都市区将按照都市核心区、都市新区、卫星城、小城市、特色镇等多个层次，标准化配置行政管理、社区服务、教育、医疗卫生、文化、体育、商业服务业等公共服务设施，并形成多中心、多层次、网络化的公共服务设施体系。中心城区还将推进街区规制，重点进行服务提升、环境整治、城市更新修补及交通、基础设施改善，提升居民生活质量，进一步带动和促进都市区内及沿线地区经济社会快速发展，有利于打破区域行政分割，形成区域发展共同体，共同应对各种风险和挑战，共同分享各种发展资源和发展机会，实现区域和谐共生；有利于整合区域优势资源，合理进行区域的职能分工，打造培育经济增长极，提升区域整体实力和竞争能力，促进区域协同发展，从而带动区域实现全面小康。

二 社会主义现代化建设迈向新征程

为加快实现中华民族伟大复兴的中国梦，十八大以来，党中央制定和实施了一系列新的发展方略，提出了"四个全面"的战略布局，制定了"五化"协同发展、新型城镇化建设、城乡一体化发展、跨区域城市战略合作、中国制造 2025、"互联网 +"行动计划等新的战略，为我国各地区推进区域发展指明了方向和明确了重点。郑州大都市区是河南经济社会发展水平较高，工业化、城镇化水平较高的地区。建设郑州大都市区，有利于加快形成体制新优势，创造制度新红利，激发发展新动力；有利于更好促进新型工业化、城镇化、信息化、绿色化和农业现代化的协同发展，积累"五化"协同发展新经验；有利于加快推进新型城镇化，促进城乡发展一体化，形成以工促农、以城带乡、工农互惠、城乡一体的新型工农城乡关系；有利于更好推进区域一体化发展，在协同机制、基础设施互联互通、公共服务共享方面进行新探索，提供新示范；有利于更好落实中国制造2025、"互联网＋"行动计划等战略，形成传统优势产业、新产业新业态新模式协同发展新格局。

另外，促进中部地区崛起，是党中央、国务院站在全局和战略高度做出的重大决策，是新时期社会主义现代化建设的重要组成部分。推进中部崛起，需要中部各省和各核心板块的共同努力与有效支撑。郑州大都市区作为中部地区的重要增长极和发展水平相对较高的地区，在中部崛起进程中占据十分重要的地位。加快构建郑州大都市区，既有利于进一步发挥这一区域的整体优势，有效承接沿海地区产业转移，有效集聚区内外的生产要素，促进郑巩洛沿线地区的发展；又有利于集合沿线城市的整体力量，打造中部地区重要经济增长极，形成中部地区经济发展隆起带，加快推进中部崛起进程；同时还可以进一步密切与长江中游城市群、皖江城市带、太原都市圈等地区的经济联系，共同支撑中部崛起未来发展大计，着力推动社会主义现代化建设迈向新征程。

第四节　对外开放进入新阶段

一　世界经济深度调整进一步重构产业分工新格局

当前，世界经济已由国际金融危机前的快速发展期进入深度转型调整期，全球正在处于产业结构重构重组，摆脱旧增长周期的过程之中。一方面全球经济总体呈现需求不振，出口拉动减弱，复苏乏力的特点，亟须寻找新的增长动力和发展空间。世界各国纷纷通过加强政策沟通、道路联通、贸易畅通、货币流通、民心相通，打造互利共赢"利益共同体"和共同发展繁荣"命运共同体"，通过深化区域合作激活发展动力，加速新一轮世界经济全球化和区域经济一体化进程。另一方面西方发达国家再度将重整制造业视作拉动经济复苏、恢复经济活力的关键,并出台了一系列政策来实现"再工业化",促进制造业回流,呼唤中国企业"走出去"。世界各主要经济体都在大力推动科技创新,积极发展新能源、新材料、生物医药、新一代网络信息技术、节能环保等新兴产业,通过加强对外合作争取更多的外部资源成为这些国家推动本国经济增长的战略选择。面对经济全球化和社会信息化带来的机遇,世界各个国家或地区都在积极探索适合自身实际情况的发展道路,努力提升本国或本地区的经济外向度。要有效提升经济外向度,就必须扩大招商引资力度,扩大对外经济技术交流与合作,借助外力加速经济社会发展,提升经济发展的竞争力和国际地位。对于郑州大都市区来说,经过多年来的发展,已经形成企业众多、门类齐全、各种所有制结构并存、具有一定区域特色的现代产业体系,产业基础扎实,综合实力较强,参与国际国内分工的优势明显。但是,由于郑州市地处内陆,距离国际市场相对较远,运输成本偏高,在发展外向型经济过程中,不能简单照搬东南沿海一带改革开放初期所实行的发展模式,而要从中西部地区特别是河南省的实际出发,充分发挥郑州的区位优势,积极寻求发展外向型经济的有利条件。建设郑州大都市区,有利于整合这些优势,构筑以郑州航空港经济综合实验区为支撑的内陆地区对外开放的重要门户,以国际商都建设提升城市竞争力,大力发展现代物流、金融保险、健康养老、网络信息等生产性服务业,加强投资软硬环境建设、强化国际化人才培养,为融入国际国内产业分工格局,积极承接国际产业转移提供重要保障。

二 国家重大战略实施进一步释放发展新空间

当前,粮食生产核心区、中原经济区、郑州航空港经济综合实验区、郑洛新自主创新示范区、河南自贸区五大国家战略,赋予了河南前所未有的发展机遇和战略平台,河南已经进入国家战略层面的平台支撑、衔接配套的区域发展新格局。独特的区位优势和经济基础让郑州大都市区成为五大国家战略实施的重要开放阵地。特别是,当前"一带一路"战略的规划实施,将为我国中西部地区发展提供新的机遇和政策红利。郑州、洛阳作为"一带一路"重要节点城市，积极融入"一带一路"国家战略，有利于郑州大都市区在扩大开放合作、承接转移中促进发展，打造对外开放新高地。与此同时，随着中原城市群建设、省直管县体制改革试点、"五化"协同战略等深入推进，河南从中央获得的政策优惠进入集中释放期，这为扩大对外开放、实现跨越发展创造了难得机遇。这一系列国家战略的实施，以及郑州承担起建设国家中心城市等重大任务，都为郑州大都市区融入国家对外开放战略格局、参与全球竞争提供了发展引导和历史性机遇。因此，建设郑州大都市区，构筑内陆地区开放高地，深化与河北、湖北、山东等周边省市合作，加强与京津冀、长三角、珠三角、环渤海等经济圈的合作，积极发挥郑州国家中心城市在中西部地区的重要作用，提升全省整体竞争力和对外开放水平。

三　新一轮技术革命增强开放发展新动力

新业态、新模式对传统生产方式带来了革命性变化。信息网络技术与传统制造业相互渗透、深度融合，正在深刻改变产业组织方式，主要表现在以下三方面：一是由大规模批量生产向大规模定制生产转变，二是由集中生产向网络化异地协同生产转变，三是由传统制造企业向跨界融合企业转变。伴随着大数据、云计算、物联网、移动互联网、体感交互等新一代信息技术的突飞猛进，互联网思维快速渗透，新业态、新模式层出不穷，将为郑州大都市区产业转型升级带来更多机会，通过互联网在各个行业的渗透、融合、颠覆，既能改造传统产业实现升级，也能催生新兴产业实现转型，推动经济的存量提升和增量发展。随着经济全球化和新技术革命的快速发展，大城市将突破原有的空间结构尺度，大都市区作为新的经济体系中的空间地域单元将发挥重要作用。一般来说，大都市对国际组织、人才和高精尖技术具有很强的吸引力和聚合力，往往都是国际金融、贸易、会展、服务和技术创新中心。因此，建设郑州大都市区，通过集聚具有国际水准的科技、文化、教育设施和研究机构以及相应的人才优势，集聚多元的文化生活，统筹利用各方面技术创新资源，不断增强郑州成为全球创新网络的重要力量，成为引领世界创新的新引擎，为河南省跻身创新型省份前列提供有力支撑。

四 河南对外开放的总体部署带来发展新机遇

近年来，河南一直坚持对外开放基本省策，不断完善举省开放体制，建设内陆开放高地，打造对外开放升级版。2015年，河南省提出要全面融入国家"一带一路"战略，要"东联西进、贯通全球、构建枢纽"，通过建设无水港，发展铁海联运、公铁联运，推动陆海相通，实现向东与海上丝绸之路连接；通过提升郑欧班列运营水平，形成向西与丝绸之路经济带融合；发挥郑州航空港、郑欧班列、国际陆港等开放平台作用，加强海关特殊监管区域和口岸建设，加快建设"一站式"大通关体系，自由贸易区成功申建，构建更高层次合作新平台；形成以技术、品牌、质量、服务为核心的出口竞争新优势，扩大先进技术和关键设备进口；提高引进外资质量，推动优势企业走出去等等。一系列重大对外开放战略部署都为郑州大都市区发展带来重大机遇。一方面有利于加快区域协调发展的步伐，提升郑州、洛阳战略支点作用，更好促进郑州融入全国全省开放发展新格局；另一方面有利于郑州更好融入区域发展新棋局，全面对接国家区域发展战略，积极融入全省区域发展格局，更好推进与周边县市的联动发展。

第二章
建设郑州大都市区的战略意义

大都市区是人类社会生产力发展到一定阶段的产物，凸显了城市群和城镇化发展的客观趋势，反映了区域经济社会发展的基本规律。建设郑州大都市区，顺应了时代发展的潮流，有利于拓展郑州的发展腹地，延长城市发展的生命周期，增强集聚渗透与辐射带动功能，提升郑州区域中心城市地位，对于优化中原城市群结构，提升河南城镇化质量，促进中原崛起河南振兴富民强省，以及深化落实国家重大发展战略，促进国家区域协调发展具有重大现实意义和深远历史意义。

第一节　建设郑州大都市区是区域
经济发展规律的重要体现

一　有利于增强郑州作为增长极的辐射功能

20世纪50年代，法国经济学家佩鲁（F. Perrour）提出"增长极"的概念，他认为增长并非同时出现在所有地区，而是以不同的强度出现在增长点或增长极，然后通过不同的渠道扩散，对整个区域的经济产生影响。增长极一般是一个地区的经济中心城市，它存在两种运动形式，即极化和扩散效应。极化效应使经济活动或要素向极核集聚，从而导致外围地区因资源要素匮乏而相对落后，但当中心地区的聚集经济发展到一定程度后，规模经济效益下降，使资金、劳动力、技术等生产要素向外围地区回流，产生扩散效应，从而带动外围地区快速发展，最终实现两者的均衡协调发展。[①]

增长极理论揭示了区域经济非均衡发展的规律。世界上很多国家和地区都先将资本、人口、技术等生产要素聚集到中心区域，形成较高的增长速度和规模经济效益，然后推动产业和经济活动从发达地区向不发达地区扩散，以解决地区之间发展不平衡的问题。自20世纪70年代末以来，我国区域发展战略思路也是如此。从国家发展战略看，先将资源配置向东部沿海地区倾斜，优先发展东部地区，等到东部地区形成比较成熟的增长极以后，逐步增强其扩散效应，带动中西部地区发展。从地区发展战略看，全国各地都在逐步培育自己的增长极，通过增长极的聚集和扩散效应带动整个地区发展。从河南来看，河南在全国区域经济大格局中的地位仍不够突出，其中一个重要原因就是作为核心增长极的郑州的辐射力和带动力还不够强大。

那么，如何才能形成强大的增长极并发挥出扩散效应呢？按照增长极的理论，需要具备三个条件：一要有适当的有利于经济发展的环境；二要有一定的规模经济效益；三要具备足够创新能力的企业和企业家群体。郑州想要打造成辐射河南乃至中西部地区的核心增长极，迫切需要加快建设郑州大都市区，通过郑州与周边地区的融合发展，扩大资金、技术、人才、机器设备、熟练劳动力等生产要素和基础设施的供给，不断吸引有创新能力的企业和企业家群体，形成更大的生产规模，产生更大的规模经济效益，从而发挥出大都市区的经济发展能力向周边渗透和扩散的功能，实现地区快速发展。

二 有利于解决郑州地区经济发展的外部性问题

区域分工的形成与演进是区域经济增长与发展的重要源泉。形成合理的区域分工，会提高资源的空间配置效率。区域分工理论认为，区域分工使各地具有比较优势的资源条件得到充分利用，产生规模和聚集经济效益，形成范围经济，从而提高区域经济发展水平并增加区域经济福利。然

---

① 陈秀山、张可云：《区域经济理论》，商务印书馆，2003，第204~210页。

而，由于区域间的合作与竞争并存，经济活动产生的后果可能不由单个区域考虑或承担，而是对其他区域造成正面或者负面的影响，这就是外部性问题。① 就正的外部性来说，具有相对优势的区域在分工发展过程中可以通过自身的空间经济活动产生的乘数效应，促进生产要素的区际自由流动以带动周边区域发展。就负的外部性来说，存在区域间利益最大化目标不一致，或者区域局部利益与整体利益的矛盾，导致区域整体经济低效率，比如河流上游区域的生产活动产生的污染给下游区域增加环境成本。

从经济学角度来讲，外部性导致区域整体经济的低效率。要解决区域内的外部性问题，最好的办法就是实现外部性的内部化，这样就需要加强区域间的分工与合作，从而形成一个更大空间范围内的区域经济体。从郑州来看，郑州作为河南省会，经济社会取得了长足发展，无论经济实力、城市规模还是发展潜力，其溢出效应不断显现，给周边地区带来了诸多正的外部效应，带动周边地区的快速发展，但同时也产生了交通拥挤、环境污染、生态破坏等外部不经济问题。例如，郑州西北部仍有不少高污染企业生产带来的污染影响了荥阳等地区；过度的水土资源及空间开发相关河流的生态资源造成破坏；资源过于集中于城镇地区而挤占了农村发展的资源，造成了城乡发展的不均衡。要解决这些外部性问题，建设郑州大都市区提供了一条有效的途径。通过建设郑州大都市区，对郑州及周边地区统一进行规划和利用，合理划分功能分区并加强协作，不断优化产业空间布局，加强黄河两岸联合开发，使区域内的分工更加符合整体利益，有利于实现郑州与周边地区及城乡之间的协同发展，从而加速外部性问题的内部化，使资源配置在空间上更加优化而有效率。

三 有利于促进郑州及周边城市实现精明增长

随着工业化与城市化进程的加快，城市在实现繁荣的同时也带来一系列问题，这些问题相互交织并随着不同历史发展阶段的效果叠加而日益突

---

① 陈秀山、张可云：《区域经济理论》，商务印书馆，2003，第269~277页。

出，反过来又使城市变得越来越脆弱。美国学者萨杰维拉（L. Suazervilla）认为，城市发展犹如生物体有生命周期一样，也会经历启动期、发展期、成熟期、衰退期。① 根据城市生命周期理论，城市在其每一个发展阶段都会存在一些制约因素。在发展早期，区域分工和专业化生产水平相对较低，城市可以通过提高分工和专业化生产水平来提高生产效率，降低成本，从而实现规模经济效益。此时，城市的经济发展和规模扩张成为主要关注对象，资源、环境等制约因素由于没有达到临界点而没有受到重视。随着城市进一步发展，这些限制性因素产生的问题逐渐突显并开始制约城市的可持续发展，城市就可能从发展成熟期转向衰退期。② 从 20 世纪 50 年代开始，美国、日本、英国等发达国家出现的城市郊区化和城市无序蔓延现象就是很好的例证。

与我国大多数城市一样，过去三十多年来，郑州也经历了粗放式的快速增长，城市发展也由生长期逐步迈向成熟期，但同时发展矛盾也日益凸显：城市用地数量增长过快而耕地资源极其短缺，城市过度扩张而土地利用效率低下，新区开发建设迅猛而浪费严重，外延式增长突出而内部空间结构失衡等等。资源匮乏、环境污染、交通拥挤、住宅紧张、就业困难等一系列城市问题的产生和蔓延，给郑州的可持续发展带来巨大压力。为了延缓郑州的城市发展出现衰退，就要考虑新的发展模式，确定合理的城市增长边界，实现合理有序的开发。

2015 年中央城市工作会议也明确提出，要坚持集约发展，树立"精明增长""紧凑城市"理念，科学划定城市开发边界，推动城市发展由外延扩张式向内涵提升式转变。确定合理的开发边界并不是要限制城市的发展，其实质是转化城市发展的限制因素，促进城市向精明增长方式转型。建设郑州大都市区，就是要合理设置郑州作为中心城市的成长边界，引导有效的资源利用方式，致力于创建紧凑节约的城市发展模式，以避免

---

① Luis Suazervilla, L. Urban growth and manufacturing change in the United States – Mexico borderlands: A conceptual pramework and an empirical. *The Annals of Regional Science*, 1985, (3).

② 李彦军：《精明增长与城市发展：基于城市生命周期的视角》，《中国地质大学学报》（社会科学版）2009 年第 1 期，第 68 ~ 73 页。

"摊大饼"式的城市空间蔓延,从而实现郑州及周边城市的可持续发展,避免城市发展衰退,延长城市生命周期。

四 有利于加快郑州及周边地区的空间一体化进程

城市发展的规律是城市形态呈大城市化、城市区域化、城市网络化演进的趋势,特别是沿交通干线向外发展,呈现"点轴开发"特点。点轴开发理论认为,随着重要交通干线如铁路、公路、河流航线的建立,连接地区的人流和物流迅速增加,生产和运输成本降低,形成了有利的区位条件和投资环境。产业和人口向交通干线聚集,使交通干线连接地区成为经济增长点,沿线成为经济增长轴。按照点轴开发理论者的思路,首先要选择若干资源条件好、发展潜力大的重要干线经过的地带,作为发展轴进行重点开发。根据各发展轴和增长极的经济发展资源要素状况,集中力量优先开发若干等级较高的发展轴和中心城镇,逐步推广发展其他等级较低的发展轴和中心城镇。①

改革开放以来,中国的生产力布局和区域经济开发基本上是按照点轴开发的战略模式逐步展开的,郑州的发展也不例外。目前,郑州已经形成米字形高铁网,东西南北的干线公路交会于此,新郑国际机场开通多条航线直通国际国内的主要城市。以郑州为中心、辐射开封、洛阳、新乡、焦作、许昌等周边城市和城镇的快速通道网络基本形成。另外,郑州还是国内通信邮政枢纽之一,西气东输、南水北调工程为郑州打通东西南北提供了基础设施保障。可以说,郑州依托交通、动力供应、通信、水源供应、物流等区位优势逐步实现了生产要素在"点"上的集聚,辐射郑州周边城市和城镇的多个"发展轴"也正在形成。如果在这个基础上建成郑州大都市区,将能够根据各个点的实际资源和区位优劣等状况,确定出若干重点发展的经济增长点(如中心城镇、区)并规划好其发展的功能和方向,从而加速郑州及周边地区的空间一体化进程,实现郑州地区的生产力布局优化,通过发展轴和中心城镇的发展,带动郑州及周边地区乃至中原地区朝更加科学合理的方向发展。

---

① 陈秀山、张可云:《区域经济理论》,商务印书馆,2003,第377~378页。

第二节　建设郑州大都市区顺应世界城市发展的历史趋势

一　大都市区是人类社会生产力发展到一定阶段的产物

正如马克思、恩格斯指出的那样，城市不是从来就有的，是社会生产力发展到一定阶段的产物。大都市区是在一定经济社会及自然条件下形成和发展起来的，它取决于一系列相互联系、相互依存的内因和外因，是一种历史现象，是经济发展到一定阶段的产物。纵观世界经济发展的历史可以发现，经济发展和城市演变都是生产力直接作用的结果，二者之间存在同步互动规律。在农业经济时代，城市的空间结构与形态变化具有稳定性，城市的空间扩展速度非常缓慢。18世纪以来，工业革命的浪潮在欧美国家迅速传播，人口及工业疯狂聚集，工业经济的主导地位不断显现，工业化同时推动着城市化进程加速，城市规模逐渐扩大。当工业发展过于密集时，资源缺乏、交通拥挤、环境污染等城市问题凸显，城市的经济聚集效应大大降低，于是工业企业逐渐向城市外围或落后地区迁移。这种迁移会产生短暂的经济分散，但随着时间推移新的聚集会形成，从而形成规模更大、连绵不断的城市带。19世纪初，随着各国产业结构调整和第三产业的兴起，第三产业逐渐取代工业成为城市化进程的主导力量。在商品经济高度发达的社会化大生产条件下，生产服务行业与消费性服务行业都不断出现并快速发展，相应地，新的城市功能不断出现且呈无序发展的状态。

19世纪末，城市扩展过程中逐步出现地域功能的分化，功能相对单纯的中心商业区及近郊工业区开始形成，高密度、集中式、单中心城市结构及"摊大饼"式城市形态初具雏形。随着工业经济的进一步发展，社会生产力水平的不断提高及交通工具机动化的发展，20世纪中叶，一些先进发达国家率先出现城市郊区化趋势，并在随后几十年里演变成为世界范围内城市发展的主导趋势。20世纪中期，以信息技术革命为主要标志的世界新技术革命，导致一场影响深远的产业结构和社会的调整，城市的性质由生产功能向服务功能转化，城市已由工业经济形态转向服务业经济形态，这种新的经济形态必然给城市空间结构带来新的面貌，逆城市化现象开始出现。逆城市化实际上是郊区化的纵深发展，是人口及就业岗位由中心城区向更广阔地域扩散的一种过程，在这个过程中城市的空间结构形态越来越走向多中心化和群体化，城市群、大都市区、大都市连绵带随之出现并快速发展起来。

由此可见，经济发展与城市发展呈现出双向互动作用，在不同的经济发展阶段，城市发展的各方面特征表现出明显的差异。经济发展及产业结构的变化，在很大程度上决定了城市发展的阶段性，大都市区是世界经济发展与演变过程中的阶段性产物。郑州地区经过多年来的经济快速增长，产业结构在不断转型升级，城市空间形态也经历了相应的变化，建设郑州大都市区是地区社会生产力发展到现阶段的必然结果，是适应地区经济社会发展水平的必然选择。

二 大都市区成为当今世界各国经济活动的主要依托和载体

20 世纪中期以来，为了适应经济全球化的发展趋势，发达国家不断调整经济与社会结构、推动产业升级，但也逐渐认识到单一的城市并不能满足经济快速扩张的需要，组合型的城市群落在形成庞大的商品和服务市场、专业的人才队伍、发达的运输和通信网络方面更具有优势，从而开始推进组合型城市战略，形成了一批对全球经济发展具有强大引领作用的大都市区、都市圈和城市群。在 20 世纪末，美国的城市由工业经济形态向服务业经济形态转变，美国大都市区创造的国内生产总值占全国国内生产总值比重高达 85%，全国有 1.08 亿人在大都市区就业，占整个国家就业人数的 84%；高科技产出最大的 20 个大都市区的高科技商品和服务总额占全国高科技的比重达到 50%。目前，在美国 GDP 中所占比重最大的两个部门——金融服务业以及交通、通信和公共服务业分别有 90% 和 87% 的业务集中于大都市区。美国绝大多数新兴产业起步于大都市区，目前美国国内最新、最具创造力的产业包括计算机、电信、光学设备、互联网等均集中于大都市区。[①] 在日本，最著名东海道大都市带集中了全日本

---

① 谢守红：《美国大都市区发展的特点与趋势》，《天津师范大学学报》（社会科学版）2003 年第 6 期，第 25～29 页。

一半以上的工人和工业企业，工业产值占全国的 70% 以上。[①] 在全球化、信息化的新形势下，大都市区已发展成为世界各国经济活动的主要依托和载体，更成为全球经济活动的中心和枢纽。纽约、伦敦、巴黎、东京等世界级的大都市之所以成为世界金融、经济、科技创新的中心地带，不仅在于其自身强大的经济实力，更因为它们都有一个辐射周边的大都市区。它们人口规模宏大、地域广阔、经济和要素集聚度高、国际交往能力强，汇聚了当今世界最大的财富和最先进的生产力，成为推动全球经济社会发展的重要引擎。

在我国，比较成熟的长三角、珠三角和京津冀三大经济圈及城市群，不仅使各个城市的综合竞争力得到不同程度的增强，而且对全国的发展和国家竞争力的提升也起到了极大的推动作用。2015 年，由我国主要大都市组成的京津冀、长三角、珠三角三大城市群创造了全国超过 36% 的地区生产总值，武汉大都市圈、长株潭城市圈、成渝经济圈等多个大都市区或城市群也已经成为国家和地区经济重要的增长极，在城市经济和全球经济竞争中扮演着越来越重要的角色。随着我国工业化、城市化水平的快速提高，北京、上海、广州等地已经进入大都市区快速发展阶段，成为区域经济活动最主要的空间载体。所以说，城市作为生产要素的空间聚合体、劳动力的集中地和商品流通的集散地，已经成为展示经济作用的最重要场合。进入 21 世纪，无论是国家之间的竞争，还是区域之间的竞争，在相当程度上已演化为城市尤其是中心城市实力的竞争。随着人类生产及组织方式的变革，经济全球化和区域经济一体化成为潮流和发展趋势，大都市区作为经济活动最重要的区域单元，成为世界各国参与全球竞争的战略选择。未来 10～20 年，随着城市向都市区形态的推进，产业结构、社会结构、文化结构将不断升级，大都市区在一个国家或地区经济社会中的重要性更加凸显，大都市区化将成为一个地区经济发展和参与竞争的先决条件。随着郑州地区生产要素的大量集聚、经济实力大幅提升、辐射带动能力显著增强，郑州与周边地区的融合趋势日趋明显，只有加快推进郑州与毗邻城市形成组合型大都市区，才能够在中部地区乃至全国的区域合作与

---

① 谢守红：《大都市区空间组织的形成演变研究》，华东师范大学，2003。

竞争中站稳脚跟，实现长足发展。

三　大都市区是当今世界各国城市化进程中的主流空间形态

大都市区是世界城市化发展到较高阶段时产生的城市空间组织形式，是城市化发展的高级阶段和必然趋势。早在 1910 年，美国人口普查局就采用"大都市区"作为一个整体概念进行人口统计，并用来衡量城市化水平。美国大都市区的发展可以分为两个时期。第一个时期为 1920~1940年，大都市区的规模与数量普遍增长，由 1920 年的 58 个增长到了 1940年的 140 个，其人口占全国总人口的比重也由 33.9% 上升到了近 50%，大都市区已成为"全国所有地区的主要发展模式"和社会生活的主体。第二个时期是 1940~1990 年，百万以上人口的大型大都市区优先增长，大都市区的数量上升到 268 个，人口达到 2 亿，相当于全国总人口的79.6%。如今居住在巨型大都市区内的人口占美国总人口的比例高达70%。[1] 日本的城市化进程也具有明显的以大都市区发展为主导的特征。在重工业化时期，日本的制造业高度集中于东京、大阪、名古屋、福冈四个大都市区，尤其是集中于四个大都市区临海部的所谓四大临海工业带。欧洲国家如英、法、德、荷等国，在其城市化发展中也出现了大都市区形成和发展现象。大伦敦地区、大巴黎地区等都是世界上历史最悠久的大都市区。而早在 20 世纪五六十年代，美国形成了著名的波士顿—华盛顿、芝加哥—匹兹堡和圣地亚哥—旧金山三大都市绵延区，欧洲西北部从巴黎经布鲁塞尔、阿姆斯特丹直到鲁尔、科隆这一地带，英格兰中部从曼彻斯特、利物浦到伦敦这一地带已经形成若干个大都市区在地域上彼此相连的现象，形成了更大规模的大都市区绵延带。[2] 可以说，大都市区建设已成为世界性的城市化发展潮流。

我国改革开放以来，随着经济建设的迅速发展，人口日益向城镇集中，城市化发展迅速，城市化水平不断提高，大城市和特大城市有了长足发展，城市经济实力和辐射影响力大大增强，地域范围不断扩张，与周围

---

① 张京祥、刘荣增：《美国大都市区的发展及管理》，《国外城市规划》2001 年第 5期，第 6~8 页。

② 谢守红：《大都市区空间组织的形成演变研究》，华东师范大学，2003。

地区的社会经济联系日益密切，出现了大都市区、城市群、都市圈等新的城市空间形式，标志着我国城市化也进入一个新的发展阶段。最典型的就是长三角、珠三角和京津冀大都市连绵区（或称城市群），这些大都市连绵区已经形成由中心城市、城市发展轴线和大都市区构成的复合型城市空间结构体系。例如，长三角大都市连绵区包含了以上海为首的16个中心城市；沪宁、沪杭、杭南交通轴线"之"字形城市发展轴线；上海、南京、苏锡常、通泰和杭州湾大都市区及其腹地。大都市区现象不仅在我国沿海经济发达地区普遍存在，而且内地一些大城市也出现了大都市区的雏形，如武汉大都市圈、长株潭城市群、西咸大都市区、长春大都市区、成渝都市圈、厦漳泉大都市区、郑汴一体化、沈抚同城化等等。① 由此可见，大都市区在当代城市化进程中，是城市面向未来的发展目标和重要空间形式，发达国家和国内先进地区所走过的城市化道路与都市区的发展经验对郑州都市区建设具有重要的借鉴意义，建设郑州大都市区顺应了世界城市发展的历史趋势。

第三节　建设郑州大都市区是落实国家战略的重要支撑

一　郑州大都市区是河南融入"一带一路"战略的重要节点

2015年3月，国家三部委联合发布了《推动共建丝绸之路经济带和21世纪海上丝绸之路的愿景与行动》（以下简称"一带一路"），"一带一路"正式上升为打造全方位对外开放格局、实现区域均衡协调发展的国家战略②。"一带一路"战略明确提出，要依托包括中原城市群在内的多个重点区域，推动区域互动合作和产业集聚发展，打造成都、郑州、武汉、长沙、南昌、合肥等内陆开放型经济高地，支持郑州建设航空港、国际陆港。这一国家战略的提出，将有力提升河南所具有的独特战略地位，为河南释放新的经济增长潜力，培育开放发展新优势提供了难得的机遇。

---

① 邢铭：《大都市区同城化发展研究》，东北师范大学，2011。

② 冯宗宪：《"一带一路"构想的战略意义》，《光明日报》2014年12月20日。

融入和建设"一带一路",河南在地理区位、交通、旅游和文化等方面具有得天独厚的优势。河南位于中国核心腹地,坐拥"天地之中"的区位优势,是连接东西、贯通南北的战略枢纽,具有丰富的中国特色的旅游资源和浓厚的中原传统文化底蕴,在"一带一路"战略格局中地位举足轻重。习近平总书记、李克强总理在调研河南工作时指出,河南要朝着"买全球、卖全球"的目标迈进,建成连通境内外、辐射东中西的物流通道枢纽,为丝绸之路经济带建设多做贡献。这为河南的"一带一路"建设指明了方向。河南要建成联通境内外、辐射东中西的物流通道枢纽,郑州有着不可替代的作用。郑州是中原城市群的核心增长极,是全国重要的铁路、航空、高速公路、电力、邮政电信主枢纽城市,是全国重要的陆路交通枢纽和国际航空物流中心。在未来,郑州将是内陆地区的开放型经济高地,更是河南融入"一带一路"的重要切入点。

河南要加快融入"一带一路"国家战略,就必须强化郑州在"一带一路"中的重要节点作用,也就要围绕郑州建设三网(铁路、公路、航空)融合、四港(航空港、铁路港、公路港、海港)联动、多式联运的现代综合交通枢纽,构建陆空衔接的立体开放格局,打造新亚欧大陆桥经济走廊区域互动合作的重要平台。而要实现这一战略目标,就必须加快郑州大都市区建设,推动郑州与开封、新乡、许昌等周边城市的一体化进程,在产业布局、人员交流、信息共享、技术合作、金融流通、市场协作等领域加强郑州与周边城市的衔接。只有通过建设郑州大都市区,强化中原城市群的内部支撑和地区性枢纽功能的协同作用,把郑州连同周边地区建设成为具有新丝路特色的国际航空大都市和现代化国际商都,才能够以更加国际化的姿态加强与"一带一路"沿线中心城市的经济联系,从而形成连接东中西、沟通境内外、支撑经济走廊的核心发展区域。

二 郑州大都市区在河南五大国家战略中具有核心地位

近年来,国家对中部地区发展的支持力度在不断加大,针对河南发展制定了多项重要战略部署。截至目前,河南先后获批实施粮食生产核心区、中原经济区、郑州航空港经济综合实验区、郑洛新国家自主创新示范区和中国(河南)自贸区五大国家战略。五大国家战略体现了不同时期

郑州大都市区建设研究

24

不同阶段河南发展五个不同的着力点和动力源，全面诠释了河南优势和资源禀赋，深入开发了河南的发展储备和贡献潜能，相互支撑，相得益彰，为河南发展带来了前所未有的战略机遇。只有释放这五大国家战略带来的政策红利，才能够打造出河南经济的升级版。

从这国家五大发展战略布局来看，郑州及周边地区均处于战略核心腹地。航空港经济综合实验区依郑州而设立。郑州商品交易所是我国第一家粮油期货市场试点单位，"郑州价格"已成为全国乃至国际粮食市场价格定位标准及其升降的"晴雨表"，郑州的粮食期货成交量在全球处于前列。[①] 郑州及周边地区是中原经济区的核心发展圈层，拥有河南省全部 3 个六星级产业集聚区和服务业"两区"及 4 个三星级产业集聚区和服务业"两区"。郑州及周边地区还是全省创新发展和开放发展的重要发展高地，郑州与新乡、郑州与开封分别在郑洛新国家自主创新示范区和河南自贸区战略中占据重要的两极，郑州、开封、新乡和焦作还都是河南省高等院校和科研机构布局最为集中的城市，人才优势和创新优势突出。

由此可见，郑州及周边地区在河南五大国家发展战略中的地位非常突出，其相关的基础设施建设和产业配套体系的发展，是落实这五大国家战略的重要的经济和社会基础。郑州及周边地区在这些国家战略中的核心作用需要依靠郑州与开封、新乡、许昌、焦作等周边城市的有效对接和联动才能实现。加快建设郑州大都市区，能够打破已有的行政区划束缚，更加有效地加强郑州与周边地区的对接和联动，实现郑州与周边地区的一体化发展，使之成为交通物流中心、金融中心、商品服务中心、信息交流中心等核心功能区域，为河南落实国家战略提供强有力的保障。通过建设郑州大都市区，进一步强化区域内部基础设施、公用设施、产业体系和政策环境等配套建设，在大都市区内进一步明确国家战略实施的核心区、主体区和合作区，能够提高区域内要素流动的便利性和互补性，从而增强五大国家战略的统筹协调，进一步发挥五大战略的叠加效应，共同推动河南成为改革开放新高地。

---

① 王玉英：《河南粮食核心区的产业化建设问题研究》，《农业经济》2010 年第 6 期，第 7~9 页。

三 郑州大都市区是国家城市化战略格局的重要组成部分

《国家新型城镇化规划（2014－2020年）》和国家"十三五"规划纲要明确提出，要构建大中小城市和小城镇协调发展的"两横三纵"城镇化战略格局，加快包括中原地区在内的城市群建设发展，并将中原城市群等培育成为"推进国土空间均衡开发、引领区域经济发展的重要增长极"，还要求"增强中心城市辐射带动功能"，"推动跨区域城市间产业分工、基础设施、生态保护、环境治理等协调联动，强化其与周边城镇高效通勤和一体发展，促进形成都市圈"，"科学划定中心城区开发边界，推动城市发展由外延扩张式向内涵提升式转变"。

由此可见，中原城市群已经纳入国家城市化战略格局当中，成为国家今后一段时期要重点培育的新增长极。郑州作为中原城市群的龙头，也已经成为国家城市化战略格局中的重要组成部分，加快把郑州打造成为国家中心城市，进而带动郑州大都市地区乃至中原地区实现跨越发展势在必行。作为河南省唯一的特大型都市——郑州通过近些年的行政区划调整，城市集聚发展要素能力日益提升，2015年底，常住人口已接近1000万，产业结构也不断优化。然而，开发边界"摊大饼"式的扩张使郑州面临的资源要素制约越来越明显，"大城市病"问题越来越严重，资源匮乏、人口拥挤、交通堵塞、环境污染等问题严重阻碍了郑州的可持续发展。如果任由郑州与周边城市自行发展，自行扩张，可能最终会导致各个城市间由于缺乏统一规划而无法形成发展合力甚至阻碍区域协调发展。

如何进一步提升郑州市的功能定位，缓解"大城市病"，进而实现郑州与周边地区的可持续发展，建设组合型大都市区成为现实选择。建设郑州大都市区，在行政区划上是分离的，但在规划上基本是统一的，功能上是相互联系的，通过加快城镇基础设施、公共服务设施和产业布局的一体化规划和建设，郑州非核心城市功能得以疏解，并推动周边城镇不断壮大，构建起以郑州为中心，焦作、新乡、开封、许昌四市中心城区为支撑点的一体化城镇发展格局，从而提升郑州及其周边的总体发展水平，推动中原城市群发展壮大，进而促进国家城市体系的发展和优化。

第四节　建设郑州大都市区是加快河南科学发展的重要举措

一　有利于加快推进河南新型城镇化进程

河南省新型城镇化步伐加快，但总体水平相对较低、深层次矛盾依然突出。"十一五"和"十二五"时期，是河南省历史上城镇化发展最快、成就最突出的时期，城镇化水平快速提高，中原城市群实力日益增强，现代城镇体系逐步形成，城镇综合承载能力也得到明显提升，产城互动发展成效显著，体制机制创新不断深入。然而，河南省城镇化水平与全国平均水平相比仍然明显偏低。农业转移人口市民化进展缓慢，城市发育水平、可持续发展能力、管理服务水平不足，城镇化发展的体制机制尚不健全，使河南在推进新型城镇化过程中任务艰巨，一些突出矛盾和问题不断显现，寻找河南新型城镇化的突破口为当务之急。

就目前来看，河南当前已有超过 5000 万人口居住在城市内，城镇化率很快将超过 50%，即将进入城市型社会新阶段，无论是从全国区域协调发展大局还是从拓展郑州发展空间的现实需要出发，郑州大都市区的建设都显得尤为重要，刻不容缓。通过建设郑州大都市区，郑州市及其周边地区能够进行系统规划和一体化建设，使郑州大都市区建设范围内形成层级清晰、优势与功能互补的城市化区域，增强大都市区建设区域吸纳要素、集聚产业和人口的能力，促进郑州市及其周边地区通过内涵式发展增强吸纳外来人口和转化本地农业人口的能力。建设郑州大都市区，有利于对城乡区域进行统一规划，推动政策和资金向农村地区倾斜，加大对农村基础设施建设力度，促进郑州城区与周边乡镇实现公共服务一体化，提高城乡公共服务均等化水平，加速消除郑州与周边城市的灰色地带，真正实现城乡协调发展。郑州大都市区的建设，将是一个城市区域化和城乡一体化发展的不断探索和实践过程。在这个过程中，一系列体制机制的创新举措和成功经验，将为河南省其他地区增强中心城区与周边县城和小城镇互动协调发展提供可借鉴的成功经验。

二 有利于推动河南产业结构优化升级

河南省正面临着产业结构优化和转型升级的重大机遇与挑战。在当前国内外经济环境下，为了实现更有效的资源配置，全球范围内产业转移正在持续推进，国际上主要是向东南亚和南亚等地区转移，国内则主要是向中西部地区转移，目的是充分利用当地相对较低的土地和劳动力等要素成本维持产品竞争优势。其中，国内产业转移呈现出明显的以产业链为主脉、集群式成行业转移特点，国内市场特别是国内上下游市场的配套衔接成为国内产业转移的重要考虑因素。河南的工业体系相对完善、人力资源丰富、枢纽优势突出、市场潜力巨大，形成了承接国内外产业转移的巨大优势，成为国内产业转移的重要承接地。但河南省产业转移也面临着一系列的重大挑战，一是国内外承接产业转移呈现"白热化"竞争态势，郑州与武汉、长沙、西安等中西部中心城市相比，优势并不明显；二是全省产业发展布局仍显散乱、缺乏核心支撑；三是产业配套和服务能力较弱、缺乏上游产业和高端服务支撑，通过承接国内外产业转移实现优化产业结构的目标仍然任重而道远。

在机遇与挑战并存的大背景下，要使河南成为国内外产业转移目的地的不二选择，要使河南省内产业结构实现优化，都需要加快推动中原地区的城市抱团发展，形成合力进而转化成综合竞争力。建设郑州大都市区就是实现中原城市群组团发展的最现实的选择。建设郑州大都市区，有利于集聚区域发展的高端要素，充分发挥郑州市枢纽优势和腹地优势，通过大力发展高新技术产业和第三产业吸引区域营销中心转移、强化科研创新能力、发展要素市场和总部经济，持续提升郑州作为现代物流中心和区域性金融中心、服务中心、制造业中心和创新中心等核心城市功能，提升郑州核心区的辐射能级，为全省和中原经济区发展提供高端要素服务支撑。建设郑州大都市区，还有利于引导郑州市产业向周边地区有序转移，更重要的是能够借助郑州市核心城市功能的支持，大幅度提升大都市区内产业结构优化水平，使郑州大都市区成为承接高端服务业、高附加值高竞争力先进工业的科学发展新高地。通过郑州大都市区的发展，有利于构筑以高端服务为支撑、以创新能力为核心、以各地资源优势和传统产业优势为基础、以关键产业链条为主脉的现代产业体系，最终实现优化河南产业结构和提升整体产业竞争力的发展目标。

三　有利于打造河南发展的核心增长极

"十三五"时期，是河南形成现代化建设大格局、让中原更加出彩的关键时期，要实现河南的宏伟发展蓝图，亟待培育一个强有力的核心增长极。河南省"十三五"规划要求，通过推进结构性改革、构建产业发展新体系、增强创新创业活力、提升中原城市群竞争力、打造内陆开放高地和补齐全面建成小康社会突出短板等六大关键举措，到2020年实现惠及全省人民的小康社会全面建成，力争实现由经济大省向经济强省的跨越，综合实力进入全国第一方阵。然而，与周边区域核心城市相比，郑州市无论在经济总量、发展质量和产业层次上，还是在城市功能和经济首位度上均存在明显不足，在对全省和周边地区的直接带动与辐射发展方面均难以起到应有作用。河南要在日益激烈的区域竞争中占得先机、实现突破，必须以城市群为主体形态，加快推进郑州与周边城市的融合发展，建设大郑州都市地区，形成带动中原城市群发展、支撑中原崛起河南振兴的核心增长极。

从发展趋势来看，郑州大都市区范围内的经济社会发展联系日益密切，郑州市经济扩散趋势和周边城市向心发展趋势日趋明显，部分产业随着郑州市经济发展逐步向外转移，周边城镇因其较低的生活成本和较好的生态环境也逐渐成为郑州市部分人口居住和休闲的目的地，开封、新乡、焦作和许昌四市都已明确表达与郑州实现对接发展的强烈愿望并制定了发展战略。建设郑州大都市区，能够更加充分地发挥出规模效应和聚集效应，实现多方面的集约功能、规模功能和效率功能，起到带动整个中原地区发展的龙头作用。建设郑州大都市区，能够形成真正意义上的核心经济区，发挥其在某些产业和领域已经具有的国内外领先优势，对河南具有发展前景和市场竞争力的产业以及经济运行模式起到引导、拉动作用。建设郑州大都市区，能够联合新乡、开封等高等院校、科研院所集聚的城市，整合创新资源，聚集创新要素，发挥出高素质人才科技创新的引领作用，从而将郑州打造成为河南的科技创新增长极，带动河南实现创新驱动发展。建设郑州大都市区,能够加快郑州与周边地区在基础设施建设和公共服务一体化等方面的统筹协调,补齐郑州作为核心增长极的社会短板,从而提高河南的社会发展水平。

四 有利于进一步扩大河南对外开放

随着对外开放的不断深入,加快内陆地区开放发展已经成为我国完善对外开放格局的重要战略,深处中原内陆地区的河南迎来了前所未有的历史发展机遇。抢抓这一历史机遇,河南省主动出击、积极争取,迅速形成了以航空港、国际陆港和跨境电子贸易等为基础的对外开放载体平台和创新机制模式,赢得了建设航空经济综合实验区和第一批内陆自贸区的战略机遇,承接了一批具有全球意义的国内外产业转移,推动了现代农业、先进制造业和高端服务业走出国门,构建起了与沿海相当、与国际接轨的对外开放体系,对外开放以前所未有的步伐向着更加广阔的空间加快推进。

然而,河南对外开放仍面临巨大挑战和困境。当前,河南省实施对外开放的区域、领域发展不均衡,外商投资的区域主要集中在部分城市,投资的领域主要以外贸加工、能源原材料等劳动、资源和能源密集型为主,进出口总额占全国份额仍然与当前河南经济和人口总量不匹配,对外开放的深度和广度仍然不够。同时,大量传统产业尚未形成对外开放竞争优势,一些现代产业尤其是高科技产业和高端服务业仍未形成足够的吸引力,还没有形成对全球资源进行配置的格局和能力,尚未形成完善和合理的对外开放产业体系和空间格局,对外开放综合竞争力亟待提升。尽管郑州抓住其处于河南五大国家战略核心腹地这一新机遇,通过发挥其综合交通枢纽优势,已经在国家实施对外开放格局内陆新高地中占据了一席之地,但也必须认识到,河南省对外开放基础仍然相对薄弱,郑州市在实施对外开放的国际国内竞争中仍然处于相对劣势。

郑州要发挥出推动河南对外开放的战略支撑作用,还要打造对外开放的高地,凸显郑州"国际范"。因此建设郑州大都市区就成为提高河南对外开放程度的必由之路。通过建设郑州大都市区,郑州与周边地区的硬件基础设施建设、航线等通道建设以及各类口岸建设等得以加强,郑州及周边地区的枢纽体系进一步优化，郑州与世界市场和周边市场的联系更紧密、更方便，从而带动郑州及周边城市加快跨境电子商务、智能终端制造产业等新业态、新产业的发展。通过建设郑州大都市区，郑州还能密切与新乡、开封等河南国家战略节点城市的联系，实现城市之间的融合发展，构建区域一体化的开放格局，从而快速而有效地拓展郑州作为航空港、国际陆港、国际物流中心的发展空间，进一步发挥郑州市作为要素供给中心的全球配置能力，形成立足本地、面向全球的合理产业体系，打造河南对外开放的新高地。

第五节　建设郑州大都市区是实现郑州跨越式发展的迫切需要

一　是增强郑州城市综合竞争力的客观要求

郑州处在承东启西、连南接北的中心地带，地理区位优势非常明显。郑州是全国重要的铁路、公路、航空、电力、邮政、电信主枢纽城市和中部地区重要的工业城市是河南省的政治、经济、文化中心，。目前，郑州有汽车、装备制造、煤电铝、食品、纺织服装、电子信息等六大优势产业。氧化铝产量占全国总产量的 50%，拥有亚洲最大、最先进的大中型客车生产企业，冷冻食品占全国市场份额的 40% 以上。郑州也是历史上著名商埠，至今仍是中部地区重要的物资集散地，郑州商品交易所是三大全国性商品交易所之一。随着近些年的发展，郑州的区域综合实力越来越强，成为中原地区经济发展的空间组织中心和增长点，在带动周边地区发展方面发挥着越来越重要的作用。

然而，与全国各大地区的中心城市相比，郑州的城市综合竞争力还存在较大差距，在全国区域经济大格局中的地位不够突出。根据中国社会科学院公布的 2015 年度国内城市综合经济竞争力排名，郑州位居第 17 位。其中，在城市可持续竞争力、宜居竞争力、和谐城市竞争力、全域城市竞争力、生态城市竞争力排名中郑州分别位于第 46、第 76、第 63、第 47、第 226 位，远远低于武汉、长沙、成都、南昌、西安、重庆等中西部地区中心城市。① 随着中部及郑州周边城市围绕市场、人才、资源、技术和区域核心增长极的竞争渐渐进入白热化状态，郑州在提高城市综合竞争力上面临严峻挑战，处在不进则退的关键时期。

如何加快提升综合竞争力是郑州目前面临的一个最大难题。要突破这个瓶颈，首先就要破除郑州现有的劳动力、资源、技术、资金等要素制约和产业结构优化的困境，这就需要郑州打破地理和行政区划上的种种限制。从国内外区域经济发展的经验来看，构建郑州大都市区就成为必然选择。通过建设郑州大都市区，加强郑州城区与周边城市和城镇的全方位对接，实现周边地区各个要素的有效聚集和更大范围内的城市功能一体化，把郑州打造成为河南乃至中部地区的超级中心城市，充分发挥出郑州的区位优势、资源优势和发展潜力，提高郑州的综合竞争力进而提高河南在全国的综合竞争力。

二　是提升郑州城市首位度的有效途径

城市首位度用来研究一定区域内（通常以省为范围）城市之间的相互关系、衡量城市规模合理性，可以通过区域内首位城市和第二大城市人口或经济之比，或者首位城市与所属区域人口或经济之比来表示。它是衡量一个城市辐射力、影响力、带动力的重要指标，代表了该城市在区域内的实力和地位。一般来说，城市首位度越高的城市，其集聚和辐射能力越强，越能显示出它是区域经济的核心地带，对带动整个区域经济发展起着重大的支撑作用。首位城市的发展状况在很大程度上还能够反映一个地区总体发展的基本情况，其规模和功能在很大程度上影响乃至决定着整个区域发展的实力和水平。

2015 年，郑州的 GDP 与河南全省 GDP 排名第二的洛阳比值为 2.08，郑州的常住人口与河南全省排名第二的周口比值为 1.08，郑州占全省的 GDP 比重为 19.77%，郑州的常住人口占全省的比重为 10.09%。② 最新的关于省会城市首位度的排名显示，在全国 27 个省会城市中，排在第一位

---

① 倪鹏飞：《中国城市竞争力报告 NO.14》，中国社会科学出版社，2016，第 4、17、28 页。
② 根据 2015 年河南省 18 个省辖市的统计公报数据计算得出。

的成都其城市首位度比值达到6.4，排在最后的济南其比值为0.66，武汉、长沙分别排名第2、第4，首位度比值分别为3.2、2.95，郑州位于第15位，比值为2.08；这27个省会城市占全省GDP比例排名中，排名最高的是银川，为50.80%，最低的城市是济南，为9.7%，武汉、成都、西安、长沙分别排名第6、第7、第8、第11位，郑州排名第21位。①

由此可见，相比中西部地区的省会城市而言，郑州的经济规模和实力相对较弱，物流、金融、信息等现代服务业和新型产业发展不足，城市首位度优势并不明显。因此，为了加快提升郑州的城市首位度，就有必要通过建设郑州大都市区，摒弃地方保护主义和部门意识，实现郑州与周边地区的协同发展，形成推动发展的强大合力。建设郑州大都市区可以加快空间整合和交通等互联互通，实现区域内产业错位互补与链式发展，郑州可以解除土地、人口、环境、资源等方面的制约，周边地区也可以获得郑州作为省会城市而独有的政策优势。通过整个大都市区的跨越式发展，郑州的经济首位度将切实提高，使郑州的集聚、辐射和服务功能得到全面提升和有效发挥。

三 是拓展郑州发展战略空间的现实需要

近年来，随着城市规模不断扩大，郑州的可持续发展面临一些亟待解决的突出问题。一方面，郑州的"城市病"问题日趋严重。郑州市近十年常住人口一直呈现增长趋势，2015年已接近1000万人。人口膨胀、交通拥堵、环境污染、空气质量持续恶化、公共服务供不应求、住房租房成本节节攀升以及上学难、看病难、房价高严重影响了郑州地区居民幸福感的提升。另一方面，随着郑州市城市建设的快速推进和第二、第三产业的加速发展，郑州市城乡建设用地供需矛盾凸显，土地资源短缺问题较为显著，空间上整体发展不平衡等问题仍然突出。有限的生态环境容量和受限的建设用地空间制约着郑州市持续快速健康发展。随着郑州在各大战略中的地位凸显，郑州已经进入全面融合发展的新阶段，郑州与新乡、开封、

---

① 《谁是中国最强势省城？27个省会城市首位度排行榜》，http://www.rmlt.com.cn/2016/0401/422151.shtml。

洛阳等周边城市的联系更加紧密，城市框架的拉开对郑州发展空间提出了更高的要求。

如何解决"城市病"问题，破解建设用地、资源环境等要素制约，开辟新的战略空间，实现城乡一体化发展，已成为当前推进郑州快速发展必须考虑的重大现实性问题。综合国内外经验来看，打破行政区域的束缚，变行政区域为经济区域，促进郑州与毗邻城市形成组合型大都市区是解决郑州发展战略空间难题的现实选择。通过建设郑州大都市区，按照交通一体、产业链接、服务共享、生态共建的原则，能够在规划、产业、基础设施、生态布局等方面加强郑州与周边城市和城镇的统筹协调，从而构建合理的城市体系。最终在进一步强化郑州核心地位的基础上，增强周边地区在承接产业转移、提供公共服务、加快人口集聚等方面的功能，从而形成都市连绵区，使郑州与周边城市之间没有发展的灰色地带，最终实现郑州大都市区的可持续发展。

第三章
建设郑州大都市区的经验借鉴

随着世界城镇化不断向高级阶段演进，大都市区作为区域城市空间组织形式不断形成和涌现。大都市区最早发生在美欧日等发达国家和地区，至今已有近百年的发展历史，并日益成为发达国家及其区域经济社会发展的高地，成为国家和区域国民经济的主要支撑，在国家和区域经济社会发展中具有重要地位和龙头作用。世界大都市区发展实践取得了辉煌成就，积累了丰富的经验，但在发展过程中都曾经出现诸多问题，也有不少值得汲取的教训，这将为郑州大都市区的建设提供有益的启示，非常值得我们参考和借鉴。

第一节　国外大都市区的发展历程

一　大都市区的演进机理

自 20 世纪以来，特别是第二次世界大战以后，受经济快速发展和新技术革命的影响，世界城市化进入加速发展时期，城市化的发展模式也开始发生变化。

一方面，各种经济要素在中心城市已大量集聚到一定程度，开始出现规模不经济的倾向，需要通过扩散来重新获得规模经济效益，于是城市郊区化迅猛发展，大量的人口、资本和技术流向郊区，郊区城镇的发展不断加快，城市地域不断向四周扩展，原来集中于中心城市的多种经济活动日益分散到郊区，并在郊区具备一定优势的某些中心点形成功能较为完备的新城镇，从而使得城市从原有的单中心格局演变为多中心格局。

另一方面，城市中心区在经过改造和更新之后，拥有更好的环境与景观，使中心区原有的优势得以进一步提升，为知识密集型服务业等处于产业链高端的产业发展提供了保障，随着这类产业开始在城市中心区集聚发展，城市的功能实现转换和升级，成为经济决策与信息交换的中心，郊区内各中心点由于依赖中心城市的信息和服务，因而继续与中心城市保持密切的联系。

正是在这种聚集和扩散的双向运动推动下，大城市地域迅速扩张，并逐步与周边的小城镇连成一体，由此形成了具有一体化倾向的城市功能地域，也就是大都市区。归纳起来，大都市区的演进过程大致可以划分为三个阶段。

第一阶段是以向心集聚为主的城市化阶段。由于极化效应的作用，人口与产业不断向城市聚集，城市规模迅速扩张，造就产业、资本、人口和技术等资源高度集聚的大城市。在西方发达国家，这一阶段大约开始于20世纪初，大城市人口增长在20世纪30年代达到高峰。

第二阶段是集聚与扩散并行的大都市区形成阶段。在这一阶段，由于人口及各类经济活动的大量集聚，大城市中心区开始出现用地紧张、环境恶化的趋势，迫使各类经济活动向土地开发潜力较大的郊区扩展，郊区开始出现新的居住区、工业区和购物中心，进入城市郊区化发展阶段。进而，随着部分人口和产业的外迁，大城市中心区实现了职能升级与转换，控制和管理功能进一步向中心区集中，大城市中心区与郊区错位分工、密切联系，共同构成了大都市区。

第三阶段是以扩散为主的大都市区发展阶段。延续前一阶段的发展趋势，在经济全球化与信息化发展的助力下，城市空间扩展与人口分散的趋势日益加强，产业结构和空间结构出现新的变化和重组，在郊区出现新的区域中心——边缘城市，大都市区空间开始向多中心网络式结构发展，大都市区内部的交互联系也更为频繁和紧密。

纵观国外各大都市区的发展历史，其演进机理和历经阶段基本相同，但不同国家之间由于在自然禀赋、经济社会基础以及区域发展政策等方面存在差异，因此各国大都市区的发展道路并不完全一致。本文主要就较为典型的美、欧、日等国家和地区的大都市区形成和发展历程进行概述与简要分析。

二 美国大都市区发展历程

大都市区这一概念最早出现在美国。进入 20 世纪以后，美国的城市化出现了新的现象，一些规模较大的城市开始超越原有的地域界线向四周扩展，将周围地区纳入城市化轨道，并与中心城市紧密相连，融为一体。为了更科学和客观地衡量城市化水平，需要将这一地区作为一个整体进行考察。因此，美国人口普查局（U. S. Bureau of the Census）在 1910 年第一次正式采用"大都市区"（Metropolitan District，MD）这一概念对人口进行统计，它界定大都市区包括一个中心城市（人口需达到 10 万以上）以及周边 10 英里范围内的地区，或者超过 10 英里但与中心城市延绵相接、人口密度达到 150 人/平方英里的地区。1949 年，美国为其将在 1950 年进行的人口普查制定了一套比较完整的大都市区统计标准，规定大都市区包括一个 5 万或 5 万以上人口的中心城市及拥有 75% 以上非农业劳动力的郊县。并将该统计区命名为"标准大都市统计区"（Standard Metropolitan Statistical Area，SMSA）。[①] 此后，随着大都市区不断发展，其定义与概念在此基础上也进行了相应的修改。

第二次世界大战结束后，由于一系列因素的影响，如联邦政府新住房政策的实施、高速公路网的大规模修建、汽车保有量的持续提高以及通信技术的快速发展等，美国大城市周边的郊区出现了迅猛发展。随着郊区人口的增多，各类生活性服务业、教育、公共设施乃至金融机构也纷纷拓展到郊区发展。原来高度集中于中心城市的各种经济活动日益分散到郊区，郊区逐步形成功能较为完备的次中心区，使大都市呈现多中心的新型空间格局。虽然郊区范围内的次中心功能日益完备，但由于需要中心城市提供信息和服务，它与大都市区的中心城市仍然保持着紧密的联系。经济活动

---

① 姚阳：《新城市化发展模式与地方治理——美国大都市区发展的经验与启示》，《学术界》2013 年第 3 期，第 213～218 页。

的高端环节仍由中心城市的公司总部来完成。

与郊区飞速发展相比较,作为大都市区另一组成部分的中心城市,其人口增长则较为缓慢,但其功能也在发生实质性的提升。要素集聚能带来规模经济效益,但是集聚发展到一定程度会导致规模不经济的后果。因此,当中心城市发展达到一定规模,人口和产业将会不可避免地向周边地区扩散和转移。到20世纪60年代,城市问题日益恶化,人口和产业外迁趋势更为明显。美国东北部和中西部的许多大都市区的中心城市人口甚至出现了负增长。但是人口和产业的双转移在一定程度上缓解了中心城市人口密集、交通拥挤、住房紧张、环境污染等问题,再加上政府对旧城的改造与更新以及实施支持金融、信息、科技等高端产业发展的相关政策,为其从工业经济向服务性经济转换和升级创造了机会,中心城市在制造业出现"空心化"的同时,流通、信息等服务性功能则得到强化。中心城市由此成为信息交换和经济决策中心,汇集了产品设计、生产程序制定、广告、市场营销、金融、保险、会计、法律、公关等高端服务业,就业人口绝大多数从事服务业。20世纪70年代中期,中心城市创造了大量高端服务业就业机会,大批居民又迁往中心城市。1975~1977年,全美有300万人从郊区迁回到中心城市。80年代中后期回流速度加快。据1990年人口统计,美国最大的50个中心城市中有32个在1980年代保持人口增长,百万以上人口的中心城市增加了29个。

中心城市和郊区是大都市区的两个基本组成单位。美国大都市区的发展过程中,郊区与中心城市更替互动,最终实现大都市区整体地位的强化。目前,大都市区已成为美国经济活动的主要载体和依托,大都市区拥有比非大都市区更加庞大的商品和服务市场,更为专业化的劳动力市场以及更为广泛和高度发展的运输、通信网络,这些竞争优势使大都市区成为美国经济增长和全球化竞争力的引擎。

梳理美国大都市区的发展历程,大致可以分为大都市区时代和大型大都市区时代两个阶段。第一个阶段从1920年至1940年,在这个时期中,大都市区的规模和数量都快速增长。比如1920年,美国仅有58个大都市区,其人口占美国总人口的33.9%;到1940年,大都市区数量已经飞速增加到140个,人口占全国总人口的比例则提高到47.6%,也就是说当时美国近一半的人口居住在大都市区范围内。至此，大都市区已成为美国所有地区发展的主要模式和社会生活的主体，所以美国学术界将这一阶段称为"大都市区时代"。第二个阶段从1940年至1990年，其特点是出现大型大都市区快速发展的现象。在50年的跨度中，大都市区数量从140个上升到268个，其人口接近2亿，相当全国总人口的74.8%。其中，人口在百万以上的大型大都市区发展速度更快，其数量由11个增加到40个，人口由3490万增加到13290万，在当时大都市区总人口中的比例为67%，占美国总人口的比例由25.5%上升到53.4%。也就是说居住在大型大都区的人口已经超过美国总人口的一半，这是与1920年美国城市人口超过农村人口、1970年美国郊区人口超过市区人口一样具有历史意义的重要转折。到2000年，美国共有317个大都市区，其人口占美国总人口的80.1%，居住在人口百万以上的大型大都市区的人口占美国总人口的比例更达到57%。[1]

三　欧洲大都市区发展历程

伦敦大都市区是世界著名大都市区之一，隶属于工业革命发源地的英国。英国是世界上工业化和城市化起步最早的国家。早在1851年，英国就成为世界上第一个城市人口超过50%的国家，1990年其城市人口更是达到75%。但是伦敦大都市区的形成和完善不只有城市化的动力驱动，也受区域规划政策的指导，而且伦敦大都市区的发展建立还基于一定的理论基础。

工业革命以后，随着英国经济的发展和海外殖民地的扩张，伦敦人口迅速增长。人口的膨胀导致城市环境的急剧恶化，特别是工人阶级居住区的生活条件十分恶劣。而且，随着城市的不断向外蔓延，交通问题也日益突出。为此，1898年霍华德提出了"田园城市"的设想，以期消除由极化现象所带来的大城市空间发展的不平衡。但直到20世纪初期，伦敦也仅是在郊区象征性地建设了一些田园城市，与此同时新的工业部门的出现使伦敦的人口进一步增加。到第二次世界大战前期，伦敦的人口已突破

---

① 姚阳：《新城市化发展模式与地方治理——美国大都市区发展的经验与启示》，《学术界》2013年第3期，第213~218页。

800万，建成区面积也是急速增加。为切实有效地控制城市的无限蔓延，伦敦提出了三项具有创造性的规划构想，产生了深远的影响：首先是1938年提出了用"绿带"控制大都市无限蔓延的方案，以引导绿带以外地区的发展，这一概念后来被世界各国城市规划所广泛采用。其次是1944年阿伯克隆比的"大伦敦规划"，这个规划实际上就是大都市区规划，规划根据伦敦发展的现状提出了圈层发展模式，在距离伦敦中心半径为48公里的范围内规划建设4个同心圈。再次是1946年英国政府制定的《新城法》，此法将大都市区的新城建设纳入政府计划，并在距离伦敦中心50公里的半径内先后建设了8座新城，建设新城是为了解决城市人口集中、住房条件拥挤、工业发展用地紧缺等问题，实现"既能生活又能工作，内部平衡和自给自足"①。1978年《内城法》获得通过，政府开始注重旧城保护和改建。其后，伦敦城市规划以战略规划的高度越来越向"世界城市"目标和区域一体化规划演变，如1994年新的战略规划明确指出伦敦市与东南部地方规划圈之间的关系和发展战略，力图以区域发展的视野构建"新伦敦都市区"。进入21世纪之后，伦敦城市规划更加注重协调空间规划与产业、功能规划的关系，2004年出台的《伦敦规划》成为指导伦敦未来数十年发展的最重要的城市规划文件，该规划重点是研究提出了伦敦的五大分区和五大现代服务业功能区，而且在整个规划框架中，进一步将某些具体区域界定为机遇区域、强化区域和重建区域。需要强调的是，在城市规划实施过程中，政府运用法律手段予以支持起到了重要作用，如《绿带法》《新城法》等，不仅明确了伦敦规划的方向，而且促进了大都市区的形成。

巴黎大都市区的发展始于20世纪50年代，当时法国开始全面开展区域规划的制定工作，在全国建立了22个经济大区，计划建设8个大都市区，并鼓励把可以促进地区发展的关键性项目放在这些重点地区，大都市区不只完成城市本身的职能，并且在全国国民经济中各自发挥独特的作用。法国在进行区域规划时，还特别制定了若干重点地区的规划，巴黎地区就是重点规划建设的地区之一。从20世纪50年代起，大伦敦规划和新

---

① 周开疆：《伦敦大都市圈考察的启示》，《周刊》2011年第3期，第40~41页。

城建设的经验被推广到世界各地，并结合当地情况加以创新，因此法国大巴黎区的建设与大伦敦区建设既有相似之处，又有很多不同点。1965 年以前，巴黎郊区化发展较为凌乱，不像伦敦郊区那样明确规划兴建卫星城镇。1965 年以后，巴黎也在郊区规划建设城市化中心，目标是将巴黎建成多中心城市。但是与伦敦规划思想所不同的是，巴黎建设的 5 个新城都是作为整个巴黎的一部分，以寻求市区、郊区社会经济的共同发展。

四　日本大都市圈发展历程

日本城市化开始于 20 世纪 20 年代，发展于 30～40 年代，并在"二战"后的经济高速增长过程中逐步走向成熟。由于日本是一个群岛国家，平原狭窄，面积非常有限。因此，在关东、浓尾、畿内三大平原地区分布着为数众多的城市，是世界上人口最为密集的地区之一，从而为大都市区的形成创造了有利条件。与欧美采用"都市区"的称谓不同的是，日本通常采用"都市圈"这一概念（但二者在形成的动力机制和发展演变阶段方面是基本相同的）。而日本大都市圈的形成除城市化发展的自然驱动外，政府的规划及各项政策也发挥了重要作用。早在 1956 年，日本公布的"首都圈整备法"就强调要在东京 100 公里范围内大规模发展卫星城市。当时日本行政管理厅关于都市圈的定义为：以 1 日为周期，可以接受城市某一方面功能服务的地域范围，中心城市的人口规模须在 10 万以上。[①] 1960 年日本提出了"大都市圈"概念，规定大都市圈中心城市为中央指定市（相当于中国的直辖市），或人口规模在 100 万以上，并且邻近有 50 万人以上的城市，外围地区到中心城市的通勤率不小于本身人口的 15%，大都市圈之间的物资运输量不得超过总运输量的 25%。[②] 1965 年日本科学技术厅还明确规定"到中心城市就业、上学的依赖程度在 3.0% 以上和年人口增长率在 0.1% 以上的地区可纳入大都市圈范围"。[③] 日本大

---

① 洪世键、黄晓芬：《大都市区概念及其界定问题探讨》，《国际城市规划》2007 年第 5 期，第 49～52 页。

② 张京祥、邹军、吴启焰、陈小卉：《论都市圈地域空间的组织》，《城市规划》2001 年第 5 期，第 19～23 页。

③ 洪世键、黄晓芬：《大都市区概念及其界定问题探讨》，《国际城市规划》2007 年第 5 期，第 49～52 页。

都市圈的概念类似西方大都市区但突破了大都市区的地域范围，其直径距离可达 300 公里，人口可达 1000 万以上。[①] 日本政府根据人口指标把都市圈分为大都市圈（如东京大都市圈、阪神大都市圈和名古屋大都市圈）和地方都市圈，其中地方都市圈又分为地方枢纽都市圈（除东京、大阪、神户、名古屋以外的其他 5 个政令指定城市）、地方核心都市圈（一般为都道府县行政中心）和地方中心都市圈（小范围的经济中心）。而从 20 世纪 50 年代起，日本各地的人口就开始大规模地向东京、阪神和名古屋三大都市圈集中，各大都市圈内部的产业也随日本工业化的推进逐步发展，三大都市圈在日本社会经济中占据极其重要的地位，成为日本经济心脏。

第二节　国外大都市区建设中面临的问题

一　资源浪费

大都市区在发展过程中，随着郊区化的不断推进，在空间上横向蔓延，由此造成了资源的严重浪费。城市经济的一个重要特征是土地的集约利用。但国外大都市区发展过程中的郊区化大多是以土地低密度开发为特征。人口、制造业及服务业从中心城市扩散出去，在郊区重新分散布局，以极低的人口密度向城市化地区的边缘扩张，不断吞噬城市边缘的农业用地和自然空间，严重浪费耕地，同时也使得原城市中心单位土地利用效率降低。此外，大都市区的横向蔓延对城市公共资源也造成了巨大的浪费，主要表现在公共设施的低效使用上。比如在公共交通领域，随着城市中心人口的大规模外迁，加之私人汽车的普及，公共交通陷入恶性循环之中。公交票价提高，服务质量降低，车次减少，导致更多的乘客转为选择私人汽车，公交乘客进一步萎缩，但考虑到城市低收入阶层仍然依赖于公共交通工具，政府财政不得不对公共交通进行巨额补贴。与此相类似，在教育设施、城市供水、供气等基础设施、服务领域也出现了不同程度的低效益问题，设施闲置现象十分严重。

---

① 谢守红：《大都市区的空间组织》，科学出版社，2004，第 22 页。

二　交通拥堵

随着郊区化的发展，地域范围的不断扩大，大都市区内郊区与郊区之间的交通出行逐渐成为主导，跨区之间的通勤人口大幅度增加，而且通勤交通的距离和时间也都大幅增加，从而导致大都市区经常出现严重的交通拥堵问题。这种情况在美国大都市区发展过程中更为严重。美国在早期的郊区化进程中，发展缺乏规划，郊区住宅的过度建设加速了外围地区的开发，这又引起郊区的进一步蔓延，同时美国的郊区化对私人汽车与高速公路网高度依赖，伴随着经济的增长，汽车拥有量增加，导致的交通拥堵成为美国大都市区最严重的社会问题之一，1982~1991年美国50个主要大都市区中有47个交通状况恶化。[①] 1989年美国审计总署向参议院交通委员会提交的一份研究报告指出，在对2万人的调查中，80%的人认为交通拥堵是他们所在社区的主要问题。[②] 1995年5月，美国市长会议对93个中心城市和66个郊区的官员进行的调查显示，91%的郊区官员认为"减轻街道和公路上的交通拥堵"是最严重的挑战。[③] 交通拥堵给美国社会造成了一系列严重的经济、社会和环境问题，比如空气污染、能源浪费、人员伤亡、经济损失等。美国大都市区交通拥堵的最根本的原因在于大都市区的空间结构，比如郊区的低密度蔓延，住宅和就业的不匹配，社区土地利用模式过于单一，郊区社区的空间设计和道路系统不够科学合理等。

三　生态环境恶化

国外大都市区早期无节制的蔓延导致大片的森林、田野、湿地以及其他自然景区被人类活动蚕食，绿色空间减少，郊区原本的自然景观遭到相当严重的破坏，富有地方特色的乡村景观和人文风貌随之消失。同时由于

---

① 美国住宅与城市发展部：《1999年城市状况——第三次年度报告》，《华盛顿哥伦比亚特区》，1999年6月，第21页。
② 梅尼·科斯洛斯基等：《通勤的压力——原因、影响和对策》，普利南出版社，1995，第18页。
③ 美国住宅与城市发展部：《1999年城市状况》，第19页。

居民出行高度依赖汽车等交通工具，城市交通、城际交通以空前的规模和速度建设，加剧了对石油等能源的消耗和对大气的污染，人类活动带来烟尘、有毒废物和污水等不利影响，对自然生态环境造成了严重的冲击。

四　城市中心区衰败

自 20 世纪 20 年代主要发达国家城市人口超过农村人口、完成城市化之后，城市发展开始以外延扩展为主，第二次世界大战后更呈现出规律性的逐年上升趋势。郊区人口增长远远超过中心城市。以美国为例，自 20 世纪 20 年代以来，美国汽车工业的飞速发展也带动了城市居民汽车拥有量的急剧增加，从而促使郊区快速发展，人口增长率逐渐超过中心城市。20 世纪 30 年代，郊区人口增长率继续提高，大都市区平均每增加 100 人，郊区占到接近 60%。同时，由于中心城市土地资源的紧缺，原城市中心区的工商业、房地产业等行业逐步搬迁到土地资源相对充足、地价和税收相对低廉以及交通设施逐步完善的郊区，在制造业方面，中心城市逐渐"空心化"，郊区成为制造业大本营。第二次世界大战后，零售业、旅馆业、科技教育、文化娱乐等服务性行业也开始大规模向郊区扩张，这为郊区提供了更多的就业机会，吸引更多人口外迁。进入 20 世纪 80 年代，郊区对城市中心区的依赖性越来越低，甚至部分取代城市的功能，逐步演变成具有相对独立地位的"边缘城市"。与此同时，随着中产阶级和蓝领阶层的外迁，以及产业与工作岗位从城市中心区转移，中心区的就业机会不断减少，严重降低了中心区的税收，城市中心区不可避免地出现了衰败现象，而要扭转这一趋势，需要政府的支持和引导。

五　治理效率低下

大都市区的出现是城市化进入成熟阶段的标志，随着城市空间形态的优化组合，大都市区出现的一系列问题已经超出原有的行政管制所能控制的地域和领域。因为西方国家实行的是城乡分治的城市行政建制，大都市区内市县并立，分别执行各自的职能，其中市享有特许自治权，管理本市市政，向城市提供各种公共服务；县则是管理县、乡村有关的事务。这种分治的情况导致过多独立地方政府，使得政府资源过于分散，无力解决关系整个大都市区的经济与社会公共问题，甚至有时还被认为是产生大都市区多种经济社会问题的主要原因。比如中心城市与郊区之间，常常需要在交通、供水、排污、保护环境、消防和打击犯罪等许多问题上进行合作，但由于地方政府注重各自的独立性，以及担心边界、权力和各种利益受到侵害，合作实施较困难，不能有效地进行整个区域内土地利用规划、公共工程、公用事业服务以及其他公共设施的综合规划，治理效率低下。我国的行政管理体制虽然不同于西方国家，但是也存在着行政分割，行政管理与经济功能区域不匹配的情况。所以西方国家大都市区面临的这一问题，对郑州大都市区的建设同样有启示作用。

第三节　国外大都市区建设中的有益经验

一　建立有效的组织管理体系

正如前文所述，大都市区跨越行政地域，是一个以功能相互联结的巨大区域，西方各国具有地方自治的传统，导致地方政府"零碎化"，因此大都市区内各地方政府和政治团体之间难免出现各种矛盾和冲突，从而妨碍大都市区的整体发展。为破解这一问题，西方国家经过几十年的探索和实践，都建立了较为有效、实用的大都市区组织管理体系。当然，基于不同的国情，各国在实际运作中形成了不同的管理形式和组织模式，具体而言可以大致分为三类：第一类是统一、权威的大都市区政府或机构。伦敦是这一模式的典型代表，这一机构名为大伦敦市政议会，主要负责经济发展、规划和空间发展、交通、环境、旅游、娱乐、警察和消防等方面的事务，而作为二级政府的自治市政府则负责提供住宅、教育、城市更新等方面的地方性服务，但为了保证伦敦整体政策的一致性，自治市政府必须和大伦敦市长紧密合作。大都市区政府或机构与地方政府实行功能分工，各司其职，形成双层次管理体制。统一的大都市区政府组织增强了大都市区的整体竞争力，促进了大都市区健康、协调发展。第二类是以执行单一职能为主、灵活多样的特别区管理机构。成立仅有专项职能的专门机构或某一特定区域的专门管理机构，负责管理区域内某一专项公共服务，如公共交通、消防、给排水以及垃圾处理等。第三类是松散的区域性协调组织。在很多情况下，区域性的协调工作并不仅仅是单纯由政府来承担，也可以依靠一些松散的、区域性协调机构来实现，通过公共部门、非营利性组织和私人团体之间进行协调来管理城市共同事务，弥补市场调节和政府控制不足的缺陷，以达到最大限度的资源优化配置。这种弹性化的管理体制充分考虑了地方居民的自治需要，芝加哥民间团体组织就是这一类型的范例。从西方国家大都市区的实践经验来看，这些因地制宜建立起的组织管理体系在维护大都市区的整体利益、促进大都市区稳定发展中起到积极作用。

二 构筑紧凑城镇与开敞空间的发展格局

鉴于早期大都市区无序蔓延所带来的资源浪费、交通拥堵、生态环境恶化等一系列问题，后期各大都市区在建设过程中非常重视区域空间发展的规划组织和引导，普遍采用由中心（体系）— 走廊（交通、产业、城镇）— 绿地（开敞空间）为主要特征的空间结构组织方式，将区域生产要素投入、就业和居住空间的布局、基础设施建设等建设行为集中在规模和等级不一的现有中心和基础设施密集的走廊地区，同时将区域内的绿地、公园、农田、湿地等重要生态开敞空间明确划为严格保护、严格限制或禁止建设的对象。这种空间组织方式充分提高了基础设施配置的效益和对区域开发的引导效应，突出了区域开发与整治的重点，提高了资本和要素投入的集聚效益，同时兼顾到了区域内各个发展主体的发展需求和生态安全等整体利益要求。例如大芝加哥地区规划将中心、走廊和绿地作为空间组织的主体框架，其中心包括全球性中心（芝加哥）、41 个大都市区中心、106 个社区中心、127 个镇中心和 17 个村落，走廊是连接主要中心的高速公路、轨道交通及其周边开发用地，绿地则包括区域内的农业空间、公园绿地、湿地、水体以及洪泛区等。又如大伦敦规划通过分析预测，指出区域发展特别是经济增长将会集中在某些核心地带（规划将其称为中央活动区和相关机遇区），同时划分出高密度开发地区、更新重建区和区域更新的走廊、重要的开敞空间和蓝带网络等不同类型的空间分区，针对如何促进区域开发空间的紧凑发展和整体可持续发展，制定全方位的具体政策。按照上述空间格局，规划在各种发展和更新的中心地区和走廊地带集中布局相关的基础设施特别是交通设施配置。再如波特兰大都市区和墨尔本大都市区，通过严格划定城市增长边界的方式，将城市增长所需要的空间严格限定在一定的范围之内，边界以外的空间则作为生态、农田和农村社区等予以严格保护，并据此形成不同的开发政策和基础设施投入强度策略。

三　强调交通发展与土地利用的互动衔接

交通条件是决定城市与区域功能可否有效运转的重要因素，因为人们交流和各类要素流动的便捷性与可选择性在很大程度上决定着城市和区域的活力。一方面城市和区域的发展对交通设施建设提出了要求，交通规划必须适应并支撑区域的发展需求；另一方面，区域的交通发展战略如交通模式、交通结构等对城市和区域发展具有重要的引导作用，是实现区域发展战略的重要调控手段。基于交通发展与土地利用之间的这种高度互动关系，国外各类大都市区都非常强调在规划中做好二者的衔接。例如大墨尔本地区规划在相关的交通规划中对整体考虑土地使用和交通战略非常注重，将新的开发定位于公交服务水平较高的区域，并注重加强产业区的交通通达性。又如大伦敦地区的交通规划完全取决于大都市地区发展的空间引导需求，规划量化分析了区域范围内的公共交通可达性、主要增长中心和发展走廊的交通需求等，在此基础上确定了大都市区的交通结构特别是轨道交通的线网规划。举个实例，规划分析指出，夜间的休闲娱乐是伦敦城市就业和城市吸引力的重要组成部分，而夜间的就业和娱乐必须依靠便捷的公共交通，因此规划专门对夜间的就业岗位进行分析，将分析结果作为交通规划的依据。再如大华盛顿地区规划机构在组织交通规划修订时，会根据区域和城市人口、就业、住房的增长预测动态调整交通规划，并根据交通模型的预测对区域和城市的人口、就业、住房增长及可能带来的交通堵塞等做出必要相应的反馈，从而确保交通和土地利用、地方空间规划的互动与衔接。

四　推动产业布局战略性调整

中心城市是大都市区的核心与龙头，肩负着带动整个区域发展的重任。但是在长期的功能演变、市场选择和产业升级中，大都市区中心城市必然会面临着传统产业竞争力趋弱的问题，如果不能有效地扭转这种局面，则难以避免走向衰落，比如前文提到城市中心区衰败就是一种表现。因此，国外各大都市区都积极推动城市经济结构的转型，通过对产业布局进行战略性调整，保持大都市区的强大竞争力。例如巴黎曾是欧洲工业中心之一，但随着巴黎大区的地价不断上涨，工业开始由中心城区向郊区扩散。同时，城市环境污染日趋严重，地区间的不平衡也在加剧。为改变这种局面，从 20 世纪 60 年代开始，法国政府开始对巴黎大区进行整体规划，积极调整工业布局，把部分都市型工业留在中心城区，将传统的资本、劳动密集型工业迁往郊区，中心城区留出的空间容量进一步向服务业倾斜，从而不断强化中心城区的高端专业性及生产性服务功能。同时，污染性工业的外迁，也极大地改善了中心城区的形象与环境，进而为环境依托型产业如金融、科研、文化、艺术、创意、旅游、会展等创造出良好的条件，使巴黎成为吸引总部经济和国际人口最成功的世界大都市之一，为巴黎大都市区的发展带来了强劲动力。又如伦敦，从工业基地到国际金融中心，再到世界创意之都，始终站在世界经济转型和新兴产业发展的最前沿，这种引领产业潮流和自主创新的能力，为伦敦带来了巨大的发展活力，使伦敦不仅成为首屈一指的世界大都市，而且有效辐射带动了周边中小城市的产业升级与现代化进程，促进了伦敦大都市区的形成与发展。再如芝加哥，一度有美国的心脏之称，然而随着产业结构老化、环保不力及污染严重，到 20 世纪七八十年代芝加哥面临着经济衰退的风险。为迅速摆脱这种局面，芝加哥加大技术设施投资力度，积极促进风险投资和技术转移，依托周边地区制造业优势，大力发展会展业、期货业和以服装、礼品、家居为代表的展贸一体化市场，从而实现了由制造经济向服务经济的成功转型，不但彻底扭转了中心城区走向衰败的趋势，而且大大提高了其对外辐射力和带动力。

五　注重各区域协调发展

20 世纪 90 年代以来，在全球竞争加剧的大背景下，区域的协同发展成为提高区域整体竞争力的关键，因此发达国家非常重视大都市区内部的协调互动，由各方参与共同制定区域战略规划，鼓励区域内个体间的相互妥协、合作与联盟，因地制宜地制定实施政策，以确保大都市区各区域整体协调发展。比如大巴黎地区规划、大伦敦规划、柏林—勃兰登堡规划、第三次纽约地区规划等，都强调加强区域整体联系，实现共同繁荣、社会公平与环境改良的目标，并致力于推出有利于区域共同发展的相关政策，比如基础设施的相互衔接，环境保护的共同行动等。特别是20世纪80年代中后期以来，区域公共政策的研究得到大大加强，大都市区规划编制的内容逐渐从注重物质空间布局等技术层面转向灵活的区域公共政策指引，旨在更好地解决区域公共问题，维护与协调区域公共利益。以德国柏林—勃兰登堡规划为例，在编制规划时，尽管柏林与勃兰登堡州在经济发展的宏观水平上有着较大的差异，但是双方仍然决定成立统一的就业市场和共同的经济区，实行统一的财政支持和技术发展政策，对外采取统一的市场区位形象，建设统一的旅游市场，积极引进首都职能，加强劳动力密集地区的经济发展实力，为该区争取更为优越的发展机遇。又如在面对区域发展失衡的问题上，由于伦敦大都市区内部的区域发展水平存在很大差异，中心区是伦敦最繁华的区域，东部是传统的工业区，已经历持续的经济衰退，西部则在经济重建后出现了经济繁荣的景象。因此，针对不同区域伦敦大都市区制定了不同的政策：中心区的通达性最好，对商务、商业、政府以及文化活动等最具吸引力，相应政策是平衡办公楼、商业、文化娱乐等各项活动与住宅之间的发展；建立安全的居住社区，增加低价住宅的数量；改善环境质量；提升公共交通的能力。东伦敦是英国经济衰落最严重的地区之一，则政策优先考虑的是提供培训以便使民众能够获得新的就业机会；开发本区内的空地、荒地以增加就业人数；改善基础设施和环境质量。西伦敦由于区内大部分地区经济较为活跃，因此政策的聚焦点主要在改善居住、交通和环境的质量，以及提供更多的就业机会。

第四节　启示与借鉴

一　科学界定郑州大都市区

在发达国家中大都市区是重要的统计地域单元，官方对其有权威的概念阐释和界定标准。美国最早采用大都市区的概念，在大都市区的界定标准方面，虽然前后有着较大的变动，但具有明显的连续性，并且在核心内容方面并没有实质性的改变。除美国之外，英国、加拿大、澳大利亚和瑞典等欧美国家都有类似大都市区的概念，如英国称为"标准大都市劳动市场"（Standard Metropolitan Labor Area，SMLA），加拿大称为"国情调查大都市区"（Census Metropolitan Area，CMA），澳大利亚称为"国情调查扩展城市区"（CEUD），法国的 ZPIU（Zone de Peuplement Industriel ou Urbain），瑞典命名为"劳动－市场区"以及日本的都市圈等。尽管它们各自的名称和制定标准有所不同，但这些标准的核心存在几个共同点：一是考虑非农劳动力占绝对优势的中心城区与外围地区之间的劳动力联系的规模、频度；二是考虑人口分布的集中性和连续性；三是考虑统计地域的可操作性与行政区划的完整性，大多以县为基准单位。可以看到，这些概念在核心内涵上是一致的，即主要包括经济中心、经济腹地以及中心与腹地之间的经济联系这三个方面的内容。也就是说，大都市区不是一级行政单元，而是城市功能上的一种统计单元①，是顺应和基于经济社会发展规律与现实来界定的。只有在科学界定大都市区地域范围的基础上，才能准确统计，适时针对大都市区的各种问题进行研究和分析，从而有效地实施大都市区治理。因此，郑州大都市区的建设，首先须建立郑州大都市区的概念，并科学界定其地域范围。

二 构建高效的大都市区治理模式

国外大都市区的发展实践说明，大都市区发展必须高度重视协调和整合区域关系，在大都市区内部必须重视中心城市与周边城市的平衡发展，中心城市政府与周边地方政府之间的互助合作，以实现中心城市与周边地区、大都市区内市市、市县、市区、城乡之间的环境、资源方面的合作和共享。郑州大都市区的地域范围包括郑州市及周边几个地级市的部分地区，跨越了地市级的行政区域，在都市区成长与发展的过程之中，地方政府之间必然会有诸多的竞争与博弈，这需要构建高效的大都市区治理模

---

① 许学强、周一星、宁越敏：《城市地理学》，高等教育出版社，1997，第21页。

式，以协调各方利益，从而能够基于整个大都市区发展的需要规划和建设基础设施网络、制定经济社会发展框架政策、实施生态环境保护和治理等，通过加强合作处理好各项公共事务。借鉴国外大都市区的治理模式，一是可以考虑建立具有一定权威的半官方性质的地方政府联合组织和专门机构以实施对大都市区的有效治理。考虑到更好地发挥其治理与协调作用，该机构应具备政策上的权威性和一定的财政分配能力。二是探索通过政府间协议、企业及非政府组织参与供给等多种方式为公众提供公共服务，将竞争机制引入大都市区治理，以更好地满足大都市区的多样化需求，提高治理效率、降低治理成本。三是应选择动态综合治理模式，在大都市区内建立常态的区域治理制度基础上，根据大都市区成长发展的现实需求相应调整其治理模式。

三　扎实细致地做好大都市区规划

大都市区规划是一种战略性的空间规划，具有宏观性、综合性和协调性等特点，它的主要目的是为区域发展提出关于城市和空间发展战略的框架，规划内容则以大都市区经济社会的整体发展策略、区域空间发展模式以及交通等基础设施布局方案为重点。在规划的制定上，郑州大都市区应积极借鉴国外大都市区规划经验，基于国内竞争乃至全球竞争的高度制定区域发展的目标和战略；积极引导大都市区在空间上实现集聚集约发展；整合土地利用与交通规划；对民众的发展需求给予充分关注。特别是要高度重视对区域政策和规划实施机制的安排，探索如何制定相应的规划对策以确保规划的落实与规划目标的实现，最终使大都市区规划走上规范化与制度化道路。

四　协调交通发展与土地开发利用

区域土地资源的配置（包括区位、面积、利用方式、开发强度等）是协调区域经济发展的重要杠杆，也是保护、改善区域生态环境的重要手段。而土地利用模式是决定交通需求特点最重要的因素，同时交通运输又可以通过改变某一地区的易达性而影响土地利用的模式，因而土地利用与交通发展是紧密联系的，土地开发策略必须有相应的交通发展策略支持，大都市区规划的重点之一应是通过土地利用规划和交通规划实现大都市区发展的战略目标。郑州大都市区人口密度高，土地资源有限，参考国外大都市区发展的经验和教训，应当主要采取紧凑式的土地开发利用模式，并匹配大容量的公共交通，提高公共交通通达地区的开发强度，并以地面常规公交网、轨道交通网、高速铁路网和高速公路网为主打造大都市区内部交通体系，促进区域一体化发展。

五　引导推进产业转型升级与优化布局

产业是大都市区发展的基础，大都市区的成长壮大、可持续发展首先需要始终保持强大的产业竞争力。但正如前文所述，传统产业在长期的市场选择、功能演变和产业升级过程中必然会出现竞争力趋弱的问题。因此大都市区的建设必须高度重视产业发展，通过不断推动产业转型升级与优化布局，来提升整个大都市区产业体系的竞争力。其中需要积极发挥政府的引导作用。比如纽约、伦敦、东京等世界著名大都市区，其发展历程都是经历了多次重大的规划制定和调整才保持长期的繁荣，在这一过程中各大都市区权威性的决策主体都发挥了重要作用。对于郑州大都市区的建设，政府应根据经济发展阶段的需要，采取相应的区域政策，包括法律政策、产业政策、商业环境政策以及社会环境政策等，帮助企业降低投资成本，激励企业技术创新，提高投资效益和效率，以引导和支持大都市区的产业转型升级。同时，积极探索化解大都市区内部各区域产业发展恶性冲突的有效途径，优化产业布局，推进中心城市与周边地区形成竞争与合作的联动发展关系。

第四章
建设郑州大都市区的现实基础

经过改革开放三十多年的发展，河南经济社会取得了举世瞩目的成就，经济总量位居全国第五、中西部之首。随着粮食生产核心区、中原经济区、郑州航空港经济综合实验区、郑洛新国家自主创新示范区以及自贸区五大国家战略深入实施，中原大地迎来千载难逢的发展机遇。郑州作为中原城市群的中心城市和"一带一路"节点城市，以国际商都为总览，以航空港经济综合实验区建设为引领，以"三大一中"为路径，以开放创新为动力，协调推进新型城镇化、产业发展、生态建设，不断加快向国家中心城市迈进，同时与周边城市的一体化程度日益提高，以郑州为核心的大都市区雏形渐现。

第一节　河南经济社会发展加快

近年来，面对复杂多变的国内外环境和艰巨繁重的发展任务，河南省委、省政府团结带领全省人民，紧紧围绕中原崛起河南振兴富民强省总目标，不断克服发展中面临的一系列困难和挑战，经济发展呈现出结构优化、动力转换、发展方式转变加快的良好态势，社会事业实现全面进步，人民生活水平快速提升，为郑州大都市区建设奠定了坚实的基础。

一　综合经济实力稳步攀升

大都市区是区域经济发展到一定阶段的产物，无论是国外的纽约、巴黎、伦敦大都市区，还是国内的长三角、珠三角、京津冀等大都市区，其形成都离不开发达的地区经济作为支撑，雄厚经济实力是形成大都市区的前提和基础。近年来，河南省不断加快"一个载体、四个体系、六大基础"["一个载体"是指科学发展载体，包括产业集聚区、商务中心区和特色商业区（街）；"四个体系"是指现代产业体系、现代城乡体系、自主创新体系、现代市场体系；六大基础是指现代交通系统、信息网络系统、水利支持系统、能源支撑系统、生态环境系统、人力资源强省系统]建设，在抢抓机遇中乘势而上，在爬坡过坎中克难前行，在攻坚转型中蓄势崛起。全省经济保持持续较快增长，地区生产总值保持平稳加快增长，在全国稳居第五位。2015 年，河南生产总值达到 3.7 万亿元，是 2010 年的 1.6 倍，人均生产总值超过 6200 美元，是 2010 年的 1.7 倍；财政总收入达到 4427 亿元，比 2010 年翻了一番；全社会固定资产投资 35660 亿元，比上年增长 15.8%。大都市区范围内的郑州、开封、新乡、焦作、许昌五市实现地区生产总值 15015 亿元，占全省地区生产总值比例接近 41%。领先全国的人口和经济规模、丰富的人力资源、巨大的城镇化和消费市场潜力是建设郑州大都市区的重要基础。

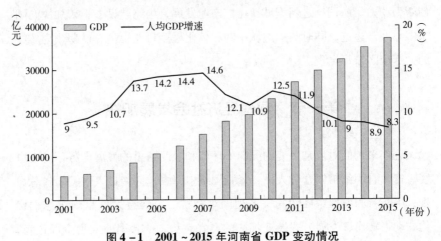

图 4 - 1　2001～2015 年河南省 GDP 变动情况

二　产业结构调整步伐加快

产业是城市形成的基础，是城镇化推进的关键，也是大都市区形成的重要支撑。通过对国内外大都市区的发展历程观察可以发现，大都市区产业结构演变存在一定的规律性，即三次产业结构演变均经历了第二产业在国民经济中的比重逐步下降，第三产业逐渐占据主导地位的过程。近年来，河南瞄准自身短板，积极推进产业结构调整，高成长性产业快速发展，传统支柱产业改造升级步伐加快，战略性新兴产业规模持续扩大，现代服务业发展逐步提速，农业基础地位不断加强，第二、第三产业比重逐年提高，2015 年，河南省三次产业结构调整为 11.4：49.1：39.5，与2010 年相比，服务业比重提升了 9.9 个百分点。

围绕国家粮食生产核心区战略，河南着力实施高标准良田"百千万"建设、农业产业化集群培育、都市生态农业发展"三大工程"，全省农业现代化水平显著提升。全省高标准良田建设累计突破 5000 万亩，2015 年全省粮食总产量实现历史性突破，达到 1213.14 亿斤，顺利实现"十二连增"，为保障国家粮食安全，服务全国大局做出重要贡献。为加快新型工业化步伐，河南省政府先后出台了加快推进产业结构战略性调整的指导意见、先进制造业大省建设行动计划等政策措施，以自主创新、承接转移、集约集聚、改造提升和龙头带动为主要途径，持续推进产业产品结构调整，大力发展高成长性制造业，积极培育战略性新兴产业，改造提升传统支柱产业，先进制造业大省建设迈出坚实步伐。2015 年高新技术产业增加值占全省工业的比重超过 55%。为了弥补服务业发展的短板，河南省委、省政府先后出台了建设高成长性服务业大省的若干意见和进一步促进服务业发展若干政策，大力发展现代物流、信息服务、金融、旅游、文化等高成长性服务业，积极培育科教、商务服务、健康服务、养老及家庭服务等战略性新兴服务业，改造提升商贸物流等传统支柱服务业，全省服务业总规模不断扩大、质量效益持续提升，服务业成为经济发展的重要推动力，2015 年全省服务业实现增加值 14400 亿元。全省产业转型升级取得明显成效，为郑州大都市区的形成奠定了坚实的产业基础。

三　城镇化水平快速提升

作为传统的农业大省和人口大省，河南的城镇化率一直低于全国平均水平 10 个百分点左右。为改变这一落后局面，河南省委、省政府坚持把新型城镇化作为"牵一发而动全身"的战略任务，积极探索符合河南实际的新型城镇化道路，先后制定实施了关于科学推进新型城镇化的指导意见、新型城镇化规划和三年行动计划等一系列政策措施，新型城镇化发展成果丰硕。将城乡一体化示范区作为推进新型城镇化的重要抓手，在全省17个市统筹编制区域总体规划，不断进行体制机制创新，积极推进功能区开发和基础设施建设，在人口集中、转移农业人口持续增长、城乡基本公共服务均等化、土地集约节约利用等领域开展改革试验。郑东新区、平原城乡一体化示范区、许昌城乡一体化示范区等人口集聚规模快速增长，其中仅郑东新区建成区面积接近 100 平方公里，入住人口超过 100 万。2015 年全省城镇化率达到 46.85%，从 2001 年到 2015 年，累计转移农业人口 2689 万。

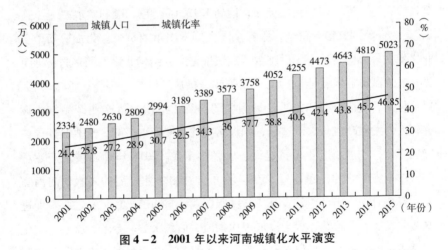

图 4-2　2001 年以来河南城镇化水平演变

中部崛起战略实施以来，郑州、武汉、长沙等城市围绕中部地区龙头之争愈发激烈。为打造强有力的发展引擎，河南省大力实施中心城市带动战略，推动郑州与毗邻城市形成组合型大都市区，深入推进地区性中心城市组团式发展，郑州区域性中心城市地位进一步提升。以郑州大都市区为核心，辐射全省和周边省份部分城市的"一区三圈八轴带"空间发展格局加速形成，中原城市群实力日益增强，中原经济区整体竞争力得到很大提升。2015 年，郑州大都市区内城镇人口超过 1629 万，城镇化率达到55.4%，其中核心区郑州市常住人口达到 956 万。在未来一段时期，河南的城镇化水平仍将处于快速发展阶段，城镇化的快速推进带动郑州大都市区建设进入提速发展阶段。

四　大交通格局日益完善

河南地处中原，承东启西、通南达北的地理位置，决定了其在全国交通版图上的重要地位，河南作为全国最大的交通枢纽之一，中国两大铁路干线京广和陇海铁路，两大高速公路干线京珠和连霍公路交会于此。河南境内三纵四横的铁路网、四通八达的高速公路和不断发展的航空运输，以及发展迅速，覆盖全省城乡、连通世界的通信网络等，为河南经济社会的快速发展奠定了坚实的基础。河南在探索推进经济社会持续健康发展的过程中，逐步形成了"大枢纽带动大物流、大物流带动产业群、产业群带动城市群、城市群带动中原崛起河南振兴富民强省"的发展思路。目前，郑州已初步形成集铁路、公路、航空为一体的立体化交通网络，京广、陇海干线铁路与京广、徐兰高速铁路在此交会，形成国家干线铁路"双十字"交叉；郑州至重庆、合肥、济南、太原等快速铁路前期工作以及郑开、郑焦、郑州至机场等城际铁路建设加快推进，以郑州为中心的"米"字形快速铁路网、中原城市群城际铁路网初具形态；干支结合、货运优先、突出中转的民航运输体系和航线网络初步形成。四通八达的交通系统是郑州大都市区形成的前提和基础条件，是郑州大都市区引领中原经济区新型城镇化发展的重要抓手，也是支撑大都市区空间结构形成的重要力量。

五　人民生活水平显著提升

大城市想要维持其持续的增长与繁荣，就必须有更多的人有来此工作与生活的意愿和冲动，而这种意愿与冲动的培养与塑造，城市中现有居民的生活水平的持续提高起着很关键的作用。河南是全国第一人口大省，也是全国第一劳务输出大省，改革开放以来的河南一直是人口净流出地区，每年输出农民工数量2000万左右。近年来，随着城镇化的带动以及产业聚集区的快速发展，省内就业支撑能力逐渐提升，农村劳动力选择到省外务工的比例逐年下降，选择在本地务工的比例逐年上升，"十二五"时期，全省城镇就业累计净增 716 万人，农村劳动力转移就业累计新增 451 万人，实现省内转移就业超过省外就业的历史性转变；郑州市净流入人口 185 万，仅比深圳少 1 万人，在全国各大城市中排第七位，目前郑州已经成为人口千万的超大城市。通过不断加大人力资源强省建设力度，河南的高考录取率达到 83%，每 10 万人中具有大学教育程度人口达到 6743 人，郑州市常住人口中，具有大学（指大专以上）教育程度人口达到 213.13 万。河南牢固贯彻科学发展观的"以人为本"的理念，持续实施"十项重点民生工程"，仅在"十二五"期间，财政用于民生支出累计就超过 2 万亿元，全省居民人均可支配收入年均实际增长 9.2%，城乡居民人均可支配收入分别达到 25576 元和 10853 元，年均分别实际增长 7.6% 和 10.1%。随着城乡居民收入和生活水平的持续提升，河南巨大的消费潜力逐渐得到释放，社会消费品零售总额逐年攀升，2015 年达到 1.5 万亿元。随着居民收入水平的不断提升、社会财富的累积，人才资源的引育、劳动力素质的提升，郑州大都市区建设的社会条件日益完备，在国内外的吸引力与日俱增。

第二节　国家重大区域布局

当前，国家正在大力实施"一带一路"、京津冀协同发展、长江中游经济带三大战略，我国区域发展进入新阶段，呈现出新的发展格局。河南省作为连接京津冀和长江经济带两大经济支撑带的重要枢纽，郑州市作为"一带一路"战略重要节点城市，必将在国家区域布局调整中发挥更大作用，实现跨越式发展。

一　中部崛起战略深入推进

"中原定，天下安"，中原地区自古以来就是兵家必争之地，是全国的政治经济和文化中心，战略地位非常重要。但是改革开放以来，继东部沿海地区先发展起来，并涌现出环渤海、长三角、珠三角等发达的城市群，以及中共中央提出"西部大开发"的战略，西部地区也进入快速发展通道。中部地区处于"不东不西，不是东西"的尴尬地位，成为"被遗忘的区域"，中部地区经济发展严重滞后于东部沿海地区。为此，中共中央提出了促进"中部崛起"的重大战略决策。

自 2004 年国家首次明确提出促进中部地区崛起以来，中部崛起战略实施了 12 个年头，中部地区发生了巨大变化，取得了巨大成就，经济实力显著增强，结构调整成效明显，支撑能力大幅提升，人民生活水平持续提高，生态环境日益改善，呈现出持续快速发展的良好态势，在全国经济版图中的地位日渐突出。中部地区城镇化进程呈现加速发展态势，中原城市群、武汉城市圈、长株潭城市群、皖江城市带、太原城市群等中部城市群加速崛起，郑州、武汉、长沙、南昌、太原、合肥等中心城市规模不断扩大，实力显著增强，洛阳、南阳、襄阳、湘潭等大中城市发展迅速，小城市和小城镇功能不断提升，城镇体系日趋完善，承载能力明显提升。国家目前正在制定实施促进中部地区崛起新十年规划，新一轮中部崛起战略，是各省份依托新型城镇化"两横三纵"战略，在新的国土空间开发格局基础上形成的新的全方位对外开放战略。河南是中部地区第一人口和经济大省。2015 年，河南省实现 GDP 总量 3.7 万亿元，位居全国第五，占中部地区的比重达 1/4；进出口总额 738 亿美元，位居中部第一。新一轮的中部崛起对于河南进一步立足自身基础，深入实施五大国家战略，厚植发展优势，打造郑州大都市区提供了强大的政策支撑。

二　中原城市群建设上升到国家层面

我国现有长三角、珠三角等 7 个国家级城市群，中原城市群是其中新晋之一。作为传统农业大省，在过去的很长时间里，河南各城市普遍实力不强，缺少特大城市带动，且城市发展始终没有形成合力，城镇化水平不高，这已经成为制约河南经济发展的一大短板。在编制"八五"计划时，"中原城市群"的概念就初次出现。2003 年，河南省委、省政府审时度势，做出了实施中心城市带动战略的决策，提出了中原城市群构想，通过城市聚合发展，打造中部区域隆起带，为河南开辟了一条城镇化"突围"之路。2006 年河南省政府批准实施《中原城市群总体发展规划纲要》，明确了中原城市群要以郑州为中心，包括郑州、洛阳、开封、新乡、焦作、许昌、平顶山、漯河、济源共 9 个省辖（管）市，14 个县级市、33 个县，

340 个建制镇，区域土地面积为 5.87 万平方公里，占全省的 35.1%；总人口 4012.5 万，占全省的 41%。2008 年河南省政府提出进一步完善中原城市群规划，着力构建"一极两圈三层"现代城镇体系。2009 年，河南又明确提出将全省 18 个省辖市纳入中原城市群，开拓了城市群发展空间。2015 年，河南又提出构筑"一区三圈八轴带"的空间发展格局，中原城市群建设"蓝图"进一步完善。

中原城市群自提出构想以来，对河南各城市发展的促进作用不断增强，正成为全省新型城镇化发展的"领头雁"。随着中原城市群的发展，其在国家发展战略中的地位也更加突出。2014 年出台的《国家新型城镇化规划（2014—2020 年)》明确提出将中原城市群列为国家重点培育发展的中西部地区三大跨省级城市群之一，国家"十三五"规划纲要提出"发挥城市群带动作用，形成东北地区、中原地区、长江中游、成渝地区、关中平原等城市群"。2017 年 1 月国家发展和改革委员会《中原城市群发展规划》明确提出支持郑州建设国家中心城市，打造郑州大都市区。国家把中原城市群作为中西部地区重点培育的跨省域城市群，有利于加快中原城市群一体化发展，构筑"一极三圈八轴带"发展格局，增强郑州在"一带一路"战略中的节点支撑作用，增强郑州集聚能力和吸引力，加快郑州大都市区建设。

三　内陆开放高地吸引力日益增强

在全球经济一体化发展的大背景下，任何一个区域的发展都离不开外部因素的支撑。由于地处中原，河南既不临海，也不沿边，经济外向度较低，外贸出口结构不尽合理，利用外资水平也比较低。近年来，河南省委、省政府把对外开放确立为基本省策，强力实行开放带动战略，持续拓展开放新领域，构建举省开放体制，大力承接海内外产业转移，河南争取到中部地区首个综合保税区，河南保税物流中心、跨境 E 贸易试点等平台顺利实施。以中原经济区建设和郑州航空港经济综合实验区建设两大国家战略为抓手，河南不断提升开放水平，拓宽开放领域，健全开放机制体制，以开放为中原经济区和郑州航空港建设提供强大的动力，从而促进河南向内陆开放高地的目标快速前进。内陆城市郑州同时拥有空港、铁路、公路、邮政、内陆指定口岸和跨境电商口岸六类口岸，是目前全国指定口岸数量最多、种类最全的城市。

2015 年 6 月国家三部委发布的《推动共建丝绸之路经济带和 21 世纪海上丝绸之路的愿景与行动》提出，把郑州打造成为内陆开放型经济高地，支持郑州建设航空港、国际陆港，开展跨境贸易电子商务试点，提升郑欧班列品牌。随后河南省发布的《河南省参与建设丝绸之路经济带和 21 世纪海上丝绸之路实施方案》明确提出建设郑州国际商都。2016 年 8 月 31 日，国务院决定设立中国（河南）自由贸易试验区，河南正式成为内陆开放高地。目前，河南已经成为内陆开放的领头羊，成为全国内外、境内外投资者瞩目的热土，以大都市区为核心的内陆开放高地建设，将为郑州大都市区的建设创造前所未有的发展环境和历史机遇。

四 联通南北、贯通东中西的战略枢纽功能更加凸显

河南交通区位优势明显，是全国承东启西、连南贯北的重要交通枢纽，拥有铁路、公路、航空、水运、管道等相结合的综合交通运输体系，是全国客货运输集疏中转和信息传输的核心枢纽。2014 年 5 月，习近平总书记在河南考察时，殷切希望将郑州建成连通境内外、辐射东中西的物流通道枢纽，为丝绸之路经济带建设多做贡献。在 2015 年的全国两会上，张高丽副总理称赞"郑州是中心枢纽，不仅是河南的，而且是全国的"。伴随着"米"字形快速铁路网的布局和郑州航空港经济综合实验区的建设，河南作为国家陆空交通枢纽和多式联运物流中心的功能得到进一步的提升。郑州航空港地处长三角、珠三角、京津冀、成渝、关中—天水等经济圈的地理中心，以郑州为中心 1.5 小时航程可覆盖全国 2/3 的主要城市和 3/5 的人口，2.5 小时航空圈覆盖全国人口 90%，覆盖全国经济总量 95%，2015 年，郑州新郑国际机场开通航线达 171 条，其中全货运国际航线 30 条，居全国内陆地区第一。

针对河南作为连接京津冀和长江经济带两大经济支撑带的中间枢纽，作为连接东中西三大区域经济板块的连接带，未来一段时期，国家将重点推进"一带一路"、京津冀协同发展、长江经济带三大战略，为河南打造"一带一路"重要的综合交通枢纽和商贸物流中心、新亚欧大陆桥经济走

廊互动合作的重要平台提供了重要契机。被列入国家丝绸之路经济带规划重要节点城市的郑州，将进一步发挥其全国铁路、航空、信息枢纽优势，打造辐射东中西、连通境内外的国际物流通道枢纽。

第三节　国家战略"五区叠加"

目前，河南正在全面推进粮食生产核心区、中原经济区、郑州航空港经济综合实验区、郑洛新国家自主创新示范区、自由贸易实验区建设，迎来了"五区叠加"的历史机遇，这些都为郑州大都市区进行体制机制创新、增添动力活力创造了有利条件，大都市区建设将迎来快速发展的黄金时期。

一　粮食生产核心区建设方兴未艾

河南是全国第一农业大省、第一粮食生产大省。农业，是河南的优势、骄傲和光荣。从农业发展与城镇化的关系来看，农业发展是城镇形成的先决条件，农业现代化能够为城市工业提供资金原始积累，能够为城镇化拓展市场空间，能够为城镇发展提供劳动力。城镇化进程本身就是变落后的乡村社会和自然经济为先进的城市社会和商品经济的过程。从世界城镇化发展的历程看，一个共同点就是城镇化是在那些农业分工完善、农村经济发达的地区兴盛起来。在河南这样一个农业大省，没有农业的现代化，要想实现城镇化只能是空谈，而粮食生产又是农业现代化的基础和根本。建设河南粮食生产核心区，是国家粮食战略工程的重要组成部分，是河南省委、省政府在新的历史时期做出的一项重大战略举措。

从 2005 年 3 月建设河南粮食生产核心区目标首次提出到 2009 年 9 月《河南粮食生产核心区建设规划（2008—2020 年）》得到国务院正式批准，2010 年 9 月《河南粮食生产核心区建设规划的实施意见》正式发布实施。十几年来，全省上下励精图治，在粮食生产核心区建设上取得了有目共睹的成绩，积累了宝贵的经验。河南省粮食生产屡创新高，年产量先后迈上400 亿公斤、450 亿公斤和 500 亿公斤三个大台阶，连续 10 年居全国首位，连续 4 年超过 500 亿公斤，用占全国6%的耕地生产了全国10%以上的粮食，不仅解决了河南近亿人口的吃饭问题，而且每年还调出150亿公斤的原粮及加工制品，为维护国家粮食安全做出了突出贡献。以粮食生产核心区战略为抓手，河南的农业现代化成效显著，其与工业化、城镇化协调发展水平不断提升，这些都将为郑州大都市区建设提供更多的发展空间和支撑。

二　中原经济区建设不断提速

加快中原崛起、实现河南振兴，是1亿中原儿女的共同梦想。进入21世纪以来，面对国家区域经济战略布局细分的大势，河南这样一个大省，如何在全国发展大局中找到自己的准确定位，在新的发展阶段，如何实现走好"三化"协调、科学发展之路，没有强劲有效的大载体不行。2009年底，在河南省委召开的经济工作会议上，时任河南省委书记的卢展工提出"什么是中原、什么是中原崛起、为什么要中原崛起、怎样实现中原崛起"的思考。2010年4月在河南省委统战部组织社科界专家召开"构建中原经济区、促进中原崛起"研讨会上，正式提出了中原经济区的战略构想。2010年11月，河南省委八届十一次会议审议并原则同意《中原经济区建设纲要（试行）》。在2011年国务院印发的《全国主体功能区规划》中，中原经济区被纳入国家层面的重点开发区域，首次被写入国家文件，标志着中原经济区建设已正式上升到国家战略层面。2012年11月，国务院正式批复《中原经济区规划（2012—2020年）》，河南1亿人民的热盼成为现实。

中原经济区是以全国主体功能区规划明确的重点开发区域为基础、中原城市群为支撑，涵盖河南全省、延及周边地区的经济区域，地理位置重要，粮食优势突出，市场潜力巨大，文化底蕴深厚，在全国改革发展大局中具有重要的战略地位。范围包括河南全境，以及周边河北省的邢台市、邯郸市，山西省的长治市、晋城市、运城市，安徽省的宿州市、淮北市、阜阳市、亳州市、蚌埠市和淮南市凤台县、潘集区，山东省的聊城市、菏泽市和泰安市东平县，区域面积28.9万平方公里，2015年末总人口1.5亿，经济总量仅次于长三角、珠三角及京津冀，列全国第四位，是国家重要的粮食生产和现代农业基地，全国工业化、城镇化、信息化和农业现代

第四章　建设郑州大都市区的现实基础

63

化协调发展示范区，全国重要的经济增长板块，全国区域协调发展的战略支点和重要的现代综合交通枢纽，华夏历史文明传承创新区。支持河南省加快建设中原经济区，是巩固提升农业基础地位，保障国家粮食安全的需要；是破除城乡二元结构，加快新型工业化、城镇化进程的需要；是促进"三化"协调发展，为全国同类地区创造经验的需要；是加快河南发展，与全国同步实现全面建成小康社会目标的需要；是带动中部地区崛起，促进区域协调发展的需要。《中原经济区规划》明确提出，要提升郑州国家区域性中心城市的地位，为郑州大都市区建设指明了方向和道路。

三　郑州航空港经济综合实验区振翅腾飞

虽然河南"居天下之中"，省会郑州是国家重要的交通枢纽，但也受不沿边、不沿海的地理位置的制约，河南的外向型经济发展明显滞后，参与全球经济合作严重不足。随着科学技术的发展，航空运输成为继海运、河运、铁路、公路之后的"第五冲击波"，成为在全球范围内配置高端生产要素、提升国家和区域竞争力的重要动力。利用航空运输，推动航空偏好型产业集聚发展，进而培育航空港经济这一新的经济形态，已经成为经济发展的新趋势。河南也深刻认识到航空运输对于河南这样一个内陆地区的重要作用和机遇。2007年10月，为加快郑州国际航空枢纽建设，河南省委、省政府批准设立郑州航空港区。2010年10月24日，经国务院批准正式设立郑州新郑综合保税区。2011年4月，郑州新郑综合保税区（郑州航空港区）管理委员会作为河南省政府派出机构正式设立。2012年11月17日，国务院批准《中原经济区规划》，提出以郑州航空港为主体，以综合保税区和关联产业园区为载体，以综合交通枢纽为依托，以发展航空货运为突破口，建设郑州航空港经济综合实验区。2013年3月7日，国务院批复《郑州航空港经济综合实验区发展规划》，标志着全国首个国家级航空港经济实验区正式设立。

郑州航空港经济综合实验区规划面积415平方公里，是集航空、高铁、城际铁路、地铁、高速公路于一体的综合枢纽，是以郑州新郑国际机场附近的新郑综合保税区为核心的航空经济体和航空都市区。郑州航空港的战略定位是国际航空物流中心、以航空经济为引领的现代产业基地、内陆地区对外开放重要门户、现代航空都市、中原经济区核心增长极。国家在口岸通关、航线航权、财税金融、土地管理、服务外包等方面给予实验区政策支持；河南省在财政、土地、金融、人才等方面给予大力支持。建设郑州航空港经济综合实验区有利于构建中原经济区的战略突破口，带动新型城镇化、工业化和农业现代化的协调发展；有利于高端制造业和现代服务业的集聚发展，促进产业结构的升级和发展方式的转变；有利于建设内陆开放高地，探索像河南这样的中部地区全方位扩大开放新的途径。郑州航空港区已经成为郑州经济发展的新板块和中原经济区的龙头，为郑州大都市区带来发展的强大引擎。

四　郑洛新国家自主创新示范区建设加快推进

创新是引领发展的第一动力，"抓住科技创新就抓住了发展的牛鼻子。"在我国经济大而不强、发展快而不优，经济增长主要依靠人口红利和资源等要素投入愈发不可持续的背景下，经济发展又进入增速换挡、结构优化和动力转换的新常态阶段，创新驱动就成为不可逆转的发展大势。党的十八大以来，党中央协调推进"四个全面"战略布局，把"创新"提到"五大发展理念"之首，科技创新也被摆在国家发展全局的核心位置。国家主席习近平在G20峰会上强调，"站在新的历史起点上，建设创新型国家和世界科技强国，是中国发展的迫切要求和必由之路；建设一批国家自主创新示范区，正是我国推进实施创新驱动发展战略、增强区域经济竞争力的重要抓手"。党中央决定大力推广中关村试点政策，在全国范围加快推进国家自主创新示范区建设。地处内陆的河南，不沿海、不沿江、不沿边，产业结构中"粗、低、重、耗"产品过多，单纯依靠要素投入取得经济增长和规模扩张的难度日益增大，长期积累的结构性矛盾愈加显现，迫切需要培育形成新的增长动力，科技创新成为加快转型发展的必然选择和途径。

2016年3月，经国务院常务会议批准，河南郑洛新国家自主创新示范区成为全国第12个国家级自主创新示范区。郑洛新国家自主创新示范区是中原地区的高科技产业中心，也是河南省体制、机制创新的重要示范基地。郑洛新国家自主创新示范区依托郑州、洛阳、新乡3个国家高新技术产业开发区，是河南创新驱动发展的核心载体，总体定位为具有国际竞争力的中原创新创业中心，具体定位为开放创新先导区、技术转移集聚区、转型升级引领区、创新创业生态区。建设郑洛新国家自主创新示范区，对引领支撑河南创新发展、促进经济转型升级、加快中原崛起河南振兴富民强省具有重大意义。创新示范区的建设，能够推动创新要素在示范区内各区域间、示范区和其他区域间合理流动和高效组合，构建协同有序、优势互补、科学高效的区域创新体系，加快产业转型升级发展，促进郑洛新城市群协同创新发展，为郑州大都市区建设增添强大的发展动力。

五　河南自贸区建设正式获批

当前，全球经济仍处于金融危机后的修复期，国际政治经济形势复杂多变，以保护主义、孤立主义为代表的"逆全球化"思潮抬头，我国对外贸易发展机遇和挑战并存，"引进来"、"走出去"正面临新的发展形势。加快实施自由贸易区战略是我国适应经济全球化新趋势的客观要求，是全面深化改革、构建开放型经济新体制的必然选择。作为我国新一轮对外开放的重要内容和渠道，党的十八大提出加快实施自由贸易区战略，十八届三中、五中全会进一步要求以周边为基础加快实施自由贸易区战略，形成面向全球的高标准自由贸易区网络。2013 年 9 月 29 日，上海自由贸易试验区成为我国首个自贸区。河南作为中原经济区的主体省份，是全国区域协调发展的战略支点和重要的现代综合交通枢纽，处于丝绸之路经济带西向、南向和海上丝绸之路的重要节点，承担着推动内陆地区在更高层次改革开放的重要使命，在河南设立自贸区对加快国家战略实施、深化改革开放、促进区域协调发展等方面具有重大意义。

2016 年 8 月 31 日，国务院决定设立河南自由贸易试验区，自贸区以郑州为主，包括郑州、洛阳、开封三个片区，网内网外相结合，一区多片分层推进，总面积 140.24 平方公里，其中郑州片区 81.9 平方公里，涵盖郑州航空港经济综合实验区、国家郑州经济技术开发区、郑东新区金融集聚区；洛阳片区 27.8 平方公里，包括国家洛阳经济技术开发区，国家洛阳高新技术产业开发区，洛阳工业园区，洛阳国家大学科技园，涧西区大厂；开封片区 30.54 平方公里，以国家开封经济技术开发区为主，覆盖开封新区。河南自贸区的设立，对于河南这样一个内陆地区扩大对外开放具有重要意义，有利于继续探索内陆地区开放新模式，极大提升河南对外开放水平，加快形成新的增长极，引领全省经济快速发展。自贸区将成为郑州实现开放发展的加速器，随着自贸区建设的深入推进，郑州的国际化程度会不断提高，对国际高端产业的吸引力将会更强，将为郑州大都市区建设带来新的机遇。

第四节　郑州与周边城市融合

城市的发展在经历向市中心集聚的城市化阶段之后，便会进入向郊区发展的城郊化发展阶段，这是城市发展的必然趋势。随着人口、经济规模和城市框架的持续扩张，尤其是高速公路、城际轨道等快捷交通基础设施的建设，郑州与周边的开封、新乡、焦作、许昌等城市及外围区域的联系愈发紧密。为打造强有力的发展引擎，河南省政府积极支持周边城市与郑州都市区融合对接，加快建设组合型大都市地区，形成中心带动周边、周边支撑中心的互促互进发展局面。

一　郑汴一体化向纵深推进

随着经济全球化的深入推进，强调合作共赢的区域经济一体化逐渐成为国家之间、地区之间经济关系的发展趋势之一。对于河南这样经济欠发达的内陆地区来说，不少专家学者又提出了"组合城市"的概念，即在特定的区域范围内，依托一定的自然环境条件，借助发达的综合交通和通信系统，综合运用各种手段，对两个以至多个城市进行组合，形成以地缘经济为基础，以产业链为核心的城市组合体，人为再造一个"大都市"。在这种背景下，郑汴一体化逐渐进入学者和政府的视野。郑汴一体化可以实现郑州与开封两地的优势互补，郑州可以借助开封相对富裕的土地资源和人力资本，打造中原城市群核心增长极；开封则需要吸引来自郑州的产业转移和投资，培育新的增长点，为当地经济发展注入新的动力和活力。郑州至开封两个城市的空间距离是 60 公里，随着郑州向东、开封向西的相向发展，两地实际相距只有 38 公里，具有一体化发展的现实基础。

《中原城市群总体发展规划纲要》明确提出，"十一五"期间，要优先推动郑汴一体化，加快郑州的休闲、娱乐等服务功能与开封衔接，使开封成为郑州都市圈中具有浓郁文化特色的休闲娱乐功能区，实现郑汴两市互补。2012年12月14日，河南省发改委、郑州市政府、开封市政府三方签订《进一步加快推进郑汴一体化发展的框架协议》。三方将建立由省发改委主任和两市市长参加的郑汴一体化发展联席会议制度，郑州市、开封市将建立完善对接制度，在七方面开展务实合作，携手推进郑汴一体化。随着郑开大道、郑开城铁的相继开通，郑汴一体化发展驶入快车道。面向未来，郑州市也提出要重点推进与开封、许昌、新乡、洛阳、焦作等周边城市的产业对接和融合发展；开封市提出了郑汴一体化升级版总体方案，将深入推进郑州开封"五同城一共享"，即金融同城、电信同城、交通同城、产业同城、生态同城和资源共享。郑汴一体化地区已经成为郑州大都市区的核心区和先行区。

二　郑新融合发展渐入佳境

郑州与新乡隔河相望，直线距离仅80公里，具备实现融合的良好基础和条件。不管是郑州还是新乡，随着经济社会发展和城市规模的不断扩大，两地对接发展的愿望都在不断增强。国务院《关于支持河南省加快建设中原经济区的指导意见》指出，中原经济区空间布局按照"核心带动、轴带发展、节点提升、对接周边"的原则，形成放射状、网络化空间开发格局，"核心"就是指郑州，"轴带"是指陇海发展轴和京广通道，新乡正好处在这一发展轴带上。2013年，收费26年的郑州黄河公路大桥免费，打开了郑州和新乡融城发展的"大门"，郑州和新乡两市地缘上更加接近，有助于黄河两岸经济发展和城市的拓展，促进郑州和新乡城市带的形成，扩大郑州都市区的核心，增强郑州都市区核心带动作用，对郑州新乡两地融城发展意义重大。2014年，河南省委原书记郭庚茂在新乡调研时指出："新乡市要发挥优势、抢抓机遇，借助郑州优势，加快推进郑新融合发展，为中原崛起河南振兴富民强省做贡献。"2015年，新乡市政府专门印发了推进郑新融合发展工作意见。

随着郑州"东扩北进"战略与新乡"东移南扩"战略的实施，两座城市在黄河岸边顺势融合。特别是近年来郑州航空港的崛起和新乡平原示范区的快速发展，两座城市在区域发展合作中关系日渐紧密，郑新融合发展成果丰硕。新乡市为寻求新的发展优势，积极主动对接郑州发展，形成"借势航空港、共建大都市、承担大功能、形成大合力"的思路，将"三区一带"作为对接郑州的前沿地带，近年来新乡市承接的产业转移项目约1/4来自郑州，多数都位于这一区域。"三区一带"即平原示范区、原阳产业集聚区、亢村专业园区和三者之间连接带。成立于2010年的平原示范区，从诞生之初就打上了深刻的郑新融合烙印——依托郑州、错位发展、优势互补，是新乡与郑州实现无缝对接的重要节点。原阳县依托产业聚集区，集群式承接郑州产业转移，截止到2015年底，原阳产业集聚区175个工业项目中，有135个都是从郑州转移过来的。金水（获嘉）产业新城，是全省首个"飞地产业园"，发展势头良好。

三　郑州与焦作融城发展不断加速

郑州、焦作之间仅一河之隔，市区相距仅70公里，两市对于一体化发展的愿望和需求均十分强烈。焦作市作为资源枯竭型城市，产业结构矛盾突出，传统优势产业支撑力明显下降，新的经济增长点还没有形成规模，迫切需要借力发展，尽早完成转型升级。郑州正在加快建设国际商都，努力向国家中心城市迈进，但自身发展空间受限，黄河以南的空间已经显得十分拥挤，迫切需要跨过黄河向北发展。随着郑云高速（郑州—云台山）的开通、郑焦城际铁路的运行和迎宾路南延黄河大桥的建设，郑州与焦作联系更加紧密，在人流、物流、信息流等方面，在推进郑焦经济联动发展方面，在基础设施建设、产业空间布局方面，都有了一定程度的融合发展。

郑焦两市主要产业分别处于产业链的不同位置，优势各异，产业的上下游配套能力较强，融合互补发展的优势明显。焦作市按照产业链条延伸、产业相互依存的要求，以产业集聚区为平台载体，积极主动承接郑州市的辐射，加快发展与郑州市的产业协作配套。武陟县作为焦作对接郑州的最前沿和"桥头堡"，已经全面融入郑州"一刻钟经济圈"。产业方面，武陟抢抓郑州市改造、市内企业外迁的难得机遇，集群引进磨料磨具、机械装备和汽车及零部件等一批重点项目；教育方面，成功引进郑州交通职业学院落户。与武陟紧邻的温县也不甘落后，积极对接郑州发展，2015年温县将县情说明会暨项目签约仪式直接放在郑州召开，2016年温县与郑州市金水区成功签订飞地经济项目合作框架，该合作框架成为解决两地发展瓶颈制约的重要举措。

四 郑州与许昌联动发展积极推进

许昌与郑州相距 86 公里，与航空港相毗邻，许昌下辖的长葛距新郑国际机场 20 公里，其中北区边界距机场仅 15 公里，区位优势优越。作为中原城市群紧密层内两个重要的城市，近年来郑州与许昌在规划、交通、产业分工与合作等方面联动发展取得了显著成效。

郑州与许昌两市在空间规划上已经实现全面对接。随着郑州市区不断向东向南扩展，对许昌市的辐射带动作用显著增强；而许昌市围绕推进与郑州空间对接，依托 107 国道，在京广铁路和京珠高速之间规划了许（昌）长（葛）城乡统筹试验区；围绕航空港实验区，许昌规划了 150 平方公里的航空经济承接区。两市之间的交通联系也在逐步加强。郑州与许昌之间现有京珠高速、京广铁路、107 国道相连，石武客专、安信公路（新 107）、许昌至新郑机场城际轨道交通正在规划建设中，两市间交通联系进一步增强。郑州与许昌之间的产业分工协作日益密切。郑州的汽车、装备制造等先进制造业和高新技术产业具备一定的基础，许昌市依托许昌新区，重点发展以电力装备、汽车零部件为主的现代装备制造业和以食品、纺织服装生产为主的都市轻型工业。随着产业集聚区和重大项目建设的加速推进，两市产业错位发展和分工协作更加密切。

第五章

郑州大都市区的
内涵特征和功能定位

郑州大都市区以郑州中心城区和航空港经济综合实验区为双核，以城际快速交通为基础，以区域产业分工为纽带，按照组团发展、产城融合、跨界互动、协调有力原则，着眼于建设国家中心城市、支撑国家战略实施、打造中西部地区核心增长极的发展目标，推动郑州、开封、新乡、焦作、许昌等地在"一小时通勤圈"内构建组合型大都市区，更好地在"一带一路"、中部崛起、中原经济区等国家战略实施中发挥战略支点作用。

第一节　区域范围及其依据

一　都市区的内涵与空间范围界定

（一）都市区的内涵

都市区（Metropolitan Region）是城市发展到一定阶段的产物，是现代城市化进程的一个重要特征。都市区这一名词最早由美国学者在 1910 年提出，认为都市区包括一个 10 万以上人口的中心城市及其周围 10 英里以内的地区，或者虽超过 10 英里但与中心城市连绵不断、人口密度达到 150万以上/平方英里以上的地区，大致由中心市、中心县和外围县三部分构成。随着都市区概念在美国的推广使用，国外发达国家纷纷仿效美国的做法建立自己的都市区概念，如加拿大的"国情调查大都市区"（CMA），英国的"标准大都市劳动区"（SMLA）和"大都市经济劳动区"（MELA），澳大利亚的"国情调查扩展城市区"（CEUD）以及日本的都市圈等。①

由于国情不同，各国对都市区界定的名称、标准、范围、方法不同，但他们所指的地域空间特征相同或基本类似，即包括一个核心城市以及与其存在紧密社会经济联系的外围地区。周一星等专家学者根据我国国情，将都市区做了如下定义：都市区或都市经济区是以某一大城市或特大城市为中心，包括周围城市和小城镇的城市化地区，是大城市或特大城市组织和维持其日常经济社会活动的一个相对独立的空间单元。②

（二）都市区空间范围界定的一般方法

目前国际上对都市区的研究，还停留在概念的界定上，尚未提出空间上划分的普适性原则和方法。国外专家学者对都市区的空间范围界定主要是采取如下四种划分方法：第一种，根据零售业的影响范围界定。第二种，根据经济集群的空间组织范围来划分。第三种，根据人流、物流、信息流的综合影响区来确定。第四种，根据通勤人口1.5小时车程的界限划分空间尺度，对超过1.5小时车程的城镇，则依据其每天与主城之间的流动人口是否超过其劳动年龄人口的20%来区分。如果超过20%，则该城镇划归在所研究主城的范围内。但是，从实际操作上看，各国对都市区的划分一般倾向于选择三个方面的指标来完成，这些指标从都市区的定义出发。比如，第一方面的指标是中心市的规模。这是用来表示核心城市辐射和集聚能力。第二方面的指标是外围地区的非农化水平。这是用来表征都市区外围地区的基本特征。第三方面的指标是外围地区与中心市的联系强度。此外，在划分上还考虑到外围地区的行政区划、自然区划等空间单元，以便于进行有效空间管治。

---

① 孟晓晨、马亮：《"都市区"概念辨析》，《城市发展研究》2010年第9期，第36~40页。
② 洪世键、黄晓芬：《大都市区概念及其界定问题探讨》，《国际城市规划》2007年第5期，第50~57页。

在我国，诸多专家学者提出了较多的关于都市区的划分方法，相比较而言，研究中比较通用的是周一星的界定标准，但是这一界定方法存在一个较大的漏洞，即缺乏度量外围地区与中心城市之间的社会经济联系的指标，而这恰恰是都市区区别于单个城市的关键之处。这一点也被国内学者注意到，只是限于我国通勤率较难获取，而又难以选择其他的指标来代替，因此该度量指标在实际研究中则被放弃。仅对具体城市的研究中，有少数学者以人流来反映都市区的社会经济联系。例如，孙胤社（1992）将从中心城市到外围县区的月客流比例在50%以上的县域范围定义为北京的大都市区。王德（2001）根据我国实际情况定义"一日都市圈"任意中心为起点，采用公共交通方式出行，单程2.5小时内可到达范围。南京都市圈规划以中心城市与周边城市长途汽车的发车频率作为指标，将都市圈划分了三个圈层。还有一些学者利用电信流、客流数据对都市区进行界定。然而这些指标是否与中心外围的通勤率存在因果关系尚待研究。

在具体指标方面，周一星等人提出了一个中国都市区的界定方案：①都市区是由中心市和外围地区组成；②中心市应当是非农人口在20万以上的地级市；③外围地区以县域为基本单元，并同时满足以下条件：一是全县地区生产总值来自非农产业的部分在75%以上；二是全县社会劳动总量中从事非农经济活动的占60%以上；三是与中心市直接毗邻或已划入都市区的县（市）毗邻。如果1个县（市）能够同时划入2个都市区，那么确定其归属的主要依据是行政原则。①

笔者认为，随着高速铁路、高速公路、城际铁路、轻轨、地铁等大运量快速交通运输方式的发展和通信技术的提高，在同等时间条件下，人们的通勤距离将随着交通方式的变革呈现出几何倍数的增长，例如"一小时"通勤圈的空间范围从一个特大城市的建成区扩展至周边所辖的市县，甚至是行政区之外的市县，从而造成与其他相邻大中城市都市区空间范围的叠加与重合，这就需要扩展原有都市区界定的空间范围，将原本存在密切的经济联系、地域上相连的多个都市区进行空间组合，合并为一个新型

①　王国霞、蔡建明：《都市区空间范围的划分方法》，《经济地理》2008年第2期，第191~195页。

的组合型大都市区域，合并的原则遵循两个都市区的中心城区距离在 100 公里以内，并且实现都市区内任意两点之间的通勤时间都不大于 1 小时，这将为我国大都市区的扩展提供新的发展空间。

（三）郑州大都市区的空间范围

界定郑州大都市区的空间范围，既充分考虑国内外关于都市区的概念内涵和数量指标依据，也充分考虑郑州与相邻区域如开封、新乡、焦作、许昌等市县的经济社会联系和文化交流状况，同时，也尽量照顾行政区划的完整性。划定郑州大都市区空间范围，其主要依据包括以下几个方面。

第一，遵循城镇化、工业化水平高原则。区域城镇化、工业化发展水平高是大都市区发展的一般特征。借鉴国内外专家学者关于都市区空间范围的划分方法，特别是参考借鉴周一星结合我国实际所归纳的划分方法，郑州大都市区由中心市和外围地区组成，主要节点城镇非农人口在 20 万以上，外围地区以县域为基本单元且工业化水平超过 75%、非农产业从业人员比重超过 75%。考虑当前郑州大都市区农业从业人员中 18～60 岁年龄阶段的人多数已经转移至非农产业就业，但是在统计年鉴中无法及时反映，所以按照一定的比例对第一产业从业人员总量进行折合计算。

第二，遵循"一小时"交通圈原则。快速发达的交通网络是推进大都市区建设的前提。空间距离越近，越能有效地促进生产要素、商品服务的流通，有利于加强都市区不同功能板块之间的联系。现代化的快速交通运输网络和发达信息网络，实现了以时间换空间的选择，为都市区不同板块之间的统筹分工和区域的整体发展创造了条件，形成人流、物流、资金流和信息流的聚集与扩散中心。王德等专家学者提出"公共交通方式单程 2.5 小时内可到达范围"为都市区空间范围的概念。但是，当前随着高速铁路、高速公路、城际铁路、地铁等快速交通运输方式的投入使用，城市的通勤时间不断缩短，城际之间的资源得以重新配置优化，城市在产业发展和公共服务功能方面更容易协调发展。郑州大都市区内部已经开通郑新、郑许、郑开、郑焦四条城际公交线路，其中，郑州—焦作、郑州—开封还开通了城际铁路和城际轻轨，加上原有的高速公路、国道、省道等运输网络，为构建"1 小时生活圈"提供可能。郑州大都市区空间范围界定，遵循"1 小时生活圈"原则，确保居民的日常生活、工作往来、就业出行如同生活在一座城市般舒适和方便，以推动进入"同城化发展时代"。

第三，遵循经济社会发展条件相似且协作关系紧密原则。区域经济学基本理论指出，不同区域的地理接近及相似性，即区域内各个组成部分具有比较接近的自然、历史和现实社会经济条件，是构成都市区的重要基础前提之一。郑州与周边地区完全具备相同的地理条件和地缘人文因素，具备认同中原文化的广泛基础。在当今市场经济条件下，城市之间的协作关系更加紧密。同时，郑州、开封、新乡、焦作、许昌等市县作为中原城市群的核心区域，早在 20 世纪 90 年代就在经济、社会、文化、基础设施等方面加快深度融合和分工合作，当前，这一区域在战略取向、产业结构优化、要素合理流动、统一市场形成、资源有效利用等方面的合作已经取得一定的成效。

第四，遵循行政区划完整性原则。县一级行政单元是我国自古以来最稳定的行政区划，也是当前主体功能区划的基本单元。郑州大都市区空间范围的界定，也把县一级作为基本行政单元，保持行政区划的完整性。

在遵循以上四项原则的基础上，对郑州、焦作、新乡、开封、许昌五个城市区域进行空间组合，合并为一个大都市区。其中，郑州中心城区和郑州航空港经济综合实验区是带动郑州大都市区发展的双核，新乡、焦作、开封、许昌的中心城区是次一级的增长极，这几个中心城区以集成资源、优势产业、文化底蕴的互动融合为纽带，促使都市区内跨城市的产业组合更为紧密，资源整合和要素流动更为密切，使都市区内部建立起一种专业化功能互补、基础设施建设一体化、产业配置一体化、市场一体化的强势合作。

表 5 - 1   郑州大都市区空间范围

中心城区	郑州中心城区、开封中心城区、新乡中心城区、焦作中心城区、许昌中心城区
郑州所辖县市	中牟县、荥阳市、新密市、登封市

续表

焦作所辖县市	温县、武陟县
新乡所辖县市	平原示范区、原阳县
许昌所辖县市	禹州市、长葛市
开封所辖县市	尉氏县
省直管县市	巩义市

（四）郑州大都市区基本概况

从自然、经济、社会、文化、基础设施和生态环境等方面考察，郑州大都市区的空间范围适合城镇、产业、人口聚集，可以作为都市区发展的重点区域。

自然资源方面，郑州大都市区地处河南中北部，辖区面积 16150 平方公里，占全省总面积的比重约为 10%；属北温带大陆性季风气候，冷暖适中、四季分明；自然资源相对丰富，已探明矿藏主要有煤、铝矾土、耐火黏土、水泥灰岩、油石、硫铁矿和石英砂等。

经济发展方面，2015 年，郑州大都市区完成地区生产总值 11980.3 亿元，占全省比重为 32.4%；人均地区生产总值达到 65612.8 元，超过全省平均水平 26489.8 元。郑州汽车及装备制造、电子信息、新材料、生物医药、新能源汽车等新兴产业集群发展在全省乃至全国占有重要地位，有色金属冶炼加工、新型建材、新型化工、食品加工、服装纺织等传统支柱产业在全国仍然保持优势地位；以航空物流、大宗商品交易市场等为带动的现代物流产业集群，以郑州国际文化创意园区等为带动的文化创意旅游产业集群，以郑东新区为核心载体的现代金融产业集群，以黄河两岸绿色养殖基地为平台的观光休闲农业产业集群蓬勃发展。

城镇建设方面，这一区域为我国中西部地区城镇密度最大的地区之一。2015 年，郑州大都市区拥有 12 座城市 124 个镇，城镇数量达到 136 个，密度达到 0.85 个/百平方公里；城镇之间联系较为密切，县城到中心城区的距离都不超过 30 公里，多数小城镇到县城的距离不超过 20 公里。

基础设施方面，这一区域已经形成由航空、铁路、高速公路、国道省道构成的综合立体交通运输枢纽，通信、燃气、电力等全国骨干线路也在此交会。尤为突出的是，郑州航空港已经初步建成集航空、高铁、城际铁路、地铁、高速公路于一体的综合枢纽，将进一步发展连接世界重要枢纽机场和主要经济体的航空物流通道；郑州大都市区是京广高铁、徐兰高铁以及郑济高铁、郑合高铁、郑渝高铁、郑太高铁的交会处，也是连霍高速、京港澳高速、郑尧高速、长济高速、商登高速、机西高速、郑卢高速、兰南高速、永登高速等高速公路的交会处，国道、省道公路网已经形成，城际铁路网络也将铺开建设，飞速发展的基础设施将极大缩短都市区内部城镇之间的通勤时间。

社会事业方面，郑州大都市区是中华文明发源地的核心区域之一，悠久的历史积淀了丰厚的历史文化资源；郑州大都市区教育、科技、医疗卫生等事业较为发达，是郑洛新国家自主创新示范区的核心区域。2015 年，全省 127 所普通高等院校中，郑州大都市区拥有 80 所，占全省的比重达到 63%；卫生医疗机构床位数达到 124744 张，占全省比重为 25.5%。

对外开放方面，郑州大都市区是河南自贸区的核心区域，郑州是丝绸之路经济带的重要节点城市，2015 年，仅郑州市直接进出口总额就达到 570.3 亿美元，跨境电子贸易走货量达到 5189.5 万包、货值 41.1 亿元，两项指标均位居中西部地区第一，这都为进一步扩大开放提供了平台，将有力地推动创业环境优化、商事制度改革优化，吸引国际创新要素、国际高端人才集聚河南。

第二节 功能定位

一 郑州都市区功能定位的考虑因素

（一）体现核心市功能

中心—外围理论、增长极理论、同心圆理论都明确地阐述了区域发展演变的规律，即要围绕一个核心，通过中心城市的极化与扩散，逐步带动周围地区梯度进步，进而推动地区整体的发展繁荣。在我国大都市区发展中，凡"核心"功能明确的都市区，往往发展得比较好，合作程度高，

第五章 郑州大都市区的内涵特征和功能定位

77

协同效应大。当前，郑州大都市区的核心城市较为明确，核心城市是郑州，毋庸置疑。但是，郑州首先要明确自己的核心地位，也就是在郑州大都市区发展中要积极发挥什么样的作用，发展什么样的产业，吸纳什么层次的人才，以更好地实现与其他区域的错位发展。郑州要按照有所为有所不为的原则保留核心功能，疏散非核心功能，不仅为其他城市发展提供机会，而且也为自身未来发展预留空间。当前一个时期，郑州的核心功能应该定义为管理、信息、文化、创新、流通五大功能，这也决定了郑州大都市区在全省、中原经济区和中西部地区的功能定位。

（二）体现增长带动作用

2015 年，郑州市实现地区生产总值 7515.2 亿元，总量在全国省会城市排名中从第 8 位升至第 7 位，占全省的比重从 17.5% 提高到 19.5%。全省地方财政总收入增收的 331 亿元中，郑州贡献了近一半；全省一般公共预算收入增收的 270.4 亿元中，超过四成来自郑州。但是，郑州在全国大中城市中的综合实力和影响力远远低于河南省在全国各省份经济总量中的排位，进而使得河南在全国的影响力也远远低于其在全国各省份经济总量中的排名。打造郑州大都市区，合理界定郑州大都市区的功能定位，就是要更好地实施"郑州—河南省—中原经济区—中部地区—全国"逐级拓展策略，将郑州大都市区建设成为影响力超出河南、超出中原经济区、覆盖整个内陆地区的核心增长极，并在此基础上进一步形成科技创新中心、文化交流中心、经济管理中心、交通集散中心，带动河南全省综合实力与影响力再上一个新台阶。

（三）体现落实国家战略

"十三五"时期，国家将大力推进"一带一路"、京津冀协同发展、长江中游城市群三大战略，其中，河南将直接参与"一带一路"战略，郑州、洛阳等城市将发挥重要的节点作用。河南不仅与古丝绸之路有重要的历史渊源，而且具备深化与"一带一路"国家经济贸易合作的现实条件。但总体来看河南与"一带一路"沿线国家的合作还不够深入。面对千载难逢的机遇，明确郑州大都市区的功能定位，特别是立足发挥空港、陆港、无水港等多港联运的交通区位优势，不仅有助于充分发挥郑州的"节点城市"作用，而且将在中部地区形成融入"一带一路"的战略核心支点，带动河南乃至整个中部地区深化与"一带一路"沿线国家的产业合作和经济贸易往来。

（四）体现示范，引领发展

郑州大都市区是以郑州、新乡、焦作、许昌、开封等若干个空间毗邻、联系密切、交通便利的次一级都市区构成的组合型大都市区，客观上在空间布局过程中，体现出鲜明的多中心空间结构模式，打破了行政区划的界限，迫切要求加快进行整合。发达国家和地区以多中心空间结构模式推进大都市区建设，但是对于我国中西部地区来讲，由于核心城市仍处于成长期，处于"虹吸效应"大于"墨渍效应"的发展阶段，如何推进多中心空间结构的大都市区建设，更好地带动区域发展成为一个难题。[1] 在此背景下，加快推进郑州大都市区建设，将在降低集聚不经济的同时，在更大的空间尺度上实现区域功能的再集中。同时，避免了城市蔓延对生态空间、绿化带等的侵蚀问题。此外，多中心空间开发模式将多个不同规模的城市中心整合成一个更大的空间实体，通过整合资源，构建面向都市区的一体化主导优势产业链，培育形成更大规模城市的整体竞争优势，提高区域竞争力。

二 郑州大都市区的功能定位

郑州大都市区建设要以创新、协调、绿色、开放、共享五大发展理念为引领，以分工合作和联动发展为主题，以区域整体竞争力为目标，以体制机制创新为动力，以整合发展为路径，坚持战略共谋、资源共享、设施共建、利益共赢、生态共保，促进区内外要素资源自由流动，优化区域重大功能布局，加快重点区域合作开发，加强产业分工合作，推进基础设施共建共享，增强社会民生同城效应，强化生态环境共保共治，促进郑州大都市区经济社会文化实现全方位、多层次、宽领域的一体化发展，建设职

---

① 曾群华：《关于区域同城化的研究综述》，《城市观察》2013 年第 6 期，第 85 ~ 95 页。

能分工明确、经贸联系密切、产业层次较高、空间结构优化、资源利用集约、生态环境良好的全国重要的产业创新中心、内陆开放门户、立体物流枢纽和综合改革试验区。

——产业创新示范基地。按照国家和全省经济科技发展要求，抢抓"中国制造2025"机遇，以郑洛新国家自主创新示范区中的郑州片区和新乡片区为核心载体，完善技术创新服务体系，加快建设科技企业孵化器、众创空间等各类创新创业载体，大力发展科技金融，努力打造创新要素集聚、创业载体丰富、创业服务专业、创新资源开放的创新创业生态体系，大力培育具有比较优势的战略性新兴产业，利用高新技术改造提升传统优势产业，加快发展现代服务业，加快形成三次产业协调、创新驱动主导、绿色低碳发展的新格局。

——内陆对外开放门户。抢抓河南自贸试验区获批机遇，以郑州航空港经济综合实验区为核心载体，加快规划建设郑州国际陆港，逐步实现与郑州航空港无缝衔接，进一步对接高标准国际经贸规则，向东密切与京津冀、长三角、海峡西岸的经济联系，向西密切与关中—天水经济区和成渝经济区的经济联系，向南加强与长江中游地区合作发展，打造对外开放大平台、大市场、大流通体系，在更广领域、更大范围形成各具特色、各有侧重的试点格局，推动全面深化改革扩大开放。

——立体交通物流枢纽。落实国家关于河南自贸区加快建设贯通南北、连接东西的现代立体交通体系和现代物流体系的要求，提升新郑国际机场、郑州东站、郑州南站、郑州站"四枢纽"功能，形成航空网、铁路网、公路网"三网融合"，航空港、铁路港、公路港和海港"四港一体"，打通辐射全国的陆路通道和贯通全球的空中通道，创新流通发展方式和管理模式，建设跨境电商、保税展示交易、大宗商品贸易和期货交割、国际贸易金融等综合运营平台，提升丝绸之路经济带重要节点地位，创新国际物流运作管理模式，打造国际化多式联运物流中心和集散分拨中心。

——体制机制创新先导区。以郑州航空港经济综合实验区、国家自主创新示范区郑州片区和新乡片区、自贸区郑州片区和开封片区的创新发展为导向，以开放倒逼改革，重点在口岸通关、航线航权、财税金融、土地管理、服务外包、商事登记、贸易监管、技术转移、成果转化等方面进行制度创新，力争率先在全国打造成为一个兼具对外开放、自主创新、转型升级于一体的创新型大都市区域。

第三节　发展目标

一　突出四个方面的发展目标

郑州大都市区的发展，要着力在四个方面体现出国家中心城市的发展目标。第一，强大的集聚能力。通过支配效应、乘数效应、极化效应吸引区域的各种商品要素和经济活动。第二，强大的辐射能力。通过"涓滴效应"，向中原城市群乃至中部地区进行要素和经济能量输出，将商品、技术、信息、人才等经济要素，以及技术创新和先进管理经验传递辐射到其他地区，促进区域经济与社会发展。第三，强大的携领能力。在科技进步、区域创新、经济增长、产业结构转型升级等方面具有巨大的示范带头作用，引起区域效仿，全方位、多层次影响着区域经济活动。第四，强大的综合服务能力。高端产业集聚，生产、金融、交换、旅游、科技、教育、文化、交通、信息的职能突出，并通过与中原经济区之间的产业投入产出关系、产业分工合作关系，服务和带动区域发展。[1]

二　确定总体目标和阶段目标

（一）总体目标

以同城化为总体目标，以基础设施互联、公共服务同享、规则体系共建、科技创新共推、信用体系互认、开放平台同建为努力方向，力争到 2030 年郑州大都市区经济社会、生态环保等指标位居全国都市区发展前列，科技创新、制度创新和体制创新能力位居全国都市区发展前列。

---

[1]　杨姝琴：《广州增强国家中心城市辐射力研究》，《城市观察》2014 年第 6 期，第166～177 页。

在基础设施互联方面，以各类交通运输方式的无缝衔接和零换乘为目标，着力发挥交通运输在都市区同城化发展中的基础性、先导性和服务性作用。通过吸引社会资本投资等市场化手段，加大交通基础设施投入力度，加快建设快速、便捷、高效、安全、大容量、低成本的互联互通综合交通网络，解决好"最后一公里"问题，使都市区内部的交通动脉更加强大、有力，进而大大压缩时空距离，增进人员、物资和信息交流，实现各种产业要素在区域内部更广范围和更深层次上的连接与聚合，大幅度拉近区域内部的时空距离，为各区域产业要素的连接与聚合搭建平台。

在公共服务共享方面，坚持以基本公共服务均等化为切入点，努力缩小郑州中心城区与新乡、焦作、许昌、开封四个中心城区之间的公共服务差距，缩小各城市中心城区与县城之间的公共服务差距，缩小城镇与农村之间的公共服务差距，最大限度地消除公共服务落差，推动资金、技术、劳动力、信息等生产要素在都市区内部自由流动。

在规则体系共建方面，继续清理市场经济活动中涉及的地区封锁的内容、妨碍公平竞争的规定及各类优惠政策，促进规则透明、竞争有序，构建起统一的承接产业转移政策体系和合理的产业合作发展模式。依据资源禀赋和比较优势，明确都市区内部不同地区的功能定位，形成融合配套、错位分工、优势互补的发展格局。着力培育作为市场竞争主体的中小企业，使之基于对自身竞争优势的深度认识和有效挖掘，确立发展方向，参与市场分工，释放创新和成长潜力。

在科技创新共推方面，发挥郑洛新国家自主创新示范区郑州片区和新乡片区的科技创新"溢出效应"，完善开放高效的科技要素市场，建立区域协作机制，引导高等学校、科研院所、大型企业以市场化运作方式依规向社会开放仪器设备、科学数据、科技文献等科技资源，推动创新要素在都市区内合理流动和高效组合，逐步形成各类科技资源互通共享的格局，加快形成都市区一体化创新发展格局。

在信用体系互认方面，遵循"基础入手、边研边推、全面合作"的原则，以逐步实现"信息互通、处罚同步、标准共建、模式示范"的目标，充分利用都市区内各市县公共资源交易网站，将各自企业库成员的从业资质、项目业绩、信用等级、良好行为记录和不良行为记录信息等进行互通链接，同步披露，对市场主体参与市场活动中的行为予以互认，实现信用基础信息共享，并逐步将信用互通共享信息应用至各自相应的业务工作中，提高信用共建的实用性和价值度。[①]

在开放平台同建方面，依托郑州航空港经济综合实验区、中原国际陆港、郑东新区金融集聚区、郑州新郑综合保税区、郑州出口加工区、河南保税物流中心、国家郑州经济技术开发区、国家开封经济技术开发区等海关特殊监管区域，以促进流通国际化和投资贸易便利化为重点，以国际化多式联运体系、多元化贸易平台为支撑，逐步实现互联互通和信息共享，形成联网申报、核查和作业的通关协作机制，打造对外开放高端服务平台，建立区域便捷通关企业统一认定标准和管理互认机制。

（二）阶段目标

根据郑州、新乡、焦作、开封、许昌等市所处的发展阶段以及相互之间的合作竞争关系，将郑州大都市区建设划分为三个阶段，明确各个阶段的发展重点和目标。

第一阶段：2016～2020 年。以交通互联为重点，坚持交通先行，力争都市区内部互联互通的交通运输体系初步完成，"最后一公里"问题得以解决，真正实现零换乘，将区域之间任意两点的通勤时间控制在一个小时以内。在此基础上，依托空港、陆港、无水港，强力推进开放综合枢纽建设，全力打通国际通道，以交通一体化带动产业分工合作，推动公共服务均等化发展。

第二阶段：2021～2025 年。以产业发展为主导，重点是围绕装备制造、新能源和新能源汽车、生物医药、现代物流形成产业纵向和横向分工体系，打造国际产业集聚高地，在全球供应链、销售链、物流链、服务链中占据重要位置，并形成完善的都市区内部治理体系。

第三阶段：2026～2030 年。力争产业结构实现高级化，城市建设实现现代化，对外交流实现国际化，公共服务实现均等化，建立起辐射

---

① 朱惠斌、李贵才：《深港联合跨界合作与同城化协作研究》，《经济地理》2013 年第 7 期，第 9～14 页。

带动中西部地区的都市空间体系，确保在全国都市区中位列第一方阵。

（三）发展指标

参考有关大都市区建设的指标，根据对国家中心城市的定义及特征，郑州大都市区的发展目标可以确定为三个层次、四项内容和 10 项具体指标。

表 5－2　郑州大都市区发展的阶段性目标

	一级指标	二级指标	2015 年	2020 年	2030 年
郑州大都市区	经济实力	地区生产总值年均增速（%）*	—	9	8
		地区生产总值占全省比重（%）	32.4	35	40
		金融业增加值占地区生产总值比重（%）	9.1	9.5	10
	基础设施功能水平	航空港年旅客吞吐量（万人）	1800	4000	6000
		轨道交通县（市、区）覆盖率（%）	70.6	100	100
		城市人均道路面积（平方米）	16.4	20	25
	文化科技创新能力	研究开发经费占地区生产总值比重（%）	3.5	5	8
		每万人拥有研发人员数（人）	200	260	400
	国际化功能	年接待入境游客人数（万人）	86	140	360
		进出口总额增长率（%）*	—	12	10

说明：*分别为 2015～2020 年和 2021～2030 年的年均增速。

第四节　发展原则

从当前郑州大都市区的发展现状、发展趋势、发展目标看，2015～2030 年郑州大都市区的发展原则如下。

——坚持统筹发展，推进战略共谋。从区域发展全局出发，对郑州大都市区的战略定位、发展目标、产业布局、基础设施建设、生态环境保护等进行统一谋划，协调好郑州大都市区各项重点领域的规划、建设与管理工作，形成有效合力，扩大郑州大都市区知名度和影响力。

——坚持错位发展，推进资源共享。根据都市区内各城市的资源条件和发展基础，发挥比较优势，找准自身定位，探索建立促进资源要素在区内自由流通的体制机制，加强一体化的市场体系建设，形成各具特色、优势互补的区域分工体系。同时，坚持差异化发展，获取"1＋1＞2"的合作发展"红利"。

——坚持联动发展，推进设施共建。按照"共同建设、共同利用、共同管理"的基本思路，推进都市区内基础设施特别是大型跨区域基础设施、社会公共服务设施的共同建设和整体布局，避免重复建设。通过一体化的设施网络建设，带动空间结构优化，促进区域联动发展。

——坚持共享发展，推进利益共赢。运用政府引导与市场运作相结合的发展模式和运行机制，努力扩大开放，推进都市区内城市之间、都市区与其他地区的经济协作，抱团参与国内外区域竞争与合作，在合作中谋求整体利益最大化，实现互利共赢。

——坚持绿色发展，推进生态共保。充分考虑都市区的环境承载力，合理开发利用自然资源。加强跨区域生态功能区共同建设，自然环境联合保护和污染同步防治，切实提高都市区可持续发展能力，促进经济社会与环境的协调共生。①

第五节　基本路径

围绕郑州大都市区的功能定位和发展目标，抓住制约都市区一体化发展的关键症结，有的放矢，以点带面，强力突破，要完成好以下几方面的任务。

——深化区域互联互通，构筑一体化基础设施体系。基础设施一体化是构建郑州大都市区的基石，只有实现区域的路网、管网、信息网等基础设施全方位快捷畅通，才能加快都市区互联互通。郑州中心城区、郑州航

---

① 詹荣胜、刘兴景、孙立锋：《把握区域发展都市区化趋势，以宁波为极核城市打造都市区》，http：//daily.cnnb.com.cn/nbrb/html/2016－05/12/content_958000.htm? div＝－1。

空港经济综合实验区要加强与新乡、开封、焦作、许昌中心城区以及县城等周边地区衔接，提高内联外接程度，重点是解决交通发展过程中的"最后一公里"问题。

——发挥郑州中心城区和航空港经济综合实验区的双核作用，打造都市区功能强大的引擎。作为郑州大都市区的核心，郑州中心城区和航空港经济综合实验区要发挥极核作用，承担创新服务、开放发展的领头羊责任。首先是提升开放门户功能，加快郑州航空港、国际陆港建设，开通更多郑州至"一带一路"沿线国家货运航线，力促成立中欧通道铁路运输、口岸通关协调机制，打造"郑欧班列"品牌，建成沟通境内外、连接东中西的运输通道。并抓住"一带一路"战略带来的历史性机遇，适时将郑州的功能定位从国际物流中心扩展到国际客运中心。其次是打造创新创业发展引擎。抢抓郑洛新国家自主创新示范区建设机遇，积极推进开放式创新，充分发挥郑州大都市区的区位和交通枢纽优势，促进创新要素合理流动，形成以国家技术转移郑州中心为枢纽的跨区域、跨领域、跨机构的技术流通新格局，努力打造创新要素集聚、创业载体丰富、创业服务专业、创新资源开放的创新创业生态体系。最后要着力提升国际化功能。郑州大都市区以自贸区建设为抓手，加快国际商都建设步伐，培育发展全国性要素市场和大型专业市场，建设全国金融中心和全球性物流枢纽城市，积极承接国际服务业的转移，加快建设国家服务业综合试点城市和国家服务外包示范城市。

——强化重大合作平台建设，打造经济新增长板块。以产业转移分工合作为关键，以分税制等制度创新为前提，在武陟、原阳、巩义、中牟、尉氏等地，加快打造郑新、郑焦、郑汴、郑许承接产业转移合作示范区，重点发展先进制造业、物流及生产性服务产业、旅游养生及文化创意产业和现代农业产业等产业，不断扩展新的经济增长空间。

——强化一体化公共服务和文化体系建设，形成区域同城新环境。在重视硬件建设的同时，必须协调建设郑州大都市区的文化体系和社会民生事业，实现服务共享，形成同城效应。推进基本公共服务同城化，以项目合作为抓手，加快社保、医疗、教育、公共休闲、电信、金融等公共服务领域的同城化步伐，让百姓享受都市一体化的红利。

——强化生态环境共保，营造宜居水乡新家园。环境是最稀缺的资源，生态是最宝贵的财富。在生态环境问题上，要坚持"与邻为伴"，以协同和联动的理念推进环境保护。紧紧围绕建设美丽都市区的要求，加强生态环保合作，联合深化环境整治，形成共同治理生态环境的机制。

第六章

郑州大都市区建设的主要任务

大都市的建设将有力地推动河南新型城镇化转型升级，成为引领河南经济社会发展的重要增长极。未来，郑州大都市的建设要牢固树立创新、协调、开放、绿色、共享的发展理念，按照以人为本、城镇引领、创新驱动、生态优先、共建共享的总体要求，适应经济发展新常态，加强供给侧结构性改革，努力构建与大都市区一体化发展相适应的交通体系、产业支撑体系、都市城镇体系、开放型经济体系、创新体系和生态体系，将郑州大都市区逐步建成为中部地区产业优化、生活优质、环境优美的时尚魅力之都。

第一节 构建国际化现代化立体综合交通枢纽体系

一 推进大都市区交通一体化发展

"十三五"时期，郑州大都市区的交通发展面临新的发展机遇和挑战，对大都市交通运输效率提出了新的要求，而推进大都市区交通一体化发展则有利于提升交通运输效率。目前，郑州大都市区内存在航空、铁路、高速公路等多种交通运输方式，但是衔接还不够紧密，各种交通枢纽大多独立、分散建设，还没有形成真正意义上的一体化综合交通枢纽。未来，要立足于郑州大都市区的整体空间布局，适应交通运输产业转型升级需要，按照网络化布局、智能化管理、一体化服务、绿色化发展要求，构建以轨道交通为骨干的多节点、网格状、全覆盖的交通网络，加强各种运输方式衔接，达到客运"零距离换乘"、货运"无缝衔接"，实现交通运输一体化发展。

推进大都市区交通一体化发展，一是在航空枢纽建设方面，抓住国家把郑州航空港经济综合实验区纳入国家战略的机遇，依托新郑国际机场，建设现代化的候机楼综合交通转换体系及集疏运网络体系，加强新郑机场与轨道、高速公路等多种交通方式的衔接，建设形成由京广高铁、郑开、郑焦、郑机城际、机场高速等组成的综合快速联络通道，显著提升大都市区航空枢纽的国际竞争力。加快郑州—卢森堡航空物流双枢纽建设，打造国际航空货运枢纽。二是在铁路枢纽建设方面，大力发展轨道交通，强化国家干线铁路、城际铁路、市域铁路和城市轨道的高效衔接，加强都市区中心城区与许昌、新乡、焦作等周边主要城镇之间快速交通联系。推动郑万高铁、郑合高铁、郑济高铁开工建设，加快建设郑州高铁南站、郑徐高铁开封北站、新焦济洛城际铁路等重点项目。三是在公路枢纽建设方面，完善公路交通网，继续加快高速公路建设，加大普通干线公路升级改造力度，全面实施农村公路畅通安全工程，推动开港大道、官渡黄河大桥、许昌至机场快速通道、焦作至荥阳黄河公路大桥等重点项目建设，建设功能完善、内联外畅的公路交通网络。

二　提升大都市区交通服务能力

交通服务能力是衡量城市交通系统品质的一个重要方面，随着郑州大都市区交通服务范围的不断扩展，民众对交通服务质量也有了更高的要求。郑州大都市区要着眼于郑州的"国家中心城市、国际航空大都市、世界文化旅游名城"等城市战略定位，围绕建设国内重要的"田园都市、宜业宜居都市、畅通都市、创新都市、魅力都市"等发展目标，以解决交通拥堵、环境污染等"大城市病"为首要任务，全面提升大都市区交通服务能力。

提升大都市区交通服务能力，一是要提高城市公共交通服务能力。加快城市轨道网建设，郑州市目前规划的城市轨道交通线路有21条，覆盖了郑州市区以及新密、荥阳、中牟、新郑等各个区域。除了加快建设这些规划中的轨道交通线路外，也要进一步加密城市轨道交通网，大力建设市域之间的轨道交通，加强郑州中心城区和周边城镇的轨道交通线建设，完善轨道站点交通接驳设施，实现轨道交通与其他交通方式便捷顺畅衔接。全面提升地面公交服务能力和水平，全面优化整合地面公交线路，科学配置地面公交运力，扩大公交线网和站点覆盖范围，加强城市轨道交通、地面公交等多种交通网络的融合衔接，提升公交换乘快捷性和便利性。二是要提高路网承载能力与运行水平。优化城市道路网络功能和级配结构，树立"窄马路、密路网"的城市道路布局理念，建设快速路、主干路和次支路级配合理的道路网系统。三是要完善新城区与县城综合交通体系建设。加快平原示范区、温县、武陟、禹州、长葛等城市的交通基础设施和公共交通服务配套建设，完善城市内部交通体系，构建以轨道交通及快速公交为主体的对外交通体系，增强新城区和县城的承接力和吸引力。

三　推动现代物流设施建设

现代物流业被称为经济的血脉，是融合运输、仓储、配送、流通加工以及信息服务等产业的复合型服务业，对经济发展有较强的拉动作用。交通运输是物流发展的基础环节和重要载体，物流业的发展水平很大程度上受交通条件的限制，一些综合交通运输网络的货物运输枢纽往往也是物流集汇作业的节点，因此，在构建郑州大都市区现代化立体综合交通枢纽体系中就需要充分考虑现代物流设施的规划建设。

推动现代物流设施建设，一是要加快物流园区（货运枢纽）建设。完善物流园区规划，优化物流设施布局，将区域性物流园区向都市区中心城区外有序疏解。在郑州与焦作、开封、新乡、许昌等城市交会的郑州北部、东部、南部等方向，规划布局若干大型综合性物流园区，在郑州市四环沿线规划建设一批服务于城市配送的物流园区。推动邮政集团加快对接万国邮联，构建辐射中西部的快件物流中心。加快开封保税物流中心、焦作（中站）物流金融港、河南（武陟）国家干线铁路公路物流港、中原国际农产品物流港二期、许昌粮食物流园、中棉集团河南物流园等专业园区建设。二是要推进传统货运场站的转型升级。规范郑州市四环以内的物流和货运场站，推动传统货运场站向物流园区转型升级，积极打造与产业集聚区相配套的物流园区，重点建设具备多式联运功能的物流园区，提升货物运输衔接转换效率。三是要推进城市配送发展。以快速消费品配送、冷藏货物配送等为重点，大力发展专业化城市配送，保障大都市区基本民生和城市运行需求。结合物联网加快发展末端配送网点，推广社区自提柜、冷链储藏柜、代收服务等新型社区化配送模式。

四　提升现代化交通综合治理水平

城市交通是反映一个城市社会、经济、文化等综合发展能力和现代化水平的重要标志和窗口，城市交通状况既依赖于道路、桥梁、场站等硬件设施的建设，也离不开智能、高效的管理。目前，郑州已经进入汽车时代，有限的城市道路通行能力与不断增长的城市交通流量之间的矛盾日益突出，城市道路交通拥堵成为城市管理最大的热点难点问题。但由于当前郑州大都市区在城市道路的规划、建设和管理方面缺乏协调性，交通新型智能化技术手段应用不足，城市交通综合治理水平滞后，影响了大都市区构建现代化立体综合交通枢纽战略的实施。

提升大都市区现代化交通综合治理水平，一是要进行交通综合治理体制机制改革。推进简政放权，推进交通运输领域行政审批制度改革，简化审批程序和环节，加强事中事后监管。建立"权责一致、管理下移"的交通治理体系，明确规划、建设、运营、执法等环节的主体职责及衔接关系，提高政府治理效能。二是要进行智能化交通运行治理。大力推进智慧交通建设，推进基于云计算的大数据挖掘分析和开放、共享、集成应用，形成用数据管理和决策的交通运行治理模式，提升精细化管理水平。加强新型智能交通技术研发与应用。加快智能交通基础设施建设，推动营运车辆监控、公共交通客流检测以及道路网路况检测等交通感知设备建设及应用，推动建立安全可靠的软硬件应用服务和信息安全管理模式。提高交通出行信息服务水平，通过移动互联网提供公交换乘、路况预报、停车诱导等信息服务，满足公众个性化出行需求。三是要加强安全和应急保障体系建设。以交通安全应急法治化、标准化、信息化、社会化建设为抓手，强化安全生产责任落实，推进安全生产标准化建设，提高交通安全预防控制能力，构建责任全覆盖、管理全方位、监管全过程的安全应急保障体系。四是要创建全社会共同治理的交通环境。充分发挥全体市民作为交通发展的主体作用，保障市民对交通发展的知情权、参与权和监督权，拓展市民参与交通治理的渠道和平台，推动社会各界在交通治理理念和思路上达成共识，形成全社会共同参与和治理的和谐交通环境。

第二节　构建智慧化、国际化、高端化的产业支撑体系

一　促进制造业高端化、智能化发展

制造业是城市经济发展的重要基础和驱动力，也是经济转型升级的核心。发展先进制造业，是提高郑州大都市区综合实力，实现新型工业化的根本保证。促进制造业高端化、智能化发展，要以提高制造业创新能力和基础能力为重点，大力发展高端的先进制造业和战略性新兴产业，同时，要对传统制造业进行改造，推进制造业向集群化、智能化、绿色化、服务化升级，构建竞争优势明显的制造业体系。

促进制造业高端化、智能化发展，一是全面提升工业基础能力，实施关键基础材料、核心基础零部件（元器件）、先进基础工艺、产业技术基础等工业强基工程，突破制造业发展瓶颈。二是加快发展新型制造业，整合郑州、许昌、新乡、焦作等装备制造业优势资源，推进河南中轴控股集团、正旭精密制造有限公司、新航集团、金龙集团、豫飞重工、科隆集团等制造企业，提高装备设计、制造和集成能力，推动制造业由生产型向生产服务型转变，引导制造企业延伸服务链条、促进服务增值。三是推动传统产业革新升级，重点推动铝工业、煤炭、轻工纺织等传统产业转型发展，推动开封碳素、新乡白鹭化纤、焦作奋安铝业高档铝型材等传统产业向绿色化、循环化、高端化发展，积极推进钢铁、建材等主要耗煤行业清洁生产，减少污染，严格淘汰那些没有市场技术优势及占用大量土地、污染物排放总量大等企业，推进腾笼换鸟。四是支持战略性新兴产业发展，重点推动生物医药、先进材料、先进机器人、储能和动力电池等产业向国

内一流水平迈进，积极发展郑州的液晶面板、智能穿戴、新能源电池、欧帕机器人、博奥激光，开封的易成新能负极新材料、优德医疗设备，新乡的华兰生物、双鹭药业，焦作的电子元器件、通信电缆、导航设备等新兴产业，力争在物联网、基因检测、智能微电网、3D 打印、人工智能、页岩气等领域实现产业化突破，抢占产业发展先机。

二　推动服务业优质高效发展

服务业是保障国民经济稳定就业的主要来源，在供给侧结构性改革中起到很重要的作用。服务业在国民经济中所占的比重也反映了一个地区经济协调发展程度。推动服务业优质高效发展，要坚持市场需求引领、重点产业带动，以现代物流和现代金融引领生产性服务业提速发展，以精细化、品质提升为导向促进生活性服务业优质高效发展。

推动服务业优质高效发展，一是促进生产性服务业专业化发展，重点发展现代物流、现代金融，加快壮大电子商务、信息服务、商贸服务、专业生产服务、服务外包等产业规模，加快推进开封国际农业会展中心、新乡国际商务中心等重点项目建设，打造中西部地区生产性服务业高地。二是提高生活性服务业品质，加快教育培训、健康养老、文化娱乐、体育健身、休闲旅游等领域服务业的发展，重点推动万达商业广场、深国投家乐福、万盛国际广场、义乌商贸城、葛天商业广场、宇龙商业广场等高端商业综合体建设。大力支持登封华夏历史文明传承创新示范工程、郑州国际文化创意产业园、宋都古城文化产业园、南太行生态旅游集聚带、省歌舞剧院、海昌极地海洋公园、禹州古镇体验景区、葛天源、双洎河国家湿地公园等文化旅游项目建设，提升旅游、文化产业内涵和附加值。创新发展商贸流通业，增加居家养老、医疗保健等服务供给，促进大众化合理消费，普及社区便民消费，发展智慧生活消费，开拓个性化品质消费，完善重要商品追溯体系和市场调控机制，提升安全消费水平。三是完善服务业发展体制和政策，加大服务业对外开放力度，开放电力、天然气等市政公共事业的竞争性业务，在金融、教育、医疗、文化、互联网、商贸物流等领域面向社会资本扩大市场准入，完善各类社会资本公平参与医疗、教育、托幼、养老、体育等领域发展的政策。

三 提高农业质量效益和竞争力

农业是全面建成小康社会和实现现代化的基础，农业的发展直接关系着社会的稳定与发展，必须加快转变农业发展方式，以集约、高效、绿色、可持续为方向，发展多种形式适度规模经营，推动农业与工业、服务业融合发展，提高农业质量效益和竞争力。

一是推动都市生态农业发展。依托大都市区内的城乡一体化示范区，按照服务城市、农游合一、管理领先的要求，以精细蔬菜、经济林果和特色种养殖等为基础，大力发展体验参与型、生态景观型、高科技设施型、休闲观光型等规模化、品牌化的都市生态农业园区。以"菜篮子"为主，突出产业和生态休闲功能，建设瑞之源、豫星、陉山福多多、佛耳湖观光游园等一批都市生态农业示范园区。二是推进农村第一、第二、第三产业融合发展，加快发展农产品加工业和农业生产性服务业，拓展农业多种功效，推进农业与文化旅游、健康养生科普教育等深度融合，发展观光农业、体验农业、创意农业等新业态，提高农业综合效益。三是构建现代农业经营体系，以发展多种形式适度规模经营为引领，创新农业经营组织方式，构建以农户家庭经营为基础、互助与联合为纽带、社会化服务为支撑的现代农业经营体系。四是确保农产品质量安全，强化产地安全管理，建立全程可追溯、互联共享的农产品质量安全体系。创建优质农产品品牌，支持品牌化营销。

四 拓展网络经济发展空间

网络经济是一种新兴的经济形态，这种新的经济形态正以极快的速度影响着社会经济与人们的生活。发展网络经济新形态，要紧紧把握住信息时代技术变革趋势，大力发展大数据、云计算、物联网等新一代信息技术，推动信息技术与经济社会发展深度融合，促进信息资源开放共享，保障信息安全，拓展网络经济发展空间。

一是构建泛在高效的信息网络。完善新一代高速光纤网络，大幅度提高城乡家庭用户宽带接入能力。深入普及高速无线宽带，网络全面覆盖乡镇及人口密集的行政村，在城镇热点公共区域推广免费高速无线局域网

（WLAN）。二是积极发展现代互联网产业体系，深入推进"互联网+"行动计划，促进互联网深度普遍应用，加快多领域互联网融合发展，大力发展体验经济、社区经济、分享经济，推动互联网金融、互联网教育和医疗等线上线下结合等新兴业态快速发展。重点推进焦作的阿里巴巴产业带、新浪区域运营中心、长葛的空港电商园、中牟的农产品电子商务平台等电子商务发展，推动电子商务进农村、进企业、进社区。三是实施大数据战略，把大数据作为基础性战略资源，加快推动数据资源共享开放和开发应用，打造郑州国家级数据中心，积极部署北斗导航服务平台，助力产业转型升级和社会治理创新。完善网络安全保障体系，科学实施网络空间治理，全面保障重要信息系统安全。

五　完善科学发展载体

科学发展载体包括产业集聚区、商务中心区、特色商业区和专业园区。科学发展载体是地方经济发展的具体抓手和实践平台，也是促进经济转型升级的现实支撑。在"十三五"时期，郑州依然要持续强化产业集聚区、商务中心区、特色商业区、专业园区的载体功能，增强要素集聚和辐射带动能力，打造四化同步发展的主导支撑。

完善科学发展载体，一是推动产业集聚区提质转型创新发展。产业集聚区发展以集群、创新、智慧、绿色为发展导向，推动开发空间统筹布局、公共服务和生态环境联建共享，推动产业集聚区上规模上层次，提高产业集聚区竞争力和带动力，使之成为大都市区先进制造业主导区、科技创新核心区、产城融合示范区和改革开放先行区。二是促进商务中心区和特色商业区提速扩容增效发展。商务中心区突出生产性服务功能，强化高端要素集聚和服务功能提升，特色商业区突出生活性服务功能，强化品牌特色培育和产城融合互动。大力发展总部经济和楼宇经济，加快现代专业市场建设和特色街区培育，打造一批专业化、特色化的服务业集群。三是优化布局专业园区，依托大都市区内具有产业基础的重点镇，布局建设、整合提升一批特色工业园区，推动初级加工、一般零部件制造环节等项目集聚，形成与产业集聚区分工协作、错位互补的发展格局。

第三节　构建统筹城乡协调发展的都市城镇体系

一　优化城市规模结构

优化城市规模结构是推进新型城镇化健康可持续发展，发挥新型城镇化引领作用的前提和基础。在大都市建设中，需要进一步完善和优化城市规模结构，以强化大都市区核心区的辐射带动作用为基础，以培育中心城市为重点，以建设中小城市和重点小城镇为支撑，优化城市规模结构，形成大中小城市和小城镇合理分布、协调发展的城镇化战略格局，强化城镇功能互补和内在联系，提高产业和人口集聚能力。

优化城市规模结构，一是提升核心区国际化发展水平。坚持实施郑州国际商都发展战略，重点强化发展先进制造业、现代服务业等战略支撑，建设一批具有战略突破作用的重大工程，提高核心区国际化水平。优化城市功能布局，统筹推进核心区有机更新、新城区有序拓展、航空城综合开发外围组团建设，适当疏解核心区非核心功能，强化与周边城镇高效通勤和一体发展，形成功能互补、生态隔离的现代都市区空间布局。二是做强做大中心城市。加快许昌、新乡、焦作等中心城市发展，结合这些城市自身特点和发展条件，适当扩大城市规模，加快产业转型升级，与邻近区县一体化发展，提升区域服务能力，分担核心区城市功能，形成带动区域发展的增长节点。三是培育发展一批中小城市。以温县、武陟、禹州、长葛等县、市为重点，以提升质量为方向，引导产业项目在中小城市和县城布局，加快完善市政基础设施和公共服务设施，推动优质医疗、教育和文化等公共服务资源向中小城市配置。推动基础条件好、经济实力强、具备行政区划调整条件的县有序改市，加快龙湖镇、超化镇、回郭镇等特大镇改市试点工作。四是有重点地发展小城镇，因地制宜发展一批具有特色资源、区位优势的小城镇，通过规划引导、市场运作，将这些小城镇培育成为交通枢纽、商贸物流、文化旅游、资源加工等专业特色镇。

二　建设和谐宜居城市

和谐宜居城市是现代城市发展的方向，也是城市发展的最终目标。大都市区未来城市发展要深入贯彻"创新、协调、绿色、开放、共享"五大发展理念,进一步转变城市发展方式,加快新型城市建设,创新城市治理方式,加大"城市病"防治力度,不断提升城市环境质量、居民生活质量和城市竞争力,打造和谐宜居、富有活力、各具特色的城市。

建设和谐宜居城市,一是加快新型城市建设。根据资源环境承载力调节城市规模,实行绿色规划、绿色设计和绿色施工标准,加快建设生态廊道,实施生态系统修复工程,建设绿色城市。加强现代信息基础设施建设,推进大数据和物联网发展,建设智慧城市。发挥城市创新资源密集优势,建设创新城市。提高城市开放度和包容性,加强文化和自然遗产保护,延续历史文脉,建设人文城市。加强城市空间开发利用管制,建设密度较高、功效融合、公交导向的紧凑城市。二是加强城市基础设施建设。加强市政管网等地下基础设施革新与建设,因地制宜推进地下综合管廊建设。加强城市轨道交通、停车设施、城市步行、自行车交通等公共交通设施建设,严格执行新建小区停车位、充电桩等配建标准。加强城市防洪防涝与调蓄、公园绿地等生态设施建设,支持海绵城市发展,提高城市建筑和基础设施抗灾能力。完善学校、幼儿园、体育场所、文化设施等公共服务设施建设。三是加快城镇棚户区和危房改造,将棚户区改造与城市更新、产业转型升级相结合,加快推进集中成片棚户区和城中村改造,有序推进旧住宅小区综合整治、危旧住房和非成套住房更新。四是提升城市治理水平。创新城市治理方式,推进城市管理和执法体制改革。创新城市规划理念和方法,合理确定城市规模、开发边界、开发强度和保护性空间,加强对城市风貌整体性、文脉延续性的规划管控。全面推行城市科学设计,推进城市有机更新。推广发展适用经济的绿色建筑,推广装配式建筑和钢结构建筑,提高建筑技术水平和工程质量。

三 推动城乡协调发展

城乡协调发展是社会经济发展的必然趋势,是新型工业化、城镇化、农业现代化发展到一定阶段的必然要求,河南省在"十三五"时期的重要任务之一就是要推动城乡协调发展。推动城乡协调发展,要把城市和农村经济社会发展作为一个整体,统筹进行规划,提升县域经济支撑辐射能力，促进公共资源在城乡间均衡配置，建设美丽乡村，拓展农村广阔发展空间，形成城乡共同发展新格局。

推动城乡协调发展，一是加快农业转移人口市民化。深化户籍制度改革，实施居住证制度，健全常住人口市民化激励机制，加快推进农业转移人口和其他常住人口市民化，缩小户籍人口城镇化率和常住人口城镇化率的差距。二是发展特色县域经济。把县域作为如期实现全面建成小康社会目标的战略重点，不断完善其产业功能、服务功能和居住功能，提升其承接城市功能转移和辐射带动乡村发展能力。依托优势资源，促进农产品精深加工、农村服务业及劳动密集型产业发展，探索承接产业转移新模式，引导农村第二、第三产业向县城、重点乡镇及专业园区集中。扩大县域发展自主权，提高县级基本财力保障水平。三是加快建设美丽宜居乡村。推动农村集体经济改革创新，激发农村发展活力。科学规划村镇建设、农田保护和村落分布等空间布局，推进农村公路、饮水、环卫、宽带、危房等设施革新建设，改善农村医疗、教育条件，建立健全农村留守儿童和妇女、老人关爱服务体系。加强和改善农村社会治理，完善农村治安防控体系。加强农村文化建设，培育文明乡风、优良家风。开展农村人居环境综合整治行动，建设和谐幸福、美丽宜居乡村。四是促进城乡公共资源均衡配置。统筹城乡公共设施建设，推进交通、供电、信息、污水垃圾处理等基础设施向农村延伸对接，推动城市基本公共服务、生产生活社会服务网络和社会保障向农村延伸覆盖。

第四节　构建与国际接轨国内领先的开放型经济体系

一　建设内陆开放高地

河南省是一个内陆省份，长期以来外贸和利用外资规模相对较小，对外经济发展水平相对较低，亟须实行更加积极的对外开放战略，全面提高开放型经济发展水平。当前，要利用郑州航空港经济综合实验区对外开放门户功能，创新开放型经济发展模式，探索内陆开放高地建设的新路径，为构建互利共赢、多元平衡、安全高效的开放型经济体系奠定坚实基础。

建设内陆开放高地，一是强化郑州航空港开放优势。把郑州航空港经济综合实验区作为大都市区最大的开放品牌，以建设大枢纽、大物流、大产业、大都市为方向，提升郑州航空港多式联运物流功能，推进产业集聚和城市功能完善，增强航空港的国际影响力和区域带动力。打造以航空运输为主体的现代综合枢纽，构建以航空枢纽为主体，融合城市轨道交通、高速铁路、城际铁路等多种交通方式的综合枢纽。打通连接世界重要枢纽机场和主要经济体的航空物流通道，建设多式联运的国际物流中心。推动智能手机、航空维修、精密机械、生物医药等产业发展，建设以航空经济为引领的电子信息产业基地、航空维修基地和生物医药产业基地。推进北部科技研发产业区、东部会展城片区、南部园博会片区等城市功能区连片综合开发，建设成为国际化绿色智慧航空都市区。二是完善提升对外开放支撑平台。加快建设郑州航空、铁路国际"双枢纽"口岸，推动郑州新郑综合保税区优化升级，提升郑欧班列品牌影响力，建设跨境电子商务综合试验区，积极申建内陆型自由贸易试验区，促进这些开放平台功能集合和联动发展，形成多层次、全覆盖、立体化的开放平台支撑体系。

二 全面融入"一带一路"战略

"一带一路"战略是中国全方位对外开放的新战略，是实现中华民族伟大复兴中国梦的世纪工程。郑州大都市建设要主动融入和服务国家"一带一路"战略，建立与亚投行、丝路基金等平台的对接机制，深入推进与沿线国家和地区重要城市政府间的合作，增强中原腹地在"一带一路"中的战略支撑。

全面融入"一带一路"战略，一是推进基础设施领域合作。深度参与国家战略性重大基础设施项目建设，积极参与中蒙俄、中巴、孟中印缅等经济走廊基础设施项目建设，着力构建陆路、陆海、航空、网络综合运输传输通道，畅通东联西进的出境出海通道。二是扩大对外经贸产业合作，支持农业、能源、物流、装备制造等优势产业加强与"一带一路"沿线国家合作，带动技术、标准、品牌和服务的输出。依托重大基础工程项目，推动装备制造领域优势企业到沿线国家投资建厂，积极参与国家级合作工业园开发。加强金融信息服务，引导金融机构在沿线国家和地区拓展服务网络。三是加强人文领域交流合作。大力推进文化、旅游、教育、卫生、科技、环保等领域的交流合作，积极参与"丝绸之路文化之旅"，通过与沿线国家联合举办丝绸之路艺术节、文化年等形式，开展丰富多彩的人文交流活动。加强教育合作，以"一带一路"沿线国家学生为重点实施留学计划，支持中医、武术、农业等特色院校赴沿线国家开展合作办学或设立分校。

三　提升开放型经济发展水平

开放型经济是经济转型升级的重要动力，全力提升开放型经济发展水平，是河南省全面建成小康社会、开启基本实现现代化新征程的战略选择。郑州大都市建设要根据经济全球化的新形势和经济转型升级的新需求，以更加开阔的视野和更加开放的姿态，充分利用国际国内两个市场、两种资源，积极参与全球产业分工格局重构，着力提高国际分工的地位，加快培育开放合作和竞争新优势。

提升开放型经济发展水平，一是持续推进开放招商。完善招商平台，改造提升和培育一批具有较强影响力的全国行业性展会、区域性招商平台，积极组织参加区域重大经贸活动。创新招商方式，推动"政策招商"向"产业招商"转变，拓展"贸易＋投资"、"技术＋产业"等招商方式，实现企业集群式引进、产业链接式转移。提升招商层次，鼓励外资企业在大都市区设立研发中心、培训基地等功能性机构，支持国外优势企业和资本参与大都市区企业兼并重组。深化与央企的战略合作，促进央企扩大在大都市区的投资规模。二是支持优势企业走出去。积极推动矿山装备、轨道交通装备等装备制造行业龙头企业参与国际重大基础设施投资建设，支持化工、电解铝、纺织等传统行业龙头企业到境外投资建厂。健全境外投资促进和服务保障机制，加强对走出去企业的权益保护和风险防范。三是优化开放营商环境。提升政府服务效能，引入国际通行的行业规范、管理标准和营商规则，打造法治化、国际化、便利化的营商环境。四是促进区域互动合作。顺应区域经济一体化发展趋势，主动对接长江经济带、京津冀经济区、淮河生态经济带、汉江生态经济带等重要经济区，在产业转移、要素集疏、人文交流、品牌培育等方面开展合作，提升对内开放合作水平。

四　健全对外开放新体制

良好的对外开放体制是构建开放型经济体系的保障，目前，郑州大都市区用好国际国内两个市场、两种资源的能力还不够强，在外商投资管理模式、对外投资管理体制等方面还不能完全适应对外开放新形势。因此，必须深入贯彻开放发展的理念，牢牢抓住体制改革这个核心，着力形成对外开放新体制，完善法治化、国际化、便利化的营商环境，为经济发展注入新动力。

健全对外开放新体制，一是营造优良营商环境，就是要营造平等竞争的市场环境、公平公正的法治环境、高效清廉的政务环境、开放包容的人文环境。二是完善境外投资管理体制。健全对外投资促进政策和服务体系，提高便利化水平。建立国有资本、国有企业境外投资审计制度，健全境外经营业绩考核和责任追究制度。推动个人境外投资，健全合格境内个人投资者制度。三是强化对外开放服务保障。构建高效有力的海外利益保护体系，完善风险防范体制机制，维护企业法人海外正当权益。

第五节　构建科技创新链、人才支撑链、全民创业链"三链融合"的创新体系

一　强化科技创新引领作用

科技创新是引领经济社会发展的"第一动力"，当今世界，各国在科技创新、产业变革上竞争激烈，科技呈加速发展态势。哪个地方突出科技引领，哪个地方发展就快、竞争力就强，郑州大都市区要赶上时代发展的潮流，就必须发挥科技创新在全面创新中的引领作用，加强基础研究，强化原始创新、集成创新和引进消化吸收再创新，着力增强自主创新能力，为经济社会发展提供持久动力。

强化科技创新引领作用，一是大力提升原始创新能力。主动服务国家和省内的重大创新战略，开展一批科技前沿和战略必争领域的技术研究项目，力争在信息、基础材料、生物医学、农业生物遗传、能源等领域取得一批具有国际国内影响力的原始创新成果。二是强化企业创新主体地位和主导作用。鼓励企业开展基础性和前沿性创新研究，深入实施创新企业百强工程，形成一批有国际国内竞争力的创新型领军企业，支持科技型中小企业发展。三是积极推进产学研用协同创新。推动科技资源开放共享，加快建设企业主导的产学研用协同创新体系，形成协同创新的良好局面。增强高校、科研院所创新服务能力，搭建协同创新平台网络，鼓励高校、科研院所与企业共建研发机构。

二 推进大众创业万众创新

推进大众创业、万众创新，是激发全社会创新潜能和创业活力的有效途径，也是扩大就业、实现富民之道的根本举措。郑州大都市区实施创新驱动发展战略，就必须加快推进大众创业、万众创新，要把大众创业万众创新融入发展各领域各环节，鼓励支持各类主体开发新技术、新产品，促进形成新业态、新模式，打造经济发展的新引擎。

推进大众创业万众创新，一是建设创业创新公共服务平台。实施"双创"行动计划，大力发展面向大众、服务中小微企业的低成本、便利化、开放式服务平台。鼓励大型企业建立技术转移和服务平台，向创业者提供技术支撑服务。完善创业培育服务，打造创业服务与创业投资结合的开放式服务载体。二是全面推进众创众包众扶众筹。全面推进众创，培育一批基于互联网的新型孵化平台，推动技术、开发、营销等资源共享。积极推广众包，推广研发创意、生活服务众包，推动大众参与线上生产流通分工。建立立体式众扶，开放共享公共科技资源和信息资源，探索政府和公益机构、企业帮扶援助，个人互助互扶支持小微企业和创业者成长的方式。稳妥推进众筹，探索消费电子、智能家居、健康设备等实物众筹，开展股权众筹融资试点，推动设立网络借贷平台。三是倡导创新创业精神。树立创新创业的价值导向，加强各类媒体对创新创业的新闻宣传和舆论引导，保护企业家精神，宽容创业失败，包容创新对传统利益格局的挑战，依法保护企业家财产权和创新收益。

三　强化人才对创新的支撑作用

创新是未来发展的希望所在，而人才是支撑创新发展的第一资源，无论是技术创新还是制度创新，归根结底都要靠人的创新和创造精神。强化人才对创新的支撑作用，就是要实施人才优先发展战略，推进人才发展体制改革和政策创新，引进和集聚更多高端领军人才，形成具有国际国内影响力的人才制度优势。

强化人才对创新的支撑作用，一是要让高校持续涌现创新活力。支持郑州大学、河南大学开展一流大学、一流学科建设，提高重点领域研究的国际国内影响力，向研究型大学发展。整体提升大都市区内高校人才培养水平、科研能力，强化与国际知名高校、科研院所合作交流，提升高等教育竞争力。二是强化创新型人才培养。进一步发挥好高校创新人才培养的枢纽作用，探索高校与科研机构、知名企业的高水平人才交叉培养的机制。加强对管理型、职业技能型人才的培养，积极构建创新人才终身学习和成长体系。三是吸引高端人才集聚。实施智汇郑州·1125聚才计划，采用多种方式吸引国内外高级经营管理人才、高级专业技术人才和创业者到郑州大都市区创新创业，为这些高端人才的工作生活提供全方位的支持和服务。四是优化科技人才流动与配置机制。建立灵活多样的创新型人才聘用与流动方式，建立科研人员在事业单位和企业间流动通道，支持科技人员开展成果转化、创新创业。

四　建设国家自主创新示范区

国家自主创新示范区在推进创新驱动发展，加快转变经济发展方式，加快发展战略性新兴产业，进一步完善科技创新的体制机制等方面都发挥重要的引领、辐射、带动作用。目前，我国有16个国家自主创新示范区，河南的郑洛新国家自主创新示范区是其中之一。郑州大都市建设要加快郑洛新国家自主创新示范区郑州片区和新乡片区发展，在推进自主创新和高技术产业发展方面先行先试、探索经验，为大都市创新发展做出示范。

建设国家自主创新示范区,一是深入推进先行先试改革。充分发挥示范区在政策试点、机制探索方面的先行先试作用,积累可复制可推广的改革创新经验,打造具有示范带动作用的改革创新平台。二是把示范区建设成为河南创新驱动发展的综合载体,把示范区作为引领带动全省创新驱动发展的综合载体,统筹创新空间布局,加强科技资源整合集聚和开放共享,着力打造全省创新增长极和创新公共大平台。三是加强创新成果转化应用。坚持以市场为导向,通过培育壮大创新企业、深入实施创新成果示范应用、积极探索业态模式创新等途径,全力推进创新成果的转化应用。四是加快完善配套政策措施。搭建创新合作的联动平台,形成政府主导、部门协作、郑洛新三市合作共建的运行机制。搭建示范区信息共享平台,建立各片区联动发展和定期磋商工作机制,加快形成示范区一体化创新发展格局。

第六节 构建自然之美、田园风貌、绿色低碳的生态体系

一 构建绿色发展空间体系

绿色是生命的象征,也是人类社会文明进步的重要标志。如今,我国已经迈入全面建成小康社会新征程,进入建设社会主义生态文明的新时代。郑州大都市建设要坚持生态优先、绿色发展,不断扩大绿色生态空间,着力保护和修复山水等自然生态系统,让良好的生态环境和经济社会发展相互促进、相得益彰。

构建绿色发展空间体系,一是扩大森林绿地面积。巩固嵩山、始祖山、邙山、伏羲山、青龙山、南太行山等山区的绿色生态屏障,实施宜林荒山绿化、废弃矿山生态修复治理工程。扩大平原地区森林空间,完善大都市区平原地区主要道路、河流两侧绿色生态廊道,建设黄(沁)河生态涵养带、南水北调生态产业带及城乡生态廊道网络。加强森林抚育,建设覆盖城市、平原和山区的森林生态系统监测网络。二是增加市民绿色休闲空间。扩大公园绿地,完善中心城区—新城—乡镇三级休闲公园体系。

增加城市公共绿地，积极推进城市立体绿化，鼓励实施公共建筑屋顶绿化，推动建筑墙体和立交桥垂直绿化。提升小城镇绿地系统建设，打造一批花园式生态镇，为承接核心区城市功能疏解奠定良好的环境基础。三是恢复河湖水系生态功能。加快贾鲁河、须水河、沙河等河流的水环境治理，实施湿地系统恢复和建设工程。加强饮用水源保护，加大白沙水库、唐岗水库等水库地表水源区生态修复力度，全面实施水库周边库滨带绿化建设。

二　建立绿色环境质量安全体系

环境质量直接影响郑州大都市区的城市形象和市民健康。提高环境质量，要创新环境治理理念和方式，坚持源头防控与末端治理并重，集中治理与强化管理并重，切实解决好大气、污水、垃圾等较为突出的环境问题，形成政府、企业、公众共治的环境治理体系，实现大都市区环境质量总体改善。

建立绿色环境质量安全体系，一是提高空气质量。综合运用经济、法律、行政和技术等手段，持续推进控车、减煤、治污、降尘等措施，通过多策并举、多地联动，实现空气质量有效改善。二是全面推进水污染治理。坚持集中和分散相结合、截污和治污相协调，完善截污管网和污水处理设施，推进城镇污水全收集、全处理。三是加强垃圾污染治理。按照减量化、无害化、资源化的原则，完善垃圾分类收集、再生利用、无害化处理的全过程管理体系，力争达到人均垃圾产生量零增长、原生垃圾零填埋。四是防治其他污染。加强社会生活噪声管理，缓解噪声扰民。实施土壤环境治理行动计划，重点推动城市工矿污染用地等的修复治理，严格保护农田土壤。加强放射源和射线装置安全管理，严格放射性废物管理，优化电磁辐射环境管理。

三　建立资源节约集约利用体系

推进资源节约集约利用是推动经济提质增效升级、破解资源瓶颈约束、保护生态环境的重要举措。推进资源节约集约利用，就是要牢固树立节约集约循环利用的资源观，推动资源利用方式根本转变，引导企业和市民践行绿色生产、生活和消费方式，在全社会形成崇尚节约、绿色低碳的生态文明新风尚。

建立资源节约集约利用体系，一是建设节水型社会。充分发挥水资源对大都市区经济社会发展的约束引导作用，坚持节水优先、量水发展，实行最严格的水资源管理制度，严格用水总量控制。提高工业用水重复利用率和工业废水回收利用率。加强农业综合节水管理，推动高效节水灌溉设施全覆盖。全面推广生活节水器具，使节水成为每个单位、家庭和市民的自觉行动，在全社会形成节水的良好氛围。二是提高能源利用效率。推广绿色建筑，提高居住建筑节能设计标准，推进老旧小区节能综合改造。实施重点用能单位能效提升行动，淘汰能效不达标的电机、内燃机、锅炉等用能设备。加快节能与新能源汽车应用，推进交通运输低碳发展。开展节约型公共机构创建活动。提高能源统计、计量和监测能力，加强对重点行业、重点用能单位的能源消费智能化管控。三是提高土地节约集约利用水平。强化城市空间规划、土地利用规划整体管控和精细化管理，严格土地用途管制。四是树立生态文明良好风尚。弘扬生态文化，倡导绿色生产生活，引导公众不断增强生态文明意识和责任意识，形成资源节约集约利用的社会风尚。

四 健全生态文明制度体系

生态文明是中国特色社会主义总体布局的重要组成部分，科学完善的制度是推进生态文明建设的根本保障。健全生态文明制度体系，要加快建立健全法制标准和监管制度，科学设定资源消耗上限、环境质量底线和生态保护红线，综合运用经济、法律、行政等多种手段，引导企业和市民主动保护生态环境，用制度保护生态环境。

健全生态文明制度体系，一是健全法规规章。建立科学规范的法规标准体系，实施最严格的生态环境保护制度，将各类开发活动限制在资源环境承载能力之内。健全供水、水污染防治、垃圾处理、节能等方面的法规和标准，建立底线约束管控机制，合理设定资源消耗上限，加强土地、能源、水等战略性资源管理。确定污染物排放总量限值，严守环境质量底线。加强生态保护红线管控，明确生态保护红线区的保护责任和目标。二是完善经济政策。发挥市场在资源配置中的决定性作用，用经济政策带动和促进市场主体节约资源、保护环境，引导社会力量参与生态环境建设。三是强化监管考核。建立严格的环境监管制度，加大对环境违法行为的综合惩治力度，实施差异化生态文明绩效评价，严格考核问责。

第七章
郑州大都市区的动力机制

大都市区空间组织的形成和演变是社会经济发展的必然产物，也是国家区域政策积极引导的结果。随着经济全球化和新技术革命的快速发展，大都市区作为新的经济体系中的空间地域单元将发挥重要作用。郑州大都市区的形成和发展，与其所处的发展阶段与时代特征密不可分，河南正处于工业化和城镇化加速发展阶段，在政府政策引导和市场化趋势的双重推动下，郑州大都市区的发展受到各种力量的作用，表现出与发达国家大都市区不同的特征。

第一节　城市郊区化和小城镇快速发展

一　城市郊区化推动大都市区的形成和发展

世界各国的城市化一般分为两个阶段，传统城市化阶段和大都市区化阶段。在传统城市化阶段，人口和工商业不断向城市集聚，但集聚到一定程度后，有限的城市空间开始饱和，出现所谓城市病，表现为交通拥堵，土地价格上升，住房成本增加。在大都市区化阶段，制造业开始向郊区和附近的城镇迁移，城市作为制造业中心的功能弱化，作为服务和管理中心的功能不断强化；伴随着通勤铁路的发展和小汽车的普及，居住在中心城市周边的城镇或郊区居民，每天通勤到中心城市工作成为可能，人口向中心城市周边城镇和郊区迁移和聚集，逐渐扩展到距中心城区30公里的地域，进而扩展到距中心城区 50 公里甚至更远的地域，但通勤联系范围一般不会超过 70 公里。因此大都市区的空间尺度一般不超过 2 万平方公里。根据美国 2010 年的人口统计，把美国 366 个大都市区按人口规模排序，排名前 20 位大都市区的平均面积为 1.94 万平方公里，排名前 100 位大都市区的平均面积为 1.16 万平方公里，366 个大都市区的平均面积为 0.69 万平方公里。

（一）美国的城市郊区化

美国在 1920 年代城市化率达到 50% 以后，开始进入大都市区化阶段，第二次世界大战（以下简称"二战"）后进入快速发展期。美国城市的大都市区化，通常被国内学术界称为郊区化。郊区化对美国城市社会产生了很大影响，郊区化推动了城市空间的扩展，缩小了郊区和中心城市的差异，实现了城市产业升级与城郊社会一体化，促使美国大都市区和大都市带形成和发展，成为美国"二战"后经济发展的最主要推动力和创新区域。据估计，"二战"后，大量制造业从城市中心移往郊区，形成郊区新的制造业中心。1960～1980 年，美国出现了 2000 多个郊区工业园区，到 1988 年，全美拥有 6000 多个郊区工业园，出现了硅谷等一大批创新产业成长的著名产业园，成为美国创新和新兴产业成长的中心。实际上，随着居住在郊区人口的增长，商业和各类产业扩散到郊区，形成多个次中心城镇，不过是原中心城区功能的部分外迁，郊区化并没有扩展到大都市区以外。1960 年美国大都市区人口占全国人口的比例为 63%，2010 年美国 366 个大都市区人口占全国人口比例为 83.7%，产出占美国 GDP 的 89%；2010 年美国 366 个大都市区人口比 2000 年增加 10.8%，比 1990 年增加 26.4%；2010 年小都市区的人口占全美人口的 10%，比 2000 年下降 0.4 个百分点（Census Bureau，2011），美国人口向大都市区集聚的过程仍在进行中。[1]

（二）我国进入大都市区化阶段

我国部分地区的城镇化已经进入大都市区化的发展阶段，其典型表现

---

① 吴文钰：《中美城市郊区化发展比较研究》，《云南地理环境研究》2010 年第 6 期。

是中心城区人口和产业开始大量向郊区迁移，在大城市周边出现一些新兴城镇，形成新的人口和产业集聚。我国城市的郊区化与西方的郊区化有明显的不同，表现在郊区的发展与中心区的繁荣并存，中心区人口的减少与整个都市区人口的增加并存，部分大城市的郊区化与绝大多数城市的集中型城市化并存。我国的郊区化不仅没有造成中心区发展停滞或衰退现象，反而使中心区更加繁荣，中心区的经济职能在不断加强。其原因是：首先，我国城市发展总体上仍处在集聚发展阶段，中心区具有强大的吸引力，依然是城市经济活动的核心；其次，经过 CBD 高端服务业发展和产业结构高度化，原有的市中心工业特别是劳动密集型、污染较大的工业搬迁至郊区，而向心性很强的商业、金融等第三产业集结于市中心，加强了中心城市的现代化功能；再次，随着土地有偿使用制度的建立，城市建设资金有了着落，大量资金投入内城改建，使市中心区获得了生机，从而变得欣欣向荣；最后，我国郊区化过程中迁出去的主要是工薪阶层，中心区仍然是富裕阶层的首选区位，富裕人士聚居市中心，从而使各种经济活动特别是商业、休闲娱乐业蓬勃发展。但从对城市空间演变的影响来看，郊区城市化和城市郊区化的共同发展加强了城市郊区的发展程度，增强了城市中心区和郊区的联系，引导城市空间的合理拓展，直接推动了中国大都市区的形成和扩展。

（三）郑州进入大都市区化发展阶段

郑州市的城市发展验证了城镇化的规律，初期是人口和工商业不断向城市集聚，城市规模不断扩大。1954 年《郑州市城市初步规划方案》确定郑州城市性质是以轻工业为主的工业城市，全国重要交通枢纽和河南省的政治经济文化中心，城市规模控制在 58 万人，用地控制在 63.6 平方公里，规划了工业区、居住区、行政区和文化区。1983 年，郑州市实行市带县体制改革试点，原开封地区所辖的巩县、登封、密县、新郑、中牟五个县划归郑州市领导，郑州市城镇框架基本形成。

改革开放初期，郑州市工业化步伐大大加快，新型第三产业蓬勃发展。城市空间扩展方式以轴向扩展为主，京广线北段、陇海线两端和东明路成为城市用地扩展的主要区域，由于受到京广、陇海两条铁路干线分割及城市跨越铁路发展的经济门槛作用，城市空间发展方向主要向南、向北，形成以二七塔商业区为中心基本呈圆形扩展，地域上向东和向北呈团块大面积发展，向西成楔形块状成长的空间格局。随着工业企业的外迁和城市的发展，郑州市发展轴线之间的联系加强，城市发展轴线间用地被填满并突出，城市边界不断被蚕食，呈现轴间填充和摊大饼蔓延式发展态势。

20 世纪 80 年代末期，郑州市依托原有的工业用地分别向西北和东南方向拓展。1988 年，在郑州市西北部建立郑州高新技术产业开发区（现为郑州高新区），规划面积 3 平方公里，作为河南省加大扶持高新技术产业，推进城市化进程和"拉大城市框架、扩大城市规模"的主要措施，2010 年建成区面积达 33 平方公里，GDP 达到 103.5 亿元，规划 2015 年建成区面积达到 70 平方公里。① 2015 年全区管辖面积 99 平方公里，人口 25 万人。高新区以高端产业发展为主导，集聚了郑州市高端制造业，由于城市基础设施建设严重滞后，基础教育、医疗等公共服务资源严重短缺，高新区在发展前期难以将主城区人口集聚到郊区，产业的集聚没有带来人口的集聚，形成了居民工作在郊区、居住在主城区的局面。2010 年前后，城市基础设施和房地产开发加速，绿谷公园、天健湖公园、锦和公园等城市公园建成投入使用，居民居住环境大大改善，城市综合体的建立提高了居民生活的便利性，郑州外国语中学等教育资源向高新区集聚，随着万达、恒大等房地产开发商的入驻，高新区整体生活居住品质有了较大的提高。因此近年来，大量人口向高新区集聚，呈现了产城融合的态势，契合了城市郊区化的发展阶段。

1993 年，在郑州市东部偏南方向创办了郑州经济技术开发区，2015 年规划控制范围北至陇海铁路、西至机场高速、南至福山路（郑民高速南约 1 公里）、东至万三公路（新 107 国道），面积 158.7 平方公里，辖出口加工区（A、B 两区）、国际物流园区两个专业园区，常住和从业人口约 38 万。郑州高新区和郑州国家经济技术开发区的出现和

---

① 《郑州高新技术产业开发区国民经济和社会发展"十二五"规划纲要》。

发展大大加速了郑州市城市空间的扩展，推进了工业进一步向城市郊区转移。

由于郑州中心城区规模偏小，陇海、京广铁路对郑州市区的交叉分割，使其发展空间受到挤压，城区内部工业、仓储等生产用地比例过高，商业、信息业等服务业用地紧张，无法满足去城市职能转型需要，必须寻求新的发展空间。2000 年时任河南省长的李克强提出要加快开发郑东新区，以进一步扩大城市规模，拉大城市框架，培育新的经济增长点，在郑州国家经济技术开发基础上规划郑东新区，西起中州大道，东至京港澳高速公路，北邻连霍高速公路，南接郑州国家经济技术开发区，规划范围 115 平方公里，建有中央商务区（CBD）、龙湖地区、商住物流区、龙子湖高校园区、科技物流园区等功能组团。截至 2015 年底，郑东新区建成区面积突破 115 平方公里，区域管理面积 260 平方公里，同时对连霍高速以北、中州大道以东区域实施规划管理，规划控制面积达到 370 平方公里，入住人口突破 115 万，入驻金融企业 247 家，金融业增加值达 110 亿元，入驻 49 家世界 500 强、68 家国内 500 强、69 家上市企业，财政收入完成 185 亿元，税收收入完成 165 亿元。郑东新区的发展推动了郑州城市框架进一步向东扩展，对接开封主城区，规划建设郑汴新区，东起开封市金明大道，西至郑州市中州大道，南起中牟县、尉氏县南县界，北至黄河南岸，规划范围包括沿黄生态文化旅游产业带部分地区、郑东新区、郑州经济技术开发区、郑汴产业带、郑州航空港区、郑州九龙国际产业（物流）园区以及汴西新区。通过区域"规划统筹、交通一体、产业链接、服务共享、生态共建"，跨越行政区划，为郑州大都市建设提供真正的动力。

2007 年 10 月，为加快郑州国际航空枢纽建设，河南省委、省政府批准设立郑州航空港区。2010 年 10 月 24 日，经国务院批准正式设立郑州新郑综合保税区。2013 年 3 月 7 日，国务院批准《郑州航空港经济综合实验区发展规划（2013—2025 年）》，标志着全国首个航空港经济发展先行区正式起航，这是目前全国唯一一个国家级航空港经济综合实验区，规划批复面积 415 平方公里，是集航空、高铁、城际铁路、地铁、高速公路于一体，可实现"铁、公、机"无缝衔接的综合枢纽。郑州航空港经济综合实验区的建立不仅使郑州成为河南省对外开放的新高地，打通了传统内陆省份对外开放的新通道，更是进一步拉大了郑州的城市框架和提升城市档次，扩大了郑州的辐射范围。新产业的发展集聚了大量的国际国内高层次人才，随着基础设施和公共服务的配套完善，郑州航空港经济综合实验区将成为新航空都市，推动大郑州都市区形成与发展。

表7-1　郑州市城市空间扩展情况

名　称	建设时间
郑州国家高新技术产业开发区	1988 年
国家郑州经济开发区	1993 年
郑东新区	2003 年
郑州航空港区（郑州航空港经济综合实验区）	2007 年（2013 年）

　　从郑州市城市空间扩展的历程可以看出，郑州也经历了传统城市化阶段和大都市区化阶段，在 1996 年，郑州市城镇化率达到 50.1%，美国是在城镇化率达到 50% 后进入大都市区化阶段的，而郑州市的情况与美国的经验不同（见图 7-1）。郑州市在 2009 年人口密度达到 1010人/平方公里（见图 7-2），2010 年中心城区人口占全市人口比重达到49.5%，而 1986 年中心城区人口占全市人口比重仅为 32.3%，此后逐年递增，在 2009 年达到 44.3%，说明随着郑州市城区面积的不断扩张，人口更加趋于集聚而不是分散。随着人口集聚到一定程度，有限的城市空间开始饱和，即将进入大都市区化阶段，与全国发展经验一致，郑州市中心城区与郊区（城市新区或者是开发区）的繁荣并存，城区人口并没有随着郊区化的发展趋势而减少。从郑州的经验来看，在 2010 年，中心城区人口占全市人口比重接近 50%，从此郑州进入大都市区化阶段，制造业开始向周边县市转移，如向北向武陟、原阳转移；地铁、城际铁路等通勤铁路快速发展，汽车保有量不断增长，使每天通勤到中心城市工作成为可能。所以，从城镇化发展规律来看，2010 年前后，郑州进入大都市区化发展阶段，郑州大都市区是城镇化发展的产物。

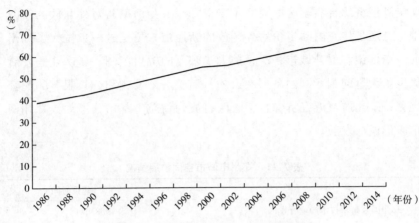

图7-1   1986~2014年郑州市城镇化率

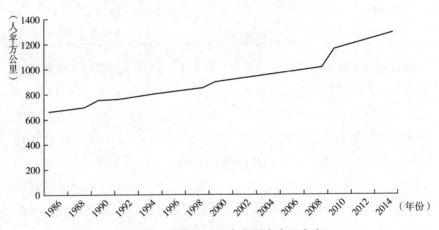

图7-2   1986~2014年郑州市人口密度

表7-2   2009~2015年郑州市人口情况

单位：万人，%

年　份	总人口	中心城区人口	中心城区人口占 总人口比重
2009	752.1	333.1	44.3
2010	866.1	428.4	49.5
2011	885.7	437.4	49.4
2012	903.1	443.4	49.1
2013	919.1	466.3	50.7
2014	937.8	478.4	51.0
2015	956.9	489.3	51.1

二 周边县和小城镇的发展推进了都市区发展

美国在 20 世纪 50 年代界定了以县为基础的大都市区概念，大都市区由至少一个 5 万以上人口的核心城市及与核心城市有较高经济社会一体化程度的邻近县（county）组成，邻近县及城镇成为大都市区组成部分的最低标准是，有 15% 的工作人口通勤到核心城市上班。美国的大都市区通常是一个跨行政区划的地理区域，是一个人口和 GDP 的统计区域，而不是一个行政管辖区域。例如，纽约大都市区包括纽约州、新泽西州、宾夕法尼亚州的 23 个县和几百个城镇，陆地面积 1.73 万平方公里，人口 1890 万，其中纽约市的面积 783.8 平方公里，人口 817.5 万。

伴随着城市郊区化的进程，在大城市周边出现一些新兴城镇，形成新的人口和产业集聚，出现跨行政区划的通勤族。大都市区内居住在中心城市的人口一般只占大都市区人口的 30% ~40%，大多数人口居住在中心城市周边的中小城市。美国 366 个大都市区的中心城市人口为大都市区人口的 39%。东京大都市区面积 1.35 万平方公里，人口 3500 万，其中东京都的人口为 1300 万，东京大都市区内有 3 个人口在 100 万以上的城市（横滨、川崎市、埼玉市）；12 个人口在 100 万~30 万之间的中小城市，77 个人口在 30 万以下的小城镇。大都市区可以为多个中小城市和小城镇提供发展空间，有巨大的人口容纳能力；中小城市和小城镇有利于缓解大都市区的人口压力和住房压力，在中心城市外围发展新的工业或第三产业。费孝通认为，以上海为例，上海市的经济发展对常州、苏州、无锡、南通等市的乡镇工业乃至地区的经济产生了重大影响，这些乡镇工业与上海市联系最多，与常州、苏州、无锡、南通四市的联系次之，这些城镇在上海大都市区辐射范围内，因此苏南地区的城镇发展较快，苏北的乡镇企业和小城镇发展相对弱小和缓慢，其主要原因是它们都在上海大都市区之外。而江苏昆山已经从小城镇迅速发展成中等城市，形成了不同程度的产业集聚，其快速发展的原因也是距离上海在 30 公里左右，位于上海大都市区之内。由此可以看出，小城镇的繁荣与发展很难脱离中心城市的影响作用。此外，由于河南有数倍甚至数十倍于发达国家的人口密度、较低的经济发展水平以及巨大的人口数量，决定了河南省的工业化和城镇化必须坚持走一条城乡共同发展的双轨型城市化道路，在大中城市不断发展的同时带动小城镇的发展，实现乡村地区的非农化与城镇化，而大都市区这种有效的空间组织形式可以促进城乡之间功能上的衔接和融合。周边中小城市和小城镇发展可以承载郑州中心城区的产业和人口，促进中心城区产业升级，同时也为中心城区产业发展提供配套和支撑。

城乡社会经济的快速发展是都市区形成的根本动力。郑州大都市区涵盖了郑州市中心城区和所辖县市、开封、新乡、焦作、许昌的中心城区及邻近郑州的县市，许多县市都提出和郑州一体化发展，有强烈的愿望融入郑州大都市区的建设。郑州与开封一体化发展最早提出，2005年提出"郑汴一体化"发展，2006年郑汴城市快速通道——郑开大道通车，2013年，郑州开封两地正式实施金融同城、电信同城，2014年12月28日，郑开城际铁路正式开通运营，郑开城铁19分钟的车程让郑州和开封不再是两个城市的概念，而变成一个横跨的都市区，两城将形成"半小时经济圈"，郑汴新区的建设又加速了融城的速度，将成为中原城市群的核心增长极。郑州与新乡融合发展也在积极推进，2015年新乡市政府印发了《2015年推进郑新融合发展工作意见》，提出"借势航空港，共建大都市，承担大功能，形成大合力"的思路，积极编制完成沿黄经济产业带建设规划，全面启动"三区一带"（平原示范区、原阳县、获嘉县和沿黄经济产业带）建设，启动自贸区和综保区申建工作、推动郑州航空港专属配套园区建设，开展郑新融合发展交通互联互通项目前期研究，实现郑州和平原示范区公交互通。重点任务是对接郑州航空港、推进与郑州产业融合发展、强化与郑州商贸物流等功能对接、打造统一快捷的综合性交通体系、强化统一的公共服务对接。随着郑州航空港综合经济实验区的建设，郑州许昌融城发展的条件更加成熟，许昌积极规划领空经济产业带，对接航空港。郑焦城际铁路的通车和武西高速的通车使焦作与郑州间的联系更加顺畅，郑州与焦作融城发展更加有利，武陟县提出要建设郑焦融合的先行区，打造郑州都市圈县域发展典范。

第二节　产业与城市功能的集聚与扩散

一　产业集聚与扩散推动郑州大都市区形成与发展

从上述郑州城市空间扩张的历程中可以看出，产业升级是推动城市扩张的原始动因。随着技术和社会经济的不断发展，在城市化的过程中，由于集聚效应的作用，城市规模不断膨胀，产业迅速集中，并进一步促发了人口的大量集中，从而不可避免地产生许多城市问题和社会问题，城市产业扩散是解决这些问题的一个重要措施，产业扩散的结果是在一个大城市周围，形成若干个中小城镇，这些城镇之间由于存在着密切的产业关联（或劳动地域分工联系）而联系紧密，最终以这一特大（大）城市为核心形成都市区。

（一）产业的扩散效应推动郑州大都市区发展

郊区化带动的大都市化过程中，如果人口与产业向外无序扩散，则会造成城市空间呈"摊大饼"状向四周均衡蔓延，造成土地资源的极大浪费，限制城市效率的提高，阻碍城市结构向多核多功能的大都市空间模式转变。因此，在市场、政策引导的共同作用下，产业区在中心城周边区域发展起来，专业化劳动力市场不断扩大，集聚经济达到一定程度并吸引其他生产性和支持性服务功能跟进。

产业的扩散一般有两种路径，一是政府主导和推动的，为了防止中心城区产业规模的过度膨胀和促进产业的升级转型，政府采取一系列的政策和措施推进产业扩散，向外围地区分散企业和人口，在一系列具有密切联系的中小城镇兴起后，形成都市区；二是当城市中产业急剧膨胀到一定程度而导致集聚不经济时，产业开始扩散导致了一批卫星城镇和一些中小城镇的兴起，从而最终形成大都市区。由上文中分析的郑州都市区中心城市的扩展轨迹可以看出，郑州的产业扩散很大程度上是政府推动的，郑州市积极调整产业结构，大力发展第三产业，将工业和部分低端三产外迁，设立了高新技术开发区、经济技术开发区、郑东新区、郑州航空港经济综合实验区等新区，推进了工业向郊区转移，随着城郊新区工业发展的成熟，工业用地紧张，规模集聚到一定程度导致规模不经济，而且这些新区的产业结构也要再次升级，在土地、劳动力等要素价格的作用下，城郊新区的产业进一步向周边县市转移，如高新区和郑州北部的企业向黄河北岸邻近郑州的武陟、原阳、平原新区转移，推动了郑州大都市区形成新的产业分工和协作体系。

（二）产业再次集聚的作用

城市生产要素在不同集聚机制的作用下快速流动并重新组合，在重塑原有城市空间组织的基础上引导新的城市空间功能单元出现，导致多核心大都市区逐渐形成并发展。各类专业化产业集聚区，一方面作为城市空间系统的重要组成部分，多数位于所依托的大城市的郊区地带，受中心城市扩散和辐射效应影响，基础设施与配套功能不断完善，在此基础上发展为新城区和卫星城市；另一方面作为带动城市经济发展的重要增长极，吸引了大量专业化及协作企业聚集，并受产业依存效应影响，一般服务业与具有典型 CBD 特征的部分高级服务业及支持机构随之跟进，使其成为中心城区以外的资本与就业的流入节点，重塑城市的资本、就业与人口分布格局，引起城市的经济、社会结构的变化以及空间模式的转换。

2008 年河南省委、省政府做出规划建设产业集聚区重大战略决策以来，河南省产业集聚区从无到有、从小到大，为城市工业集中、人口集聚提供了土地、劳动力等要素支撑，有利于产业集群式发展，更重要的是为中心城区的产业转移提供了承载平台。郑州大都市区范围内共有 33 个产业集聚区，在郑州都市区产业向外扩散的进程中，产业集聚区的建立为扩散的产业提供了新的平台和载体，形成了新的城市组团，各产业集聚区的错位和联动发展，有利于都市区内产业分工更加合理，集聚效应更加显著。集聚带动的城市用地集中连片开发节约了成本，增强了基础设施的有效利用，当同类或相关企业集聚到一定程度，支持性和服务性机构涌入，带动城镇发展，进而形成城市组团，对郑州大都市区的形成起到了重要推动作用。

表7-3　郑州大都市区产业集聚区情况

产业集聚区	所在市	规划环评面积（平方公里）	主导产业
郑州高新技术产业集聚区（含郑州高新技术产业开发区）	郑州市	60.3	电子信息、光机电一体化、生物医药、新能源
郑州经济产业集聚区（含郑州经济技术开发区）	郑州市	55.63	汽车及零部件、装备制造、电子信息、铝加工
郑州航空港区	郑州市	138	食品饮料、仓储物流、生物医药、印刷包装
郑州市白沙产业聚集区	郑州市	29.4	电子信息、新材料、生物医药
郑州市官渡产业聚集区	郑州市	36.5	现代商贸、科技研发、创新产业、旅游服务、现代制造、农副产品加工、现代农业示范产业
郑州市金岱工业园区	郑州市	11.42	一类工业为主、二类工业为辅
郑州国际物流中心园区	郑州市	370	金融、服务、物流及咨询
郑州上街装备制造产业集聚区	郑州市	6.3	装备制造业
巩义市豫联产业集聚区	郑州市	12.1	铝电联营及铝的精深加工业
巩义市产业集聚区（回郭镇铝加工产业园区）	郑州市	13.3	铝加工
河南省新港产业集聚区总体发展规划	郑州市	12.8	电子工业和粮油储运与加工
新密市产业集聚区（曲梁服装工业园）	郑州市	7.6	服装
登封市产业集聚区（汽车零部件工业园）	郑州市	9.7	铝品加工制造业和装备制造业
荥阳市产业集聚区（豫龙工业园区）	郑州市	10	现代装备制造业
郑州马寨工业园区	郑州市	11.8	食品加工和食品机械制造
汴西新区	开封市	121	食品、机械、汽车零部件
开封精细化工产业集聚区	开封市	15.3	光伏、精细化工
开封经济技术产业集聚区（含开封经济技术开发区黄龙园区）	开封市	14.2	食品

产业集聚区	所在市	规划环评面积（平方公里）	主导产业
尉氏县产业集聚区	开封市	18.8	纺织业、农副产品加工
新乡市高新技术产业聚集区（含新乡市高新技术开发区）	新乡市	29.9	电子电器、生物新医药
新乡工业产业聚集区（含新乡工业园区，小店）	新乡市	22.8	汽车及装备制造、食品加工、环保产业
新乡桥北新区	新乡市	17.6	科技中试、现代物流、现代农业
国家（新乡）化学与物理电源产业集聚区规划	新乡市	7.4	电源及其延伸产品制造业
新乡市新东产业聚集区	新乡市	9.4	现代物流服务业、特色装备制造业
原阳县产业聚集区	新乡市	10.5	汽车零部件加工、农副产品深加工
焦作经济技术产业集聚区	焦作市	26.3	装备制造；生物科技；新能源新材料
焦作循环经济产业集聚区	焦作市	10.67	新能源新材料、装备制造、生物科技
武陟县产业集聚区	焦作市	16.42	食品、造纸、纸制品、装备
温县产业集聚区	焦作市	20.6	农副产品深加工、装备制造
中原电气谷核心区	许昌市	13.9	电力装备制造
许昌经济技术产业集聚区	许昌市	16	发制品、机电装备、烟草机械制造
长葛市产业聚集区	许昌市	14	食品加工、商贸物流、机械制造
禹州市经济技术开发区	许昌市	20	装备制造、食品加工、医药加工

二 城市功能的集聚与扩散推动郑州大都市区发展

都市区是城市发展到一定阶段的产物。在城市化过程中，当扩散作用强于集聚作用并占主导地位时，城市要素和职能开始由城市中心向外围移动和扩散，城市性用地由中心向外不断扩大，原先受农业支配的非城市地域逐渐转化为以非农产业为主的城市地域。与此同时，中心城与外围地区在经济社会方面的相互作用越来越强烈，功能联系越来越紧密，从而形成由中心城和外围地区共同组成并以中心城为核心的新的城市空间形态——大都市区。

城市功能的集聚与扩散是城市化发展的结果。随着城市的发展其功能不断增多，即为城市功能的集聚，城市功能的集聚要求与之相适应的城市空间来适应，当原来的空间容量达到极限时，其功能会向城市的近远郊区和临近的城市扩散，即为城市功能的扩散，城市功能集聚与扩散导致了城市的发展、新城镇的出现乃至城镇密集区的形成，最终可能形成都市区。日本东京大都市区在城市功能集聚的过程中，商业和商务职能不断集聚，当原有商务和商业中心（丸之内地区、银座地区）的容量达到极限时，商业和商务功能开始向相邻近的中央3区（中央区、千代区、港区）以及信宿、池袋、涩谷等山手线（环状铁路线）沿线城市副中心地区扩散，商业、商务地区的扩大又迫使住宅功能转向半径10～15公里之外的城市周边地区及远郊地区，城市用地范围进一步扩大，最后大约占全国1/4的人口与国家的政治、经济、文化以及部分国际金融职能全部集中在东京及其邻近城市，形成了东京大都市区。

郑州市初期的商业中心在二七广场一带，随着城市功能的集聚，原有的商业和商务中心已经不能满足需求，商业和商务功能开始向郑东新区及周边区域扩散，商业、商务地区的扩大又迫使住宅功能转向郑州四环周边，城市用地范围进一步扩大。目前，郑州城市规划建设11个组团新区，其中，市区内有5个：金水科教园区、中原新区、二七新区、商都新区、惠济新区；周边县市有6个：中牟新区、荥阳健康园区、新密新区、新郑新区、新郑教育园区、登封新区。组团新区是郑州城市、产业、经济发展的新增长点，也是未来郑州城市现代生活的先行区，通过基础设施和公共服务向城市组团的延伸，促进中心城区和城市组团之间的联系，推动郑州都市区发展。

此外，产业集群对城市空间发展的影响主要表现为经济和市场力量对城市行政界限的冲击，使城市空间"经济流""市场流"的作用日益增强，城市间的功能组织成为一种由市场力量主导的"网络联系"，形成以生产联系为主的城镇网络，中心城市与周围地区的联系进一步密切。同时，城市空间拓展中的不确定因素增加，也要求城市在空间发展上做出相应的变化，推进了大都市区的形成。

第三节 政府推动与市场选择

一 政府推动

都市区空间组织的形成和演变是社会经济发展的必然产物，也是国家区域政策积极引导的结果。随着经济全球化和新技术革命的快速发展，大城市将突破原有的空间结构尺度，都市区作为新的经济体系中的空间地域单元将发挥重要作用。郑州大都市是"自上而下"和"自下而上"两股力量交织作用下的产物，政治经济体制的改革、大规模的开发区建设、及时的行政区划调整和适当的城市规划引导加快了这两种力量的结合，从而导致郑州大都市区的形成。

（一）行政区划调整

1980 年以后，为了充分发挥中心城市的作用，加快城乡一体化建设，我国城市管理体制进行了一系列改革，其中对大都市区影响最大的当数市管县体制的普遍实施。1983 年，郑州市实行市带县体制改革试点，原开封地区所辖的巩县、登封、密县、新郑、中牟五个县划归郑州市领导。市管县体制在发挥中心城市的辐射带动作用、加强城乡之间的统筹规划、统一组织生产和流通、合理配置生产力、促进城乡之间社会经济联系等方面起到了积极作用，对大都市区的形成起到了推动和催化效应。此外，其他有关城市行政区划调整的措施如"县改市"、"县改区"、"市改区"、"乡改镇"、"县级市升格为地级市"、"地级市升格为副省级市"等也有力地推动了城市化进程，扩大了城市的地域范围，在一定程度上促进了大都市区的形成。目前郑州市 6 个县中，除中牟县外全部升级为县级市；2014年，开封市的开封县调整为"祥符区"，开封城区面积由 547 平方千米增加到 1849 平方千米，人口由 91 万增加到 169 万，城区面积和城区人口增加迅速。

城市新区的设立也促进了大都市区的形成。从郑州、开封、新乡、焦作、许昌来看，一般各省辖市设立高新技术开发区、经济技术开发区、城乡一体化示范区（城市新区），这些新区的设立都是由政府主导的，为解决当时社会经济发展的问题而设立的，目的在于拉大城市框架、解决原主城区承载力不足的问题。平原城乡一体化示范区、许昌城乡一体化示范区、焦作城乡一体化示范区将成为未来郑州大都市区的重要城市组团。

（二）国家和地方政策引领

郑州大都市区的建设也是国家区域政策引领的结果。中原城市群和中原经济区的建立推动了郑州和周边城市合作与联系。2003 年 7 月河南省委、省政府提出了《中原城市群发展战略构想》，随后提出"中原城市群城市体系在大的构架上分为三个层次：第一层次是大郑州都市圈；第二层次以大郑州都市圈为中心，以洛阳、济源、焦作、新乡、开封、许昌、平顶山、漯河等八个中心城市为结点，构成中原城市群紧密联系圈；第三层次为外围带和辐射区。"2009 年，河南省委、省政府提出进一步完善中原城市群规划，着力构建"一极两圈三层"现代城镇体系。"一极两圈三层"的中原城市群框架为："一极"即构建带动全省经济社会发展的核心增长极，就是"郑汴新区"，包括"大郑东新区"和"汴西新区"。"两圈"即加快城市群轨道交通体系建设，在全省形成以郑州综合交通枢纽为中心的"半小时交通圈"和"一小时交通圈"。"三层"即中原城市群核心层、紧密层、辐射层，其中核心层指郑汴一体化区域，包括郑州、开封两市市区和"郑汴新区"，主要是通过加快郑汴一体化进程，逐步发展成为中原城市群发展先导区、全省城市统筹发展引领区。2011 年 3 月《中原经济区建设纲要》纳入国家"十二五"规划纲要草案中。2012 年 11 月，国务院正式批复《中原经济区规划》（2012—2020 年），标志着中原经济区正式成立，该《规划》提出将郑州作为中原经济区的中心城市，建设郑汴洛都市区；依托郑汴新区，推动向东拓展发展空间；优化城市发展形态，密切中心城区与新郑、新密、荥阳、登封等周边县城的联系，推进组团式发展，培育郑州都市区。国家政策和规划的引领对郑州大都市区的建设提出了更高的要求，中原城市群建设和中原经济区的建设都要求以郑汴新区为核心，强化郑州市作为中心城市的地位，加强与周边县市的联系。

2016 年，国家提出要编制新的《全国城镇体系规划》，划定 10 个国家中心城市、100 个国家区域中心城市后，国家已经确定 6 个名额，郑州也在力争进入国家中心城市行列。以郑州目前的发展水平和其他城市相比，郑州在经济总量和人口数量上并不占优势，2015 年郑州占河南省的 GDP 为 20.1%，而成都、武汉占全省的 GDP 都在 35% 以上，郑州的城市首位度不高，作为全省经济中心的地位还不强。只有在更大的空间推动区域整合和与周边城市实现一体化发展，才能提高郑州中心城市的地位，这就要求加快郑州大都市区建设，促进郑州与周边城市融合发展。

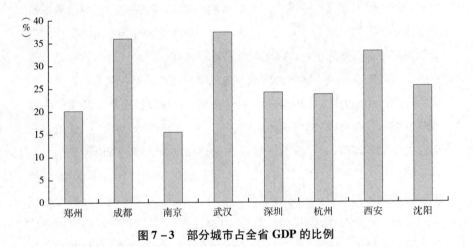

图 7 - 3　部分城市占全省 GDP 的比例

（三）轨道通勤圈的建立

荣朝和①认为，现代大都市区与传统大城市的显著区别，主要在于大运量快速公交系统特别是轨道通勤系统是否形成，只有轨道交通（包括地铁和城际铁路）的技术经济特点才能支撑大都市的多中心轴线发展模式，大都市才能彻底摆脱单中心蔓延式扩张所带来的弊端，才能让更大范

---

① 荣朝和：《重视大都市区在城市化过程中的地位与作用》，《北京交通大学学报》（社会科学版）2014 年 7 月。

围内大量居民的职住时空关系实现平衡，并使得现代大都市区呈现出与传统大城市明显不同的时空形态。根据日本国土交通省的大都市交通调查，其东京、大阪和名古屋三个大都市区的人口分别约为3500万、1900万和1000万，各自通勤圈的半径分别为70公里、50公里和30公里。每一个现代大都市区形成的过程，同时都是一个具有内在支撑和引领作用的轨道交通网络形成的过程。目前各国衡量大都市区中心市区与周边地区是否具有较高经济和社会整合度的最主要标准之一就是通勤联系水平，一般要求外围地区人口到中心城区的通勤率不小于15%或20%。

《郑州市轨道交通线网规划修编（2015—2050）》提出，郑州市轨道交通规划21条线路，包括地铁和快速轨道交通，总规模将达到945.2公里，几乎覆盖了郑州中心城区、航空港区、东部新城、南部新城、西部新城，以及新密、荥阳、中牟、新郑等各个区域。在城际铁路方面，2014年12月郑开城铁开通，2015年6月郑焦城铁开通，2015年底郑机城铁开通运营，郑州南站—机登洛城铁、机场城铁开工建设。轨道交通网的形成，跨市域通勤铁路的建立将极大地增强中心城区和周边区域的通勤效率，支撑郑州大都市区多中心轴线发展，优化城市形态，在大都市区通勤圈范围内实现居民职住平衡。

二 市场选择

大都市区是市场进行资源空间配置的结果。大都市区更有利于创新，有更高的生产率。

（一）土地和房地产价格的影响

在经济全球化的背景下，传统因素决定经济集聚的作用降低了，城市发展产生了新的动力，出现了"生产转包"这一新的生产组织形式。在"生产转包"的过程中，城市空间结构变化中最为显著的是，公司总部、研究与设计机构以及管理人员与专业人才多在中心城市，而大量的分厂或占地多、技术含量低的简单的加工组装企业则分布在次级中心城市和小城镇，加快了城市空间的外延扩张，促进了周围地区经济发展。随着郑州土地和房地产市场价格的不断增长，很多企业通过将公司总部、研究与设计机构以及管理人员与专业人才设在郑州，而将生产加工部分设在周边县市的模式来降低成本，促进了城市空间的扩张，使都市区内的中心城市和小城镇联系更加紧密，分工更加明确。

房地产价格给人口集聚带了较大的影响。2016年，郑州平均房价均破万，中心城区的高房价迫使购房的刚需阶层向城郊转移，已经扩展到郑州四环附近，从一定程度上促进了城市框架的拉大。由于周边县市的房价是中心城区的一半，如上文所述，便捷的轨道交通和城际铁路的建成使长距离的通勤成为可能，随着未来郑州的地铁网络和城市交通的建成，在周边县市居住在中心城区工作，成为很多人的现实选择，都市区内周边城市和中心城市的通勤联系更加紧密。

表7-4 2016年9月郑州分区域房地产价格

单位：元/平方米

中心城区	新房	二手房	周边县市	新房	二手房
金水区	13139	12020	登封市	4791	3882
惠济区	10544	11078	荥阳市	5606	5574
管城区	10994	11174	新郑市	6799	7445
郑东新区	17123	18967	中牟县	8003	6687
中原区	10229	10906	新密市	4313	3623
二七区	10342	11132	巩义市	4000	3678
			上街	5381	3543

（二）就业选择和人口集聚

人口向大城市、大都市区集聚是市场进行资源空间配置的结果。大都市区是空间一体化的劳动力市场，人口规模大、密度高的本地劳动力市场，形成了更有效的匹配机制。在稠密的劳动力市场，创新型企业更能找到所需要的专门人才，高技能人才更能找到适合他的企业，从而提高了人力资本配置效率。大都市区能够满足多样化的需求从而吸引更多的人才和企业进入，而扩大的市场规模又导致更细的产业间分工和更高的生产率，提供更多的工作岗位，导致更多的人口向中心城市集聚。集聚经济推动增长的核心机制是市场规模的扩大和分工的深化，因而，可以创造出更多的需求和就业，更高的生产率和更多的创新。

美国经济是"大都市区经济"（Metropolitan Economies），而不是 50 个州的经济，其主要特征是：人口和经济活动高度集中在大都市区。2010年，美国排名前 100 位的大都市区聚集了全国 65% 的人口，生产了 75% 的 GDP，获得了 92% 的专利。美国排名前 20 位的大都市区聚集了 37.4% 的人口，生产了 46.6% 的 GDP，获得了 63% 的专利，大都市区同时是创新中心。河南的情况是，在近年来的人口流动中，只有郑州市是人口正向增加的，其他地市基本上为负增长，说明人口在向大城市集聚，郑州以不到全省 10% 的人口，生产了全省 20% 的 GDP，反映出在资源空间配置效率上郑州与发达国家的差距，未来要加速人口的集聚，提高中心城市和周边城镇的城市承载力。

第四节　技术创新与制度创新

一　技术创新

技术进步是大都市区形成和发展的路径依赖。大都市区的本质特征是城乡之间的密切联系，而密切程度与外围地区的非农化水平直接相关。在传统技术条件下，大部分的非农产业具有城市区位指向的特征，但"二战"以后的技术革命使得这一格局发生了根本性变化。技术进步减少甚至部分消除了传统区位因子对产业布局的约束，改变了"城市—工业、乡村—农业"的城乡分工结构，特别是随着后工业社会的到来，服务业取代制造业成为中心城市的主导产业，而传统制造业则逐步从中心城市向周边地区扩散，中心城市和外围地区建立了基于不同技术水平和资源优势的产业关联。同时，技术进步带来的交通技术改进大大扩展了人类活动的空间尺度，继居住郊区化、工业郊区化后又出现了服务业郊区化、办公室郊区化，城乡一体化倾向更趋显著。

二　制度创新

郑州大都市区建设最大的难点是现有行政区划下如何协调各级政府推

进大都市区建设，这是我们面临的最大的制度障碍，如果能在这方面有所突破，将极大地推动郑州都市区的建设。

与美国不同，我国是按行政区划进行政府治理和人口及经济指标统计的，没有类似大都市区的概念。由于缺乏相应的区域合作和约束机制，各种大都市区规划很难有效推进。按照一般经济规律，大城市具有集聚经济和更完善的交通基础设施，会导致人口和经济活动在大城市及周边地区集聚和扩展。因此，城市人口规模越大，与其有紧密经济联系的地域范围也越大。把美国 366 个大都市区按人口规模排序，排名前 20 位大都市区的平均面积为 1.94 万平方公里，排名前 100 位大都市区的平均面积为 1.16 万平方公里，366 个大都市区的平均面积为 0.69 万平方公里。而我国则出现了"城市行政区划面积倒置"现象，城市人口规模越大，行政区划面积越小，2015 年郑州行政区划面积仅为 0.74 平方公里。大城市的行政区划面积过低，导致市场机制推动下形成的大城市人口集聚和经济活动空间扩展，与行政区划导致的行政壁垒相冲突。郑州大都市区包含 5 个城市，每个城市都有自身发展的考虑，往往从本地区的角度来考虑问题，缺乏大局意识和整体观念，从而产生了一些诸如行政壁垒、市场分割、区域障碍等现象与问题，导致在跨界交通设施建设、水资源使用、生态环境治理以及人员流动上以邻为壑，阻碍着大都市区的健康可持续发展。

治理机制的创新将极大促进郑州大都市区的发展。我国之前实践的经验是，城市群之间的协调方式大多是建立城市群联动协调发展机制。在这种以政府为主导的区域合作中，相关制度的运行在相当程度上促进了区域协调发展与合作。但是，由于这些区域合作着重于地方政府之间的协调与合作，因此区域合作的议题只是围绕区域内各级地方政府的需要而展开，不能涵盖区域内全部的公共事务。区域治理应该是区域内多元利益主体的多元互动与参与，未来如果能够创新郑州大都市区治理机制，实现从现有的区域地方政府间合作向区域治理转型，将会释放巨大的动力，推动郑州大都市区发展。

第八章
郑州大都市区建设的空间整合

郑州大都市区地处中原，承东启西，连南贯北，是沟通和促进全国各经济区交流合作的中枢之地。从空间上看郑州位于全国经济的腹地，在国家区域发展格局中具有十分重要的地位。深刻把握郑州大都市区空间结构的演变与现状，厘清郑州大都市区空间整合的总体思路，剖析空间演进的规律性，并提出空间整合的调控策略，科学规划和积极推动郑州向大都市区战略转型和跨越升级，引领中原在国家"一带一路"战略实施进程中更加有为，在实现"两个一百年"奋斗目标的中国梦中更加出彩。

第一节　郑州大都市区空间结构的演变与现状

城市空间结构是城市各要素在空间上的分布形式。从外部形态来看，其主要表现为土地利用结构和空间分布形态。郑州作为河南省省会，是全省的政治、经济、文化、金融、科教中心，全市总面积7446平方公里，人口956.9万，市区面积1010平方公里，建成区面积437.6平方公里，城镇化率69.9%。改革开放以来，郑州市发展迅速，其主要发展方向也经历了不同程度的变革，其发展起起落落，体现着国家战略风向标的地位。郑州发展阶段大致可以划分为历史发展阶段、起步发展阶段、扩张发展阶段、快速发展阶段和提质发展阶段五个阶段。

一　历史发展阶段（1949 年以前）

郑州地区的人类活动遗存可追溯至 8000 年前。郑州新郑裴李岗发现的"裴李岗文化"遗址表明，新石器时代早期该地区人口已相当稠密；新石器时代中晚期，郑州地区的文化分布更为密集，原始村落遗址星罗棋布，以大河村遗址、青台遗址等为代表的史前文化遗存仅市郊区就有二十多处。原始社会末期，进入阶级社会后，郑州地区以适中的位置、优越的自然条件、丰富的矿藏资源，为古代人类聚居和城镇的形成与发展奠定了良好的基础，这里成为夏、商王朝统治的中心地区。郑州登封的"禹都阳城"及郑州多处遗址中的二里头文化层表明了夏王朝统治在这一地区的存在。位于现郑州市区中心的郑州商代城池是中国早期城市中规模最大的一座，距今 3600 年以上。

周王朝时期，中国政治中心西移，但郑州作为商代旧都仍受到周王朝的极大重视，周武王封其弟叔鲜于此为管国，管国都城沿袭了商代故城，此为郑州"管城"之肇始。后因管叔鲜企图叛周被诛杀而国破城亡。春秋战国时期，郑、韩两国先后在今郑州所辖的新郑建都，历时五百多年，商代故城则作为近畿重镇进行了加固。秦灭六国后，在郑州地区设立三川郡，废弃商都故城，郡治设在商都宗庙之侧的荥阳（今郑州市郊古荥镇）。秦末汉初，群雄逐鹿中原，这一地区以军事交通要地而成为楚汉争雄的焦点：楚汉鸿沟中分天下，遗址至今犹存（见图 8 – 1，图 8 – 2）。

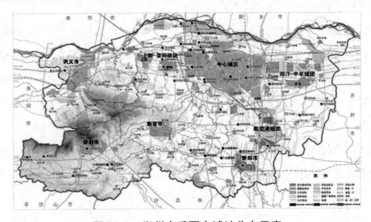

图 8 – 1　郑州市重要古城址分布示意

图8-2 西山古城遗址

汉代以后,商城南半部被历代沿用,屡经修复加筑,隋、唐、五代、宋、金、元、明、清八代历为州治。公元583年,隋实行州、县二级制,将荥阳改名郑州,至此"郑州"第一次出现在史册。其中,隋、唐、宋时期,郑州位处东都洛阳和宋都汴梁之间,由于水运交通发展和作为州治所在地,郑州成为中原地区重要政治中心和交通枢纽与物资交流中心,促进了商业、手工业和文化的发展,形成了郑州城在中国古代历史中的最后一次繁荣。到了19世纪末期,郑州成为一座城区面积仅2.23平方公里、人口不足2万,衰败破落、民不聊生的小县城。

20世纪初,贯通中国东西、联络南北的交通大动脉陇海铁路、京汉铁路在此交会,构成了中国现代交通的基本骨架。随着铁路的铺设和运营发展,郑州很快成为中国内陆地区农副土特产品和京广杂货的重要集散地及帝国主义对中国内陆地区进行资源掠夺与商品倾销的"桥头堡",民族工业、官僚资本主义工业也有了一定程度的发展,从而给一度封闭、衰落的郑州城的发展带来了转机,在老城和城西的火车站之间,逐渐形成一片新的繁华街市,城区进行了少量的市政建设。铁路枢纽的地位也使郑州市以中国近代工人运动中的"二七大罢工"的策源地而闻名于世,获得"二七名城"的美誉。1937年抗日战争爆发,由于日军的侵略和破坏,郑州有的工商企业被迫搬迁,有的毁于炮火,城市从此一蹶不振。到1948年郑州解放时,城区面积仅有5.23平方公里,人口16.4万,城市基础设施简陋,面貌破旧不堪,成为一座凋敝的县城。

二 起步发展阶段（1949~1977年）

1949~1952年国内经济恢复时期，郑州市在医治战争创伤的基础上，逐步恢复了原有工业的生产，铺装了德化街等一批道路，初步解决了居民吃水难的问题，在市区金水河、熊耳河两岸营造了防护林带。从1953年开始，我国进入大规模的经济建设时期，郑州被国家确定为重点建设城市之一，城市进入发展时期。首先，新建了一批重点大型建设项目。"一五"期间，根据全国生产力布局需要，国家在郑州投资兴建、改造、扩建了5个棉纺厂、郑纺机等六十多家以轻工业为主的大中型骨干企业，为郑州成为国家重要轻纺工业基地奠定了物质基础。"二五"前半期，国家又在郑州兴建了47家以重工业为主的大中型骨干企业，形成了郑州重工业和机械工业的基础。工业项目布局，按照1954年编制的郑州城市总体规划，大多沿京广铁路和陇海铁路一侧部署，职工居住用地与工厂呈带状平行布局，构成了郑州市工业区沿铁路线一侧带状部署的基本格局。大中型工业项目的建设有力地推动了郑州城市建设的迅猛发展。其次，基于交通枢纽地位的重要性，国家在郑州设立郑州铁路局和全国最大的铁路编组站，数万铁路职工进驻郑州，其生活区主要集中于京广铁路西侧、陇海路两侧，使郑州城市规模更加扩大。1954年，省会由开封迁往郑州，又一次为郑州发展提供了重要机遇。省直办公机构和生活居住用地集中于金水路两侧及以北地区，一批省级文化、商业、体育等公共设施围绕行政中心相继建成，郑州城市规模再一次扩大，形成了郑州工业的基本框架。

三 扩张发展阶段（1978~1991年）

十一届三中全会以后，我国进入以经济建设为中心的改革开放的新的发展时期，郑州市在对原有工业以内涵改造为主的基础上，引进了大批先进技术和设备，发展了一批新兴的工业，大中型骨干企业的技术装备水平得到提高。到20世纪80年代末，郑州初步形成了以大中型企业为骨干、多门类、结构较为合理的现代工业生产体系，成为河南省重要的工业基地。在此期间，交通优势作用日益显现，以商贸业为主体的第三产业迅猛拓展，城市对外交通出口附近逐步形成集中的商业批发市场区，市区内形成二七广场周边、紫荆山广场等集中商业区，郑州商业发展引起国内外瞩目。郑州城市建设得到补偿性快速发展，在三环以内新建了数个居住小区，人均居住用地达 7.5 平方米，居全国省会城市第 5 名。郑州新建了市级文化、体育、商业设施，进一步完善了城市基础设施。天然气工程开始建设，城市绿化覆盖率达到 35%，居省会城市第 3 名。到 1991 年，城市建成区面积扩大到 90 平方公里，城市非农业人口增加到 118 万，郑州跨入特大城市行列。

四 快速发展阶段（1992～2001 年）

1992 年中共十四大召开，明确提出我国经济体制改革的目标是建立社会主义市场经济体制。河南省委、省政府根据社会经济环境的变化，从郑州独特的交通、区位、资源及城市发展基础等比较优势出发，先后做出把郑州建设成为社会主义现代化商贸城市和区域性中心城市的战略决策。

根据城市发展战略目标要求，郑州城市建设和发展遵循"保护改造老城区，加快建设外围组团"的方针，土地及空间资源配置回归良性循环轨道：中心城区持续实施"退二进三"发展策略，引导第二产业用地置换为生活居住和第三产业用地，第三产业获得长足发展，建成了功能完善、交易规范、布局合理的农产品期货和现货交易市场，初步建立起比较完备的市场体系，形成二七广场、火车站、碧沙岗、紫荆山 4 个市级商业中心。金融、科技等生产要素市场得到较快发展，使郑州成为我国中部地区经济实力最强、发展速度最快的商贸中心城；与此同时，结合产业结构优化和城市功能提升，中牟、上街、荥阳、新郑等外围组团的建设迅速展开，多中心、组团式的城市发展格局基本形成。伴随旧城更新和城市空间拓展，通过绕城公路、快速三环、107 国道和金水河、熊耳河滨河公园以及东周水厂、王新庄污水处理厂等重点项目实施，城市人居环境、道路交通及基础设施等得到明显改善，历史文化名城特色初步显现。2001 年中心城区建成区面积达 137.5 平方公里，城市人口接近 300 万。

五 提质发展阶段（2002 年以来）

2002 年以来，面对全球经济一体化步伐加快，我国新型城镇化、新型工业化快速推进，产业结构调整力度加大的新形势，面对粮食生产核心区、中原经济区、航空港经济综合实验区三个国家战略规划实施带来的机遇，郑州市委、市政府把握郑州城乡载体功能亟待完善、产业结构亟待优化、开放水平亟待提升、创新能力亟待加强的阶段性特征，遵循区域发展规律，贯彻省九次党代会精神，按照中心城市带动、统筹城乡发展的理念，于2011年市十次党代会做出了"建设郑州都市区"的决策部署，于2016年市十一次党代会做出了"向国家中心城市迈进"的决策部署。围绕省委省政府的战略谋划，郑东新区、郑汴一体化、郑洛工业走廊、郑州航空港综合实验区、郑上新区、郑洛新自主创新示范区、河南自贸区郑州片区等建设规划先后确定，围绕"打造大枢纽、发展大物流、培育大产业，建设以国际商都为特征的国家中心城市"的"三大一中"战略定位，制定并实施了郑州都市区三年行动计划，使郑州步入新一轮跨越发展、转型发展、提速提质发展的建设新阶段。

（一）郑东新区建设

郑东新区西起中州大道，东至万三公路，北起黄河南岸，南至陇海铁路，由中央商务区、龙湖区域、白沙园区、综合交通枢纽区、龙子湖高校园区、沿黄都市农业区等六大功能组团组成，区域管理面积260平方公里，同时对连霍高速以北、中州大道以东区域实施规划管理，规划控制面积达到370平方公里。截至2014年底，郑东新区累计完成固定资产投资突破2300亿元，建成区面积突破100平方公里，入住人口突破100万，入驻大型企业超过10000家，成为河南省城市化的重要标志和展示城市新形象的"窗口"和"名片"。郑东新区的建设采取组团开发的模式。各功能区相互支撑和谐发展，看似独立，却又因湖、河巧妙相连，构建了完整的城市生态水系，不仅避免了很多城市快速扩张的"摊大饼"式做法，更彰显出大气魄和大手笔（见图8-3）。

（二）郑汴一体化发展

2005年《中原城市群总体发展规划纲要（2006—2020年）》，明确提出："十一五"期间要优先推动郑汴一体化发展，通过体制创新，突破行

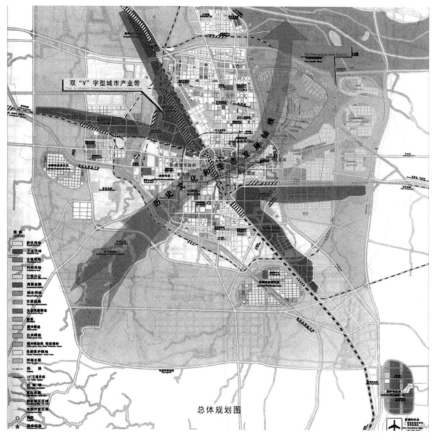

图8－3　郑州市总体规划与郑东新区实景示意

政区划障碍，促进生产要素加快流动，实现功能互补、资源共享，使该地区成为带动河南经济社会发展的核心区。作为郑汴一体化发展的标志性工程，连接郑汴两市的郑开大道已于 2006 年 11 月 19 日建成通车，成为我国第一条跨市域建设的城市道路，在全国率先开通了城际公交。建立了郑汴协调发展机制，以同城化服务为目标，实施了郑汴电信同城方案，启动了金融同城、邮政同城工作，全面加强了旅游、商务合作。同时，作为全国重要的老工业城市，目前郑汴两市已列入国家比照实施振兴东北等老工业基地有关政策范围，在率先推进产业整合方面具备良好的政策环境。服务于郑开大道的防洪应急工程已建成投用，促进两侧区域建设开发的区域路网、配套服务等基础设施建设也有序展开。郑汴一体化规划西起京港澳（京珠）高速公路，东至开封金明大道，北起规划的豫兴大道（连接郑州北四环与开封东京大道），南至规划的中央大道（连接郑州中央大道与开封宋城路）；总面积约为 167.12 平方公里，其中郑州市段约为 100.76 平方公里，开封段约为 66.36 平方公里。"十三五"时期，以"四带三区"为基础，开封将打造郑汴一体化升级版。以开港经济带为依托，打通开港新轴线，进一步强化郑汴两市产业对接、金融对接，促进相关产业园区、商务区连接发展，形成两市一体的产业聚集效应。以郑汴产学研结合示范带为依托，规划建设郑开北通道，推动开封高校园区对接郑州龙子湖高校园区，打造河南省的产学研结合示范区。以沿黄生态带为依托，对接郑州市沿黄综合开发规划，形成全省绿色发展示范带，实现郑汴两市生态共建共享（见图 8 - 4）。

（三）郑洛工业走廊

郑洛工业走廊，资源优势明显，产业基础雄厚，区域交通发达，是中原产业发展的隆起地带，也是我国中西部地区城镇分布和产业密集度最高的区域之一，代表了河南工业发展的特点和水平。郑洛工业走廊发展以技术创新为先导，以机制体制创新为动力，以工业园区为主要载体，以壮大支柱产业为重点，以重大项目为突破口，加快对内对外开放，优化创业创新环境，着力吸引国内外人才、资本、技术，做大经济总量，促进生产要素集聚，增强产业关联度，优化产业结构，打破行政壁垒，统一产业政策、合理空间布局，共建基础设施，统筹城乡发展，推进企业集群，强化

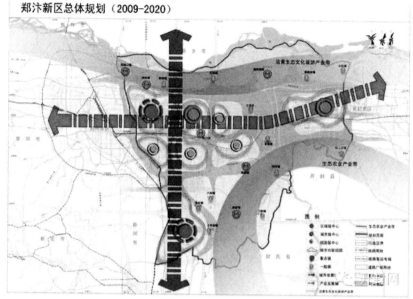

图8-4 郑汴新区建设规划示意与实景示意

资源高效利用，大力发展循环经济，提升发展质量和层次，实现区域基础
设施建设、产业布局、区域市场、城乡建设、环境保护与生态建设五个
"一体化"，建设高新技术产业、装备制造产业、汽车产业、煤电铝产业、
新材料产业、石化产业、电子信息产业、建材产业、冶金产业、食品和纺
织服装产业、生化产业、医药产业等产业基地和精品旅游线。经过5～10
年的努力，郑洛工业走廊将建设成为空间布局合理、内部结构优化、集聚
效应突出、三大产业协调、生态环境良好、内生资本扩大、市场竞争力强

劲、经济运行高效持续、基础设施条件完备、城市布局科学合理、支撑体系健全有力、人居环境优美舒适、区域优势明显的横贯中原城市群东西部，东呼应长三角，北呼应环渤海，南呼应珠三角，辐射大西北地区的新型产业密集区、城市连绵带和中原崛起的脊梁（见图8-5）。

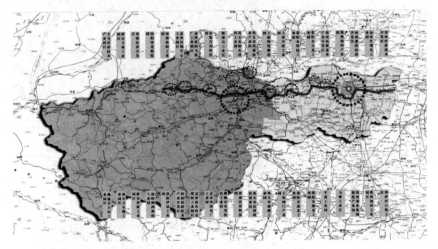

图8-5 郑洛工业走廊产业分布示意

（四）郑州航空港综合实验区

2013年3月7日，郑州航空港经济综合实验区发展规划获得国务院批复，是目前全国唯一一个国家级航空港经济综合实验区，也是河南省三大国家战略重要组成部分。实验区位于郑州市东南方向25公里处，规划批复面积415平方公里，以空港为核心，两翼展开三大功能布局，整体构建"一核领三区、两廊系三心、两轴连三环"的城市空间结构。郑州航空港经济综合实验区是集航空、高铁、城际铁路、地铁、高速公路于一体，可实现"铁、公、机"无缝衔接的综合枢纽，发展定位于国际航空物流中心、以航空经济为引领的现代产业基地、中国内陆地区对外开放重要门户、现代航空都市、中国中原经济区核心增长极。作为国家批准的第一个以航空经济为引领的国家级新区与中原经济区的核心增长极，郑州航空港经济综合实验区将通过政策创新、体制创新与模式创新，积极承接国内外产业转移，大力发展航空物流、航空偏好型高端制造业和现代服务业，力争建设成为一座联通全球，生态宜居、智慧创新的现代航空大都市（见图8-6）。

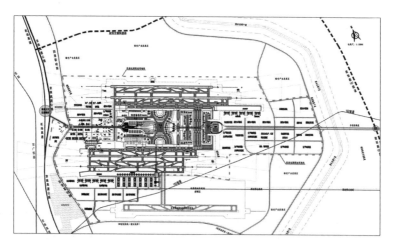

图8-6　郑州航空港经济综合实验区建设规划示意与实景示意

（五）郑上新区

2014 年 10 月 8 日，《郑上新区概念性总体规划（2013—2030 年）》获批，涵盖荥阳市和上街区全部行政辖区，总用地面积 972.7 平方公里。郑上新区划分为"一带一轴四功能区、一城三镇二十八社区"的空间结构，沿陇海铁路和郑西高铁之间的东西向城市发展主轴。在这条轴带上，荥阳组团和上街组团被定位为行政商业副中心，两地之间现在属于经济社会发展薄弱的地带，未来则将变成整个郑上新区的城市核心组团。按照"绿色低碳"的现代化生态新区理念，郑上新区对外交通将以公共交通出行为主体、对内交通将以慢行系统为主体，规划建设中的地铁 6 号线、8 号线、10 号线、15 号线贯穿新区，形成"一线一环"的城市轨道交通结构；产业重点发展新能源、超硬材料、绿色新材料、通航设备制造及通航服务业等战略性新兴产业，实现人与自然和谐共生、经济社会可持续发展的宜居新区目标。在郑州都市区空间布局中，郑上新区（见图 8－7）与郑东新区恰如都市双翼，东西联动实现城乡统筹发展。

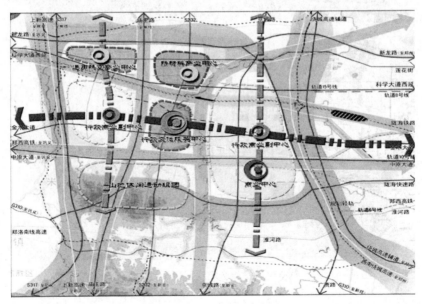

图 8－7 郑上新区规划示意

（六）郑洛新国家自主创新示范区

2016 年 4 月 5 日，郑洛新国家自主创新示范区获得国务院批复。郑洛新国家自主创新示范区是河南创新驱动发展的核心载体，总体定位为具有国际竞争力的中原创新创业中心，具体定位为开放创新先导区、技术转移集聚区、转型升级引领区、创新创业生态区。空间布局按照"三市三区多园"的架构，加快形成创新一体化发展格局。"三市"即以郑洛新三市作为示范区建设主体。"三区"即以郑州国家高新区、洛阳国家高新区、新乡国家高新区作为核心区，充分预留发展空间，发挥核心区的辐射带动作用。"多园"即在郑洛新三市内规划建设一批园区，实现产业发展差异化、资源利用最优化和整体功能最大化。力争到 2020 年建设一批具有国际竞争力的创新平台，培养一批科技创新领军人才、创新团队和科技创新创业人才，形成一批高水平的科技创新成果，培育一批创新能力强、特色鲜明的战略性新兴产业示范基地和园区，打造一批创新能力强、核心竞争力强、产业辐射带动能力强的创新型企业群体（见图 8-8）。

图 8-8　郑洛新国家自主创新示范区示意

（七）河南自贸区

2016 年 8 月 31 日，河南自由贸易试验区获得国务院批复。河南自贸区以郑州为主，包括郑州、洛阳、开封三个片区，网内网外相结合，一区多片分层推进，总面积 140.24 平方公里，其中郑州片区 81.9 平方公里，洛阳片区 27.8 平方公里，开封片区 30.54 平方公里。河南自贸区范围涵盖郑州航空港经济综合实验区、中原国际陆港、郑东新区金融集聚区、郑州新郑综合保税区、郑州出口加工区、河南保税物流中心、国家郑州经济技术开发区、国家洛阳经济技术开发区、国家开封经济技术开发区等九个海关特殊监管区域。以促进流通国际化和投资贸易便利化为重点，以国际化多式联运体系、多元化贸易平台为支撑，着力深化改革开放，强化体制机制创新，借鉴推广上海等自贸区经验，着力打造具有国际水准的内外流通融合、投资贸易便利、监管高效便捷、法制环境规范的对外开放高端平台，并发展成为"一带一路"战略核心腹地，为内陆地区开展国际经济合作和转型发展探索新模式（见图8-9）。

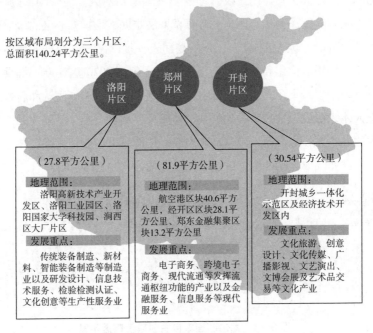

按区域布局划分为三个片区，总面积140.24平方公里。

| 洛阳片区 | 郑州片区 | 开封片区 |

（27.8平方公里）

地理范围：
洛阳高新技术产业开发区、洛阳工业园区、洛阳国家大学科技园、涧西区大厂片区

发展重点：
传统装备制造、新材料、智能装备制造等制造业以及研发设计、信息技术服务、检验检测认证、文化创意等生产性服务业

（81.9平方公里）

地理范围：
航空港区块40.6平方公里、经开区区块28.1平方公里、郑东金融集聚区块13.2平方公里

发展重点：
电子商务、跨境电子商务、现代流通等发挥流通枢纽功能的产业以及金融服务、信息服务等现代服务业

（30.54平方公里）

地理范围：
开封城乡一体化示范区及经济技术开发区内

发展重点：
文化旅游、创意设计、文化传媒、广播影视、文艺演出、文博会展及艺术品交易等文化产业

图8-9　河南自贸区示意

第二节　郑州大都市区空间整合的总体思路

根据资源环境承载能力、现有开发强度和发展潜力，按照"核心带动、轴带发展、节点提升、对接周边"的原则，以生态为本底、以区域交通廊道为空间发展骨架、以交通时距圈层为空间发展依托、以城镇组群为空间统筹重点，形成"一核、五轴、五星"的大都市区空间结构。明确

区域功能定位，规范空间开发秩序，促进人口、产业集中集聚发展，加快形成郑州大都市区空间发展新格局。

一　基本原则

构建郑州大都市区，既要顶层设计、统筹谋划、积极推进，又要突出重点、把握关键、积极稳妥，切实把握和坚持以下基本原则。

——坚持市场主导、政府推动。遵循市场经济和区域一体化发展的客观规律，统筹考虑资源和环境承载能力，发挥市场在资源配置中的决定性作用，尊重企业和社会组织在区域一体化中的主体地位，促进资源要素高效流动和优化配置。更好发挥政府引导和协调作用，加强规划引导，支持先行先试，强化政策扶持，打破行政壁垒，优化空间布局，促进产业分工，形成区域一体化发展新局面。

——坚持平等参与、互利共赢。着眼扩大区域共同利益，坚持以发展诉求为前提，以利益联结为纽带，在双方和多方积极谋划、自愿平等、共同推进的基础上，加强区域一体化地区之间的交流与合作，推进基础设施互联互通、产业分工协作、资源要素对接对流、公共服务共建共享、生态环境联防联控，着力形成区域发展共同体，实现互利共赢、良性互动、协同发展。

——坚持优势互补、良性互动。发挥各地资源要素禀赋比较优势，促进特色化、差异化发展，合理空间布局和功能分区，推动产业合理布局和聚集发展，促进区域内大中小城市功能互补和组团式发展，探索重大项目、平台共建和利益共享机制，实现区域生产力的优化配置，最大限度地挖掘发展潜力，提升区域整体竞争力，形成各具特色、错位互补、协调发展的大都市区新格局。

——坚持全面推进、重点突破。积极寻找各方利益结合点，充分调动各方面的积极性，积极推进多领域、多层次、多形式合作，以重点领域、重大工程、重大项目为突破口，全面推进城乡建设、基础设施、产业发展、生态文明、公共服务、制度建设等对接合作，推进大都市区向深层次、宽领域、高水平发展，全面加快大都市区发展进程。

——坚持民生优先、和谐发展。坚持把保障和改善民生摆在郑州大都市区发展的优先位置，全面加强教育、医疗卫生、文化体育、社会保障、生态环境等民生事业发展，促进各个地区共建共享，提高基本公共服务均等化水平，让广大群众更多更公平地享受大都市区发展带来的成果。

二 空间结构

根据郑州周边地区自然条件和现状基础，结合河南省主体功能区规划、新型城镇化规划等相关规划，突出重点，合理布局，构建以郑州为核心，以郑汴、郑新、郑许、郑巩、郑焦为发展轴带，以郑州中心城区、开封中心城区、新乡中心城区、许昌中心城区和焦作中心城区为支撑的格局，以点串线，以线带面，形成"一核携领、五轴贯通、五星联动"的空间发展格局。

（一）一核携领：郑州市

"一核"即以郑州市为核心，范围包括郑州中心城区、郑东新区、郑州航空港经济综合实验区、高新技术产业集聚区、经济技术产业集聚区、新郑、新密、荥阳、上街、登封等区域。按照"一主一城三区四组团26个新市镇"空间布局，围绕国家中心城市建设这一目标，以提升国家区域性中心城市地位为重点，以推进郑州航空港经济综合实验区建设、郑洛新国家自主创新示范区和河南自贸区郑州片区为突破口，按照建设大枢纽、发展大物流、培育大产业、塑造大都市和打造国家中心城市的发展方向，着力增强高端要素集聚、科技创新、文化引领和综合服务功能，着力推进国际化立体综合交通枢纽建设，着力构建联通境内外、辐射东中西的国际物流中心，着力培育以开放经济和智慧经济为统领、先进制造业和高成长性服务业为主体的现代产业体系，着力塑造以现代、田园、智慧为主要特征的开放型国际大都市，持续提升郑州的国内辐射力、国内外资源整合力和国际影响力，走出一条符合中原实际、具有示范效应的区域中心城市现代化发展道路，将郑州打造成为国际性现代综合立体交通枢纽、中西部对外开放门户、全国重要的先进制造业基地，国际物流中心、国家区域性现代金融中心、具有国际竞争力的中原创新创业中心、华夏历史文明传承创新中心。

（二）五轴贯通：北部郑新发展轴、南部郑许发展轴、东部郑汴发展轴、西部郑巩发展轴和西南部郑焦发展轴

依托郑州承东启西、连南贯北的区位优势，加快推进京广、陇海铁路，郑机、郑汴、郑焦城际铁路，郑开大道、沿黄快速通道等区域通道建设，增加通道密度，提升通道功能，积极构建以高铁、城铁、地铁、高速公路、快速通道为主体的现代化综合交通运输体系，合力打造东西南北发展轴，形成支撑郑州大都市区发展的基本骨架。

——郑新发展轴。依托 G107、S311、京港澳高速、郑新城际铁路等复合交通走廊，加快推进平原城乡一体化示范区、沿黄经济带、新乡中心城区和北部太行山旅游健康产业带建设，把平原城乡一体化示范区作为郑州和新乡中心城市的卫星城区、新乡对接郑州发展的桥头堡，把沿黄经济带作为向郑州开放的前沿高地，将新乡中的城区作为区域组团发展的"试验田"，将北部太行山旅游健康产业带作为郑州组合型大都市区人民健康休闲的"后花园"。以交通一体、产业协作、基础设施共建共享为突破口，积极对接郑州发展，为郑新融合发展提供较强的节点支撑。

——郑许发展轴。依托许昌与郑州航空港经济综合实验区得天独厚的地缘优势，以 107 国道、许昌至新郑机场快速通道，郑万铁路、郑合铁路、新郑国际机场至许昌城际铁路等复合交通走廊为发展轴线，立足初步形成的电力装备、电子信息、新材料等高端产业基地，大力发展高端制造业，加快发展航空物流业，谋划推进区域分销中心、电商配送基地等项目，构建物流、信息流与特色空运产品配套衔接的临空产业链，促进长葛、禹州等重要节点城市发育，着力打造中原城市群重要增长极。

——郑汴发展轴。围绕郑开大道、郑汴城际铁路等交通走廊重点推进四个对接。一是推进城市功能对接，强化开封的文化、教育、旅游、休闲、娱乐功能，加快郑州的休闲、娱乐等服务功能与开封衔接，实现郑汴两市功能互补。二是推动郑州、开封相向发展，推进空间对接。加快郑东新区建设，适时向东拓展，推动中牟组团和白沙组团加快发展与汴西新区对接，进一步密切空间联系。三是统筹产业布局，推进产业对接。积极引导郑州的制造业、物流业等产业向东布局，开封新上工业、物流、高新技

术等产业向西集中，逐步形成紧密相连的新兴产业带。四是推行教育、科技、文化、旅游资源共享、金融同城和生态共建，推进服务对接。

——郑巩发展轴。依托 310 国道、连霍高速、陇海铁路、郑西高铁等交通通道，连接郑州中心城区、荥阳、上街、巩义等，引导产业和人口向沿线城镇集聚，加强产业集聚区建设和城镇发展，加快电子信息、装备制造、铝工业、石油化工等产业发展，培育形成先进制造业和城镇密集带，打造郑洛一体化发展主动脉。依托 S314、沿黄大道等交通通道，联系古荥、广武、北邙、汜水、河洛、邙岭等乡镇，积极整合沿线旅游资源，加快推进景区和旅游景点开发，着力强化生态建设和环境治理，在郑巩北部地区打造贯穿东西的沿黄景观带和风景旅游带。

——郑焦发展轴。依托桃花峪黄河大桥、郑焦城际铁路和迎宾路南延黄河大桥等交通通道，发展郑焦直通路线、加强城际不同交通方式之间的中转服务，提高郑州到焦作、焦作到各区县之间的交通便捷程度，夯实"半小时核心圈"。大力推动郑焦工业产业集群化发展。依靠焦作较好的经济基础和较为完善的产业链条，连接郑州航空港经济综合实验区和山西国家资源型经济转型综合配套改革试验区，重点突出城乡一体化示范区、武陟县在连接两区中的枢纽作用，积极吸引生产制造、金融后台服务等产业环节落户焦作，与郑州形成产业链上下游的合作模式。搭建跨区域产业对接服务平台，探索项目合作、共建产业园区、科技成果转化等多种模式，促进区域协同发展。充分利用郑欧班列、新郑机场、郑州商品交易所等平台设施，衔接郑州国际陆港、航空港，发展对内对外的商业和贸易，构建国际国内储运中心和跨境贸易电子商务分拨配送中心。

（三）五星联动：新乡市、许昌市、开封市、焦作市、巩义市

加快推进新乡、许昌、开封、焦作、巩义五市发展，积极壮大经济实力，着力增强要素集聚、科技创新、高端服务能力，积极发挥五市中心城区的规模效应和带动效应，培育打造郑州大都市区的五大副中心城市，着力强化郑州大都市区发展的战略支撑。

——新乡市。按照"借势航空港、共建大都市、承担大功能、形成大

合力"的总体思路,实施五大工程,加强与郑州都市区的协同发展。一是对接航空港工程,依托平原示范区、原阳县产业集聚区等区位优势,规划建设郑州航空港专属配套专业园区,积极对接郑州航空港。二是郑新产业融合发展工程,围绕工业、农业、商贸服务业,错位发展、联合发展、互补发展、转移发展,推进郑新产业融合发展。建设全国重要的生物医药、电池电动车等新兴产业生产研发基地,郑州—新乡农业科技走廊、特色花卉基地、黄河北岸新乡生态休闲走廊,构建"旅游同线不同景,旅游资源互补"格局,实现旅游同城。三是商贸物流对接工程,充分发挥毗邻郑州优势,以同城化服务为目标,推进商贸物流等专业化服务功能对接。建立共同的商贸流通圈,构建郑新物流合作机制,实现物流同城。四是交通快速通道网络体系工程,规划建设郑济铁路新乡段、郑新南快速轨道交通、G107改线以及兼顾黄河两岸便利通行和观光旅游的交通通道。五是公共服务对接工程,加快金融同城推进步伐,建立人才、科技、教育、文化资源共享和联动机制,积极推进电信同城,加快电信同城步伐,实现统一区号,拓宽互联网国际出口通道。

——许昌市。发挥交通区位优势,加强与郑州航空港的全面对接,依托铁路、高速公路、快速通道,构建融入"一带一路"的多式联运体系。加快郑万、郑合高铁和三洋铁路许昌段建设,积极推动郑许轨道交通,适时启动城市轻轨建设,打造内捷外畅的轨道交通体系。建设创新平台,力争实现城乡一体化示范区升级为国家高新区、融入郑洛新国家自主创新示范区,推动各县(市、区)产业集聚区创建省级高新区。加快产城融合发展,坚持以业立城、以业兴城,加快推进许港产业带和新能源汽车产业园、生物医药产业园、信息智慧产业园建设,进一步完善生产生活服务配套,努力建设和谐宜居、富有活力、特色鲜明的现代化城市。

——开封市。紧紧围绕建设打造郑州大都市区核心增长极一个目标,强化新型工业化城市和国际文化旅游名城两个定位,抢抓国家"一带一路"战略、中原经济区及郑汴一体化发展、郑州航空港经济综合实验区及河南自贸区建设三大机遇,按照"带状布局、片区开发、园区建设、组团发展"的基本思路加快汴西新区建设,着力建设融居住办公、科研教育、旅游休闲、商贸物流、现代农业为一体的生态型、现代化、复合型新城区。完善基础设施体系，实现区内基础设施"九通一平"。强化新区产业支撑，抓好重点项目，加快产业聚集，着力打造高端制造业、现代服务业、战略新兴产业、都市生态农业四大产业基地。统筹新区经济社会协调发展，合理安排空间布局，满足新区居民工作、生活等多样化需求。按照"交通一体、产业链接、服务共享、生态共建"的要求，积极推进郑汴一体化发展，加快实现与郑州发展的对接。

——焦作市。紧紧围绕郑焦融合发展，优化郑焦高铁、高速、黄河大桥沿线产业布局，发展壮大装备制造产业集群、现代化工产业集群、食品产业集群、生物医药产业集群、新材料产业集群、汽车及零部件产业集群等六大产业集群。加强与郑州航空港经济综合实验区对接，重点推进焦作（中站）物流金融港、河南（武陟）国家干线铁路公路物流港、德众大罗塘国际农产品集散中心等项目建设，吸引郑州生产制造、金融后台服务基地等产业环节转移；积极推动商贸合作，支持郑焦铁路沿线发展"轨道商业"；推动文化旅游联动，开发黄河旅游资源，走"两拳"强强联合，形成黄河文化旅游精品。加强与晋城、新乡、洛阳、济源等周边城市合作，促进区域经济一体化发展，加快建设中原经济区经济转型示范市，努力把焦作打造成为更具活力、更具吸引力、更具竞争力的新型工业城、区域中心城、知名旅游城、生态宜居城、太极文化城。

——巩义市。充分利用巩义市的产业基础优势、生态环境优势和交通区位特点，以打造现代化区域性中心城市为目标，以建设山水宜居城、现代工业城和历史文化城为方向，加快实施交通先行、中心城区核心带动战略，拉大城市框架，提升综合服务功能，打造山水宜居城；坚持"两化一高"方向，围绕传统产业转型脱困，坚持长短结合、标本兼治、内外合力、分类施策，加快巩义工业脱胎换骨式改造，着力建设先进制造业强市；以申报国家历史文化名城为抓手，加大历史文化遗存保护和开发力度，加快建设沿伊洛河旅游产业带、南部山区风光旅游带和康店明清文化名镇、站街唐文化名镇、河洛文化名镇、新中生态旅游名镇，着力打造中原地区重要的旅游集散中心、全国一流的旅游目的地。

三　功能分区

依据不同区域的资源环境承载力、现有基础条件和开发潜力，将郑州大都市区发展区域划分为城乡建设区、特色农业区、生态保护区三类功能区。

——城乡建设区。主要包括郑州市、开封市、巩义市、新乡市、焦作市、许昌市等城市的中心城区，以及各乡镇规划区、产业集聚区和专业园区、农村居民点、重点工矿区等地区，是郑州大都市区发展中进行城镇建设、产业发展、新农村建设和各种设施配置的重点区域，是推进新型工业化、新型城镇化发展的主战场。

——特色农业区。主要包括中心城区周边及沿线地区被划定为基本农田和一般农用地的区域，是推进农业生产、发展现代农业的重点区域，是推进新型农业现代化和绿色化发展的关键板块，重点发展粮食作物种植、林果产业、特色种植、畜牧养殖、都市观光农业等产业。

——生态保护区。主要包括区域内北部邙岭、南部山区、黄河滩区、沿洛河地区、沿伊河地区、南水北调沿线地区、连霍高速沿线丘陵地区、采矿塌陷区等区域，是维护郑州大都市区发展生态安全、提供休闲游憩场所等的重点区域。要严禁不符合功能定位的各种开发建设行为，加强生态建设，增强生态功能，适度发展观光农业、生态旅游等生态经济。其中各类自然保护区、森林公园、风景名胜区、水源保护区、果树保护区、基本农田保护区等必须严格保护，不得用于开发建设。

第三节　郑州大都市区空间整合的调控策略

围绕郑州大都市区建设的空间布局和基本原则，突出重点领域，强化路径创新，协同优化城市空间布局，协同推进城乡发展一体化，协同提升基础设施互联互通能力，协同促进产业分工协作，协同共建现代市场体系，协同共享基本公共服务，协同共创区域生态环境，协同打造开放合作新高地。

一　协同优化城市空间布局

推进郑州、开封、新乡、焦作、许昌、巩义空间布局一体化，形成六市区之间、城乡之间联动发展的生产力布局和层次清晰、结构合理的城镇形态。进一步深化规划体制改革，加强对各类规划的统一管理，强化各类规划的系统性、规范性、科学性和权威性，逐步建立相互配套衔接、管理有序的规划体系。按照大都市区建设的思路，统一科学编制完善六市生产力布局规划、城镇体系规划、镇村规划、土地利用总体规划、水利规划等，努力构筑六市联动发展、整体推进的空间发展形态。克服长期条块分割的影响，逐步改变六市之间生产力重复布局、产业结构与城镇职能雷同等不合理现象，进一步优化生产力布局规划。在六市范围内统一规划布局重大产业发展项目、重大公共事业项目、重大社会发展项目，进一步提高资源配置效率和设施共享度。

二 协同推进城乡发展一体化

坚持走新型城镇化道路，创新城乡发展一体化的体制机制，充分发挥郑州市龙头核心带动作用，着力强化新乡市、开封市、许昌市、焦作市的副中心城区地位，积极突出巩义市、荥阳市、新郑市、登封市、长葛市和禹州市的战略支撑作用，着力强化沿线各乡镇和产业集聚区的战略支点作用，有序推进农业转移人口市民化，加强城乡基础实施和公共服务设施建设，加快推进新农村建设，强化农村综合环境整治，着力形成以工促农、以城带乡、工农互惠、城乡一体的新型工农城乡关系，开创形成城乡发展一体化的新格局。

三 协同提升基础设施互联互通能力

按照统筹规划、合理布局、共建共享、互利共赢原则，以重大项目为抓手，充分发挥交通基础设施建设的先导作用，加快推进能源、水利、信息等基础设施建设，着力提升基础设施互联互通能力与现代化水平，共同建设布局合理、功能配套、安全高效的现代基础设施体系，着力夯实郑州大都市区发展的现实基础。共同完善高铁、城铁、地铁、民航、城际公交等综合运输体系，统筹郑州大都市区交通规划与建设，畅通内外通道，完善交通网络，强化枢纽功能，加快形成布局合理、衔接紧密、内通外联、便捷高效的综合运输体系，着力构建半小时交通圈。协同增强能源保障能力，根据区域环境承载能力和大气污染防治要求，科学布局、统筹推进能源基地建设，完善能源供输网络，提升能源设施共建共享水平。着力推动水利工程共建，确保区域防洪安全、供水安全、生态安全和粮食生产需要，推进区域内黄河干流及主要支流水利设施共建，统筹水资源开发、利用、节约、保护及水害防治工作。统筹信息基础设施建设，统一规划、集约建设数字化、宽带化、智能化、综合化、一体化的信息设施，促进资源共享，做到通信同网同费。

四　协同促进产业分工协作

充分发挥地区比较优势，以市场为导向，以企业为主体，以推进产业链跨区域布局、共建产业合作平台等为重点，促进城市间产业协作配套，推进产业跨区域布局，鼓励企业跨区域重组联合，构建横向错位发展、纵向分工协作的产业分工协作体系。联合提升工业发展水平，以优势产业和骨干企业为龙头，联手打造电子信息、装备制造、生物医药等优势产业集群，延长产业链，提升产业层次，合力建设全国先进制造业基地和战略性新兴产业基地。合力发展现代服务业，重点在文化旅游、现代物流、金融保险、信息服务等领域展开深度合作，提质增效，全面提升区域服务业发展水平。协同发展现代农业，稳定提高粮食生产能力，积极发展高产、优质、高效、生态农业，构建区域共享的农业服务体系，建设特色农产品生产与加工基地。协同推进自主创新体系建设，联合组建产业技术创新联盟，加强创新平台共建和资源开放共享，联合攻关共性关键技术，推动科技成果转化运用。建立产业协同发展机制，建立健全产业转移推进机制和利益协调机制，搭建产业合作平台，共建产业集聚区，逐步统一土地、环保等政策。

五　协同共建现代市场体系

突破行政区限制和体制障碍，全面清理阻碍生产要素和商品自由流动的各种不合理规定，统一市场规则，加快发展统一、开放的商品市场和要素市场。实行统一的市场准入制度，促进区域市场主体登记注册一体化。完善区域金融服务网络，支持地方金融机构互设分支机构，探索建立郑州大都市区一体化的存取款体系、支付与资金结算体系。完善人才评价体系和就业管理服务网络，健全统一规范的劳动用工制度和就业信息跨区域共享的人力资源市场体系，实现各市互认培训和鉴定结果，促进人力资源跨区域流动。建立互联互通的技术交易市场，实施统一的技术标准。打造信息平台，依法实现信用信息公开与共享。取消商品流通、市场准入等限制，推进商品、生产资料等市场一体化。鼓励建立区域性行业协会。

六　协同共享基本公共服务

秉持均衡共享理念，以保障和改善民生为重点，加强公共服务交流合作，合理配置基本公共服务资源，建立健全资源要素优化配置、共建共享、流转顺畅、协作管理的社会公共事务管理机制，加快推进区域教育、文化、医疗和社会保障等基本公共服务一体化建设，推动基本公共服务同城化、均等化。推进教育合作，支持各类教育跨区域合作办学和交流，鼓励共建职业教育培训和公共实训基地。推进医疗资源跨区域共享，引导郑州市、新乡市、焦作市、许昌市等优质医疗资源向其他城市辐射，促进各市医疗卫生资源联系协作，推动重大疫情联防联控。推进文化、体育等公共设施共享。推动医疗保障、养老保险的区域统筹和无障碍转移接续，实现基本医疗保险定点医疗机构互认和就医医疗费用联网结算。协同创新社会管理，构建区域协调一致的社会公共事务管理机制，重点加强在人口联动管理、社会治安综合治理、防灾减灾、安全生产、应急处置等方面的合作，形成社会服务和管理合力，为区域和谐发展提供有力保障。

七　协同共创区域生态环境

建立健全跨区域生态环保联动机制，编制实施郑州大都市区发展环境总体规划，严格按照主体功能定位推进生态一体化建设，加强生态环境综合治理，推动区域绿色化发展，共建天蓝、地绿、水清的生态文明家园。加快生态环境建设，共建以黄河、伊河、洛河、南水北调为重点，以山地、森林、湿地等生态系统为主体，以自然保护区、森林公园和风景名胜区为支点的生态保护屏障。加强跨区域生态工程建设，联合开展重点流域水污染治理，加强跨区域大气污染防治。提高资源利用水平，大力发展循环经济，倡导绿色低碳生活方式，共促区域绿色发展。建立区域生态环境保护合作机制，完善环境污染联防联治机制，建立区域生态补偿机制，健全生态环境监测、信息沟通、联合执法、重大环境事件协调处理机制。

八 协同打造开放合作新高地

实施更加积极主动的开放合作战略，着力发挥郑州航空港经济综合实验区、河南自贸区对外开放重要门户作用，积极强化郑州大都市区的整体优势，创新对内对外开放和交流合作机制，打造高水平开放合作平台，大力发展内陆开放型经济，全面提升对外开放水平，打造内陆开放合作新高地。强化郑州、洛阳丝绸之路经济带重要节点城市建设，积极参与和融入"一带一路"建设，重点推动东向出海口和西向欧亚大陆桥的对外开放大通道建设，巩固提升郑欧班列领先地位。联合打造区域开放平台，协同建立河南自贸区郑州片区和国家进口贸易创新示范区，推动郑州跨境贸易电子商务服务试点，推进郑州综合保税区建设，加快郑州进口肉类指定口岸、洛阳铁路集装箱站口岸等建设，推进区域通关一体化建设。强化招商引资工作，建立招商引资联动机制，共建招商平台，实施区域联合招商。全面加强区域合作，重点推进与京津冀、长三角、珠三角、长江中游、成渝、关中—天水等城市群的战略合作。

第九章

郑州大都市区的产业错位
互补与链式发展

产业发展是郑州大都市区建设的重要支撑，大都市区内部产业要有合理的分工协作，只有分工合作，才能使各地比较优势得到充分发挥，才能避免各自为政、重复建设、同质化竞争，才能实行资源互补、利益共享、共同发展。郑州大都市区的产业错位互补与链式发展，要根据都市区内各地的资源禀赋、区位交通条件、产业技术基础和发展前景，对相关城市区域特别是对中心城市与外围地区进行科学合理的产业分工定位，明确各自的产业发展重点和方向。

第一节　郑州大都市区产业发展现状

一　总体情况

2014 年，郑州大都市区国内生产总值达到 10460.7 亿元，占河南省全省 GDP 的 30%，三次产业比为 4.1 : 52.4 : 43.5。从产业结构看，郑州大都市工业比重超过 50%，分区域来看，开封市、新乡市、焦作市、许昌市纳入郑州大都市区的部分也是工业比重超过服务业比重，说明郑州大都市区整体产业结构还有待优化。而郑州中心城区三次产业比值为 0.4 : 28.9 : 70.7，服务业比重占到 70%，符合郑州大都市区的城市产业发展趋势，中心城区以服务业为主，工业向周边城市扩散。

表 9 - 1　2014 年郑州大都市区产业发展情况

单位：亿元

类别	生产总值	第一产业生产总值	第二产业生产总值	第三产业生产总值
郑 州 市	6777.0	147.1	3487.1	3142.7
开封市部分	831.3	117.4	366.8	347.5
新乡市部分	733.7	37.0	339.1	357.7
焦作市部分	918.7	68.8	523.6	326.3
许昌市部分	1199.9	58.8	769.3	371.8
合 计	10460.7	429.1	5485.9	4545.9

　　说明：a. 开封市、新乡市、焦作市、许昌市数据是按照统计年鉴的分类，由郑州大都市区所包含的县或者县级市加总城市所辖区，由于城市新区和开发区不在年鉴统计范围之内，所以上述表格的数据中心城区部分没有涵盖城市新区和开发区，如新乡市部分：红旗区、卫滨区、凤泉区、牧野区、原阳县。b. 开封县升级为祥符区，2015 年河南统计年鉴是按照开封县统计，所以开封市部分，包括开封县的数据。

　　资料来源：《河南统计年鉴》。

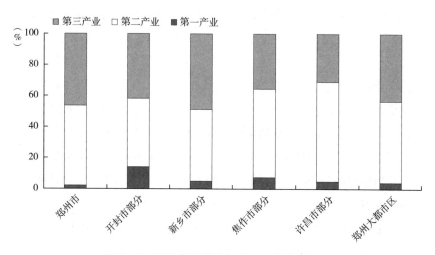

图 9 - 1　2014 年郑州大都市区三次产业比重

　　2015 年郑州市全市生产总值达到 7315.2 亿元，在全国 27 个省会城市排名中由第 8 位前移至第 7 位，全省首位度由 2010 年的 17.5% 提高到 19.8%；地方财政一般预算收入达到 942.9 亿元，全社会固定资产投资累计完成 2.3 万亿元。2015 年郑州市三次产业结构比调整为 2：49.6：48.4。工业在经济中的比重由 52.7% 下降到 43.6%，工业中战略性新兴产业比重由 2010 年的 36.5% 增加到 49.4%，实现了服务业比重首超工业、工业中战略新兴产业比重超过传统高耗能产业的两大历史性转型。2015 年郑州市服务业同比增长 11.4%，高于全国 8.3% 和全省 10.5% 的增长率，服务业增加值占 GDP 比重达到 48.4%，比上年同期提高了 2 个百分点，高于全省 39.5% 平均水平，低于全国 50.5% 的平均水平；服务业对 GDP 增长贡献率达 47.1%，仅比工业低 0.5 个百分点，比上年提升了 7 个百分点；服务业已经成为拉动全市经济企稳回升的主动力。

二 主导产业发展情况

郑州大都市区内各县市都明确产业发展方向，产业发展思路明晰。由于行政区划的影响，下文还是按照行政区划梳理主导产业发展情况。

（一）郑州市（全域）

郑州市坚持集约集聚集群发展，现代产业体系构建实现新突破，形成了大都市战略支撑产业体系。以各类开发区、产业集聚区和服务业"两区"为载体，坚持"一区一主业"定位，坚持"引外、培内"并举，大力推进产业结构调整。强力实施"工业强市"战略，以汽车及装备制造业、电子信息工业、新材料产业、铝及铝精深加工产业、生物及医药产业、现代食品制造业、家居和品牌服装制造业七大工业主导产业为支撑，深度推进"两化"融合。2015 年 1~11 月，七大工业主导产业累计完成规模以上工业增加值 2117.86 亿元，占全市规上工业比重的 71%。大力发展现代物流、商贸、金融、文化创意旅游、高技术服务和房地产、公共服务七大服务业主导产业，七大服务业主导产业累计完成增加值 3451 亿元，占全市规上服务业的 97% 以上。

表 9 – 2　2015 年郑州市服务业主导产业情况

单位：亿元,%

产　业	增加值	同比增长
物流业	325	2.2
商贸业	748	6.9
金融业	667	19.1

产　业	增加值	同比增长
文化创意旅游业	667	122.4
高技术服务业	166	5.9
房地产业	411	10.4
公共服务业	467	14.7

（二）开封市（中心城区和尉氏县）

2015 年，开封市出台《开封市"百千"亿级优势产业集群培育行动计划》，一是将装备制造（汽车及零部件）产业集群培育成为主营业务收入千亿级产业集群，以汴西产业集聚区空分特色产业基地、汴东重工机械装备产业基地为平台，培育港尉新区精密机械产业园区，推进"互联网＋制造"。要发展汽车及零部件产业，重点发展新能源汽车锂电池、驱动系统、控制系统等关键零部件配套企业。二是打造 500 亿级优势集群，打造尉氏县纺织产业集聚区和祥符区纺织产业带，大力承接龙头和配套企业组团式集群式转移；强化专业配套，推动纺织服装产业调整升级；做强做大农副产品深加工产业（部分在郑州大都市区范围内）。三是打造百亿级新兴集群，以港尉新区和市城乡一体化示范区电子信息产业园、德豪光电产业园为主要平台，打造电子信息产业制造基地、智能终端产业基地和软件信息服务基地，将旅游业作为服务业主导产业，2015 年实现旅游综合收入 245 亿元。

（三）新乡市（中心城区和原阳县）

新乡市大力推进"4325"产业发展工程，优化提升装备制造、食品加工、纺织服装、现代家居 4 大支柱产业，延长产业链条，形成产业集群，培育龙头企业，支撑新乡发展；重点突破电池电动车、生物与新医药和电子信息 3 大新兴产业，抢占未来发展制高点，大力发展大旅游大健康产业。

（四）焦作市（中心城区和武陟县、温县）

2015 年焦作市规划了中心城区九大产业园，如焦作（焦煤集团）新

第九章　郑州大都市区的产业错位互补与链式发展

材料产业园、风神轮胎产业园、河南佰利联精细化工和新材料产业园、中铝中州铝工业园、多氟多新能源产业园、厦工机械（焦作）产业园、中轴集团汽车零部件和通用机械产业园、中国兵器工业焦作光电产业园、健康元生物产业园。实现中心城区骨干企业快速发展，特色产业园区不断壮大，中心城区工业整体规模明显扩大。2015 年，规划的首批十大产业园区销售收入突破 1000 亿元，年均增长 40% 以上；中心城区工业销售收入突破 1500 亿元，规模以上工业增加值年均增长 16% 以上。2015 年，十大产业园区高耗能产业销售收入占总销售收入的比重下降到 32% 以下，较 2009 年下降 38 个百分点，十大产业园区终端产品销售收入所占比重达到 40% 以上，实现产业结构优化升级。2015 年温县装备制造、食品加工、制革制鞋三个主导产业完成主营业务收入 397 亿元，加快推进太极拳开发、文化旅游区建设。武陟县主导产业为生物医药和装备制造，2015 年底武陟集聚区装备制造产业集群完成主营业务收入 392 亿元，形成了高端造纸装备、汽车配件、磨料磨具、粮油机械、工业制动器五大产业。

（五）许昌市（中心城区和长葛市、禹州市）

许昌市提出建设"四基地"，即先进制造业基地、临空经济基地、现代物流基地、生态健康养生基地，加快构建许港产业带，推进实施十大产业链发展计划，优先发展电力装备首席产业链，培育壮大新一代信息技术、工业机器人、新能源汽车三大新兴产业链，优化提升生物医药、汽车及零部件、电梯、食品及冷链、超硬材料及制品、再生金属及制品六大优势产业链，推动工业结构优化升级。2015 年，装备制造业集群主营业务收入达到 1609 亿元。

第二节　产业链重构：郑州大都市区产业的分工与协作

一　大都市区产业分工模式：全产业链分工

在大都市区的产业冲突中，当前较为突出的问题是各地均竞相发展同一产业甚至同一产品而出现产业结构雷同和基础设施重复建设现象，各城市甚至各工业园区在招商引资、产业发展等方面展开激烈的竞争。从某种程度上讲，区域产业结构趋同可以被看作是区域产业竞争和冲突的结果，它既可能会产生消极的负面影响，也可能会产生积极的正面影响，是一个中性的概念。然而，在过去的讨论中，学术界往往对区域产业结构趋同现象做贬义的理解，认为产业结构趋同似乎只是一种负面的效应，产业结构趋同不仅会造成恶性竞争，产生投资浪费和效率损失，形成严重的重复建设和生产能力过剩，而且会危害国民经济素质，影响规模经济的形成、产业技术的升级和核心竞争力的提高，笔者认为这种看法值得商榷。

（一）正确认识产业结构趋同

国内外的经验已经表明，产业结构的趋同并非意味着地区间分工和专业化的弱化。近年来，随着经济全球化的推进和科学技术的迅猛发展，地区间产业分工出现了由传统的部门间分工逐步发展为部门内的产品间分工，进而又开始向产业链分工方向发展的趋势。在这种新型区域分工格局下，一方面是出现产业结构趋同的趋势，另一方面区域产业分工和专业化却在不断深化。也就是说，产业结构趋同并非一定意味着区域产业分工的弱化。恰恰相反，产业结构趋同与区域分工深化可以并存。最近的研究表明，近年来美国城市的部门专业化在不断弱化，即出现了产业结构趋同的趋势，而其功能专业化则在逐步提高，城市间产业分工在进一步深化。也就是说，大城市的经营管理职能在不断加强，而中小城市的生产制造功能在逐步强化。

以浙江省服装工业为例，浙江省纺织服装工业的 85% 集中在绍兴、宁波、杭州、嘉兴、温州、湖州等地，虽然这些城市都在发展服装工业，但其产品差异较大，部门内产品间分工和专业化在进一步深化。比如宁波侧重生产男装，是我国大规模、大品牌的西装、衬衫生产与销售基地；温州侧重生产男装和休闲服；杭州侧重生产女装；湖州织里主要是童装，为我国最大的童装生产销售基地。在长三角地区已形成产业链不同环节和阶段进行分工的格局，跨国公司和江浙企业不把公司总部、区域总部和研发机构建在上海市中心区，而把生产制造基地建在上海郊区和江浙地区，由此形成一个一体化的产业链分工格局。

都市区内产业冲突而出现的结构趋同现象,不一定会导致产业分工的弱化,结构趋同与分工深化是可以同时存在的。当然,如果各地区在低水平上重复建设,自成体系竞相发展同一产业甚至同一产品,由此形成过度竞争的局面,这种由恶性冲突造成的产业结构趋同,也将会导致区际分工的弱化和资源配置效率的下降。对于这种结构趋同现象,应采取相应措施进行防范和妥善解决。比如郑州市食品工业产业集群,三全和思念两大速冻食品龙头企业产品同质化现象严重,导致企业间过度竞争。

(二) 产业链分工

从产业链分工来看,一个企业的价值链可以分为不同的环节,即从总部、R&D、产品设计、原料采购、零部件生产、装配、成品储运、市场营销到售后服务,每一个环节都可以选择在不同的地区进行投资。在这种情况下,随着经济全球化和区域一体化的加快,珠三角、长三角和京津冀等地区已经按产业链的不同环节、工序甚至模块进行分工,在这些大都市区内,大都市中心区着重发展公司总部、研发、设计、培训以及营销、批发零售、商标广告管理、技术服务等环节,大都市郊区(工业园区)和其他大中城市侧重发展高新技术产业和先进制造业,周边其他城市和小城镇则专门发展一般制造业和零部件生产。

(三) 产业链与城市合作

现代产业发展的主要载体是产业集聚,产业集聚表现在两个方面,一是同一环节的企业往往具有产业集聚的倾向,二是上下游环节之间呈现出集聚发展的状态。产业集聚的发展加快了工业发展的速度,带动了人口在一定地域范围内的集聚,推进了城市化进程。国内外的大型企业跨国、跨地区发展的经验,以及现代通信、交通业的快速发展表明,在产业集聚发展的过程中,产业链上的不同生产环节可以布局在不同的城市,这就为在同一个产业群内发展单个特色化产业的城市提供了可能。在产业发展的基础上,区域内这些城市以特色化的产业链条为纽带联结起来。

从产业集聚的角度来分析大都市区的集聚性,可以看出在区域经济一体化发展的过程中,产业分离的趋势和集聚的趋势是并存的。在一个产业群内会形成一个产业链条，这种产业链上产品交换的各环节之间不存在地域上的必然联系，它可以分布在不同的城市，随着交通和通信技术的飞速发展，各城市间的时间距离短，城市通勤很方便，强化了这种地域上的松散性，以产业链为平台的区域性合作的趋势越来越明显。与此同时，城市的一体化发展在某些方面又表现出强烈的产业集聚倾向。在大都市区内，各城市主导产业间存在密切联系，使之形成有机的产业链条，一个城市的发展变化，往往在整个产业链上，或者说整个区域内引起连带效应，使各个城市间的联系更加紧密。

大都市区要求各个组成城市之间在分工合作的基础上形成密切的产业联系，各城市的特色产业集群是都市区内产业联系的节点，是城市参与都市区内分工的重要方式。一个产业不大可能在单个城市中形成完整产业链，一个城市也不大可能具有支撑产业所有环节的资源要素。随着交通和通信设施的发展，产业链布局的范围不断扩大，很多跨国公司已经实现产业链的全球布局。但是区域性的特色资源决定了特色产业链布局在几个相邻城市之间更为合理和有效。城市特色资源大致可以分为自然资源、生产要素和社会历史文化传统等，其中自然资源不受行政区划的影响，其分布表现出一定的地理连续性，社会文化传统受历史行政区划和地理接近性的影响很大，表现出强烈的地域性特征。城市的地理接近性有利于生产要素的自由流动，因此特色资源强烈的区位指向决定了特色产业集群布局的区域性。大都市区内城市根据特色资源在本城市内的具体细分，发展特色产业链上的不同环节，企业围绕具体的特色资源在产业链不同环节上形成集聚，并进一步发展形成产业集聚。各个城市之间由于产业链的联系而形成特色产业集聚区之间的联系，特色产业集聚区成为大都市区内城市分工合作的基础。

二 国外大都市区内产业合作的经验与启示

（一）引导城市主导产业错位发展

纽约大都市区的规划方案主要由非官方的"纽约区域规划协会"（RPA）负责编制，基本思想致力于"中心"与"外围"的协调可持续发展，对空间资源的优化利用做出合理安排，科学规划城市及都市区发展。1996年，美国正式确立发展纽约都市区的理念和纽约中心的规划思想，发挥产业结构调整中的引领作用，带动周边城市的发展，从而形成纽约都市区各具特色的城市布局。细分产业方面，各城市分工有序，合作互补，如港口，纽约港主要发展高端远洋集装箱运输，费城港从事近海货运，巴尔的摩港定位于矿石、煤炭、谷物等大宗商品，波士顿以转运地方特色商品为主，由此形成科学高效的美国东海岸港口群。

1937年，英国伦敦成立"巴罗委员会"，委员会根据城市发展的不同阶段制定相应的规划方案。从20世纪40年代开始，针对伦敦的城市规划改造"四个同心圈""卫星城"规划相继出台，该规划以及《内城法》等一系列规划与2004年出台的《伦敦规划》成为新时期指导伦敦大都市区发展的重要规划。伦敦大都市区的每一次规划均是结合城市自身和国际发展趋势提出的，具有前瞻性和指导意义。

日本东京大都市区的规划具有政府主导性和前瞻性，东京大都市区规划是由政府主导并取得成功的典型代表，东京大都市区的规划以国际形势变化、国内发展需求等为依据，大约每十年修订一次。总体而言，以东京为极核的中心区重点发展高附加值的服务业，制造业逐渐向周边区域扩散，大都市区内各城市错位发展。

（二）促进现代服务业发展

"创意伦敦"的概念源于20世纪90年代，为了发展文化创意产业，在伦敦发展署之下设立"创意伦敦"工作组和伦敦创意产业评估委员会以及文化产业发展推介中心，并从生活保障体系方面为创意人才解决后顾之忧，采取与自主、租住等居住方式相对应的分层次的住房福利体系，对吸引人才、促进社会稳定起到积极作用。伦敦大都市区吸引使用超过300种语言的大批国际人才，成为名副其实的世界文化之都和人才聚集地。

东京大都市区内，学术研究、专业服务业和技术服务业一般高度集中于大城市中心的中央商务区及其周边，具有很强的城市指向性。2009年，东京共有从事学术研究和专业、技术服务业的事务所约4.6万家，吸引近43.8万相关行业从业人员。高层次人才的集中、多种知识密集型产业在有限空间内的相互碰撞、交流和融合，为孕育创新提供良好的平台环境，给城市不断带来新的活力。

三 郑州大都市产业错位互补与链式发展的思路

郑州大都市区产业发展要注意两个方面，一是链式发展，以产业链、价值链、供应链为基础，形成以区域中心城市为主体，辐射带动周边城市的产业生态体系。二是错位互补，根据自身资源禀赋优势，形成差异化、特色化的产业布局，避免资源重复浪费。根据上述分析，笔者提出郑州大都市区的产业布局和发展思路。

整合区域内资源，着力打造五大产业集群，在集群内各区域实现产业错位和链式发展。一是电子信息产业集群。以智能终端产业为引领，做精应用电子领域的特色产业，重点发展智能手机、平板电脑、智能家电、可穿戴智能终端和北斗导航终端等产品。发展区域以郑州航空港经济综合实验区、郑州经济开发区为主要载体，以新乡红旗区光电信息产业园、平原示范区电子信息产业园、港尉新区和开封市城乡一体化示范区电子信息产业园等为项目承接地，整合中国兵器工业焦作光电产业园资源，推进电子产业集群发展。二是汽车（含新能源汽车）及零部件产业集群。强化郑州汽车制造基地规模优势，瞄准行业未来和市场需求，强力推进新能源汽车和智能汽车产业发展，建设中西部重要的汽车产业基地。发展区域以郑州经济技术开发区和中牟产业集聚区为核心，整合周边资源，如新乡电池产业链、焦作风神轮胎产业园、汽车零部件和通用机械产业园，打造产业链式集群，集聚推动新能源汽车发展。三是高端装备制造产业集群。郑州、新乡、许昌等都提出要发展高端装备制造业，各地区依托自身发展基础，错位发展。许昌市依托中原电气谷，发展电气装备；郑州重点发展机械装备。四是新材料产业集群。重点推进长葛超硬材料及制品产业集群，荥阳市新材料产业基地，登封、新郑非晶带材产业发展，焦作（焦煤集团）新材料产业园等建设，寻求产业间的互补和合作。五是生物医药产业集群。布局以郑州航空港经济综合实验区、新乡华兰生物为主的生物医药产业集群，许昌为主要承接地。此外，要整合发展传统产业集群。一是食品产业集群，巩固农副产品加工、食品制造、饮料制造、烟草制品等产业优势，推进郑州、新乡、许昌长葛、焦作温县等地的食品区域优化整合，推进产业链向食品物流、食品观光旅游等领域延伸。二是服装加工，优化许昌纺织、尉氏纺织、新乡化纤生产、郑州成衣制作等区域分工，打通产业链，实现终端产品错位发展。三是铝精深加工，推进巩义和焦作建设铝精深加工产业基地。

郑州中心城区大力发展现代服务业。以郑州航空港为主要载体，构建世界级物流体系，将各地市作为物流节点纳入总体规划。以郑东新区 CBD 和龙湖金融中心为主要载体，推进郑州金融中心建设。整合区域内旅游、文化、休闲资源，打造文化创意旅游区，同时注重整合周边资源，打造郑州大都市区都市休闲带，吸引郑州市民周末近郊游。

第三节　郑州大都市区的产业错位互补与链式发展的建议

郑州大都市区产业分工合作的动力来自经济规律下各参与方的发展差异、优势互补、利益共赢，区域、城市及企业间的产业分工合作是建立在产业的异构互补和梯度推移基础之上的。近年来郑州大都市区各区域间的产业分工合作积极，是区域共同利益驱动下的必然战略选择。

一　坚持政府引导

区域产业分工合作的发生、发展是区域内不同行为主体基于交易费用下降而引发的制度供给与制度需求共同作用的产物，需要不同区域利益主体共同推动予以实现，其中政府的正确引导是区域产业分工合作优化的基础保障。目前，郑州大都市区存在着严重的重复建设、产业分工不合理、趋同发展，需要都市区内各级政府明确自身角色定位，加强合作，构建都市区内政府有效的合作机制。

（一）建立政府层面的产业协调机制

建立郑州大都市区统一、高效、顺畅的政府协调协商、交流沟通机制，通过政府的主动引导和制度安排，突破体制障碍和行政区划的藩篱，合理定位协调机构的功能定位、完善郑州大都市区产业分工合作运作机制，形成上中下游产业分工合作的新格局。

（二）制定切合实际的产业发展规划

防止各大都市区各城市的产业规划出现盲目建设及发展雷同现象，要加快出台《郑州大都市区产业发展规划》，旨在协调各城市间产业发展的重心和布局；制定区域产业分工合作发展的区域性法律法规。

（三）建立政府间信息资源共享体制

信息交流是区域内政府合作的基础，是区域内政府间是否愿意建立真正合作关系的重要指标。在郑州大都市区内建立动态信息系统，有计划、有组织地进行系统的信息资源开发，根据区域的发展状况进行专题研究，形成区域合作信息库。为区域内的企业及时提供各种各样的市场信息以减少企业投资的盲目性，便于其更有效地获取各种经济信息。政府统计部门的网站也可以为区域经济发展提供决策、咨询和参考信息。加快建设覆盖郑州大都市区、联结国际国内的信息化基础设施和综合服务体系，改变目前各城市独立成网、相对封闭运行的格局，促进信息技术的研究、开发以及广泛使用。鼓励各城市政务信息、经济信息、科技信息、文化教育信息、人力资源信息、医疗卫生信息、旅游交通信息等资源上网。

（四）营造区域利益共享和补偿机制

由于郑州大都市区各地市的产业结构不同，所以在合作过程中会存在优势方和劣势方。这就要求合作优势方给予劣势方一定的补偿，从而使各地市均能享受合作的收益，否则，合作关系就会遭受破坏，彼此利益都会受损。因此只有建立一个有效的区域利益共享和补偿机制，才能平衡各地市政府之间的利益，实现地方政府的共赢。可以建立郑州大都市区公用基金，其用途主要是防止因暂时的利益损失而放弃合作和通过补偿的方式保障短期利益。

二 发挥郑州中心城市作用

从产业整合的角度来看，经济规模的扩大并不一定带来中心城市的扩散效应增强，进而促进都市区内的产业整合。城市的经济规模扩大与城市的经济质量提升之间并没有必然的联系，如果中心城市仅仅是规模较大而缺少与周边城市的经济势能落差，则难以形成彼此之间的人口和物资的"对流"，也难以形成有效的分工与协作。城市的经济规模扩大与城市间经济联系的增强之间并没有必然的联系，如果城市间缺少有效的产业分工，两个经济规模都很大的城市之间很可能只有很少的经济联系，尽管经济发展非常均质化而且总量较大，但经济联系却十分欠缺，单纯扩大中心城市的经济规模并无助于产业的整合。因此，郑州中心城区要作为郑州大都市区的重要的经济增长中心、服务中心（尤其是以知识密集和技术密集为特点的生产性服务中心）、高端制造业中心（高技术、高加工、高附加值的制造业）、创新中心（包括新产品、新技术、新观念、新思想的诞生地，也包括新体制、新机制的发祥地）。

郑州中心城区应重点考虑如何改善其经济发展的弱质性，提升城市的核心竞争能力，来促进郑州大都市区区域合作与发展以及多中心网络化发展格局的形成。就产业整合而言，郑州在大都市区中将不是一般的参与者，而需起到组织者和推动者的作用；不是形成"大而全"的中心，而是在有限的领域内形成有高度的中心，并以此来组织和引导大都市区其他城市具有自身特色与功能侧重的专业化中心的形成，共同实现网络化的发展。

（一）建设现代服务中心

在全球经济由工业经济逐渐向知识经济过渡的阶段，服务活动的竞争力变得与贸易中商品竞争力一样重要，郑州作为服务中心将不仅使中心城市实现与都市区城市的产业错位竞争与互补发展，更使得中心具备组织都市区内经济协作的能力，通过为都市区内城市提供有效的生产性服务来推动各城市之间的产业合作与分工深化。一是构建"买全球、卖全球"的大物流体系，以口岸国际化为先导，全面对接国际市场，着力强化国际物流、区域分拨、本地配送三大体系建设，大力发展跨境E贸易，加快建设"买全球、卖全球"的国际物流中心。要构建国际化口岸对外开放门户，加快建设郑州航空、铁路国际枢纽口岸，提升口岸跨境通关物流能力，打造全国重要的国际邮件转运口岸，建设国际航空邮件集疏分拨中心和郑欧班列对欧运邮集疏分拨中心。二是构建以航空港、国际陆港为核心的国际物流网络，强化与国际物流服务商的合作，完善国际国内双枢纽集疏运体系，构建面向周边六省城市的24小时航空快件集散网。建立以集散型物流为骨干的区域性集疏运服务网络，推进国家现代物流创新发展试点城市工作，着力发展食品冷链物流、医药物流、钢铁物流、汽车物流、家电物流、纺织服装物流以及邮政服务。打造以城市共同配送为支撑的特色城乡物流配送体系，进一步优化电子商务、应急、冷链、快递等城市重要物流基础设施布局。三是打造服务全省、影响全国的"新商都"。四是建设区域性金融中心，加快建设郑东新区金融集聚核心功能区，增强金融业综合竞争力和区域带动力。五是建设商务中心，加快区域性会展中心建设，培育一批知名会展品牌。

（二）建设先进制造中心

对郑州而言，在未来发展的较长时期，制造业仍将占据十分重要的地位，而只有形成高端制造业中心，中心城市才可能避免与周边其他城市间的低水平重复投资和无谓竞争，同时带动大都市区的整体产业水平提升。依托郑州航空港经济综合实验区、郑州经济开发区，培育以郑州航空港经济综合实验区为核心增长极的开放增长板块，加快发展智能终端、新能源汽车、高端装备制造、精密制造、生物及医药等产业；依托郑州高新区、金水区，着力打造以互联网＋制造业为核心的新型工业化创新发展板块，充分发挥科教研发优势，重点推进信息化与工业化融合示范，大力发展北斗设备、电子信息、软件信息、智能装备等产业；依托中原区、二七区、管城回族区和惠济区，打造新型工业化转型升级板块，改造提升品牌服装制造、食品加工等产业。

（三）建设创新中心

创新的能力是大都市区实力的根本体现，中心城市的示范作用将主要通过创新来传导，有利于大都市区的竞争力提升。以郑州高新区为核心区，以郑州航空港经济综合实验区、郑东新区、金水科教园、郑州经济开发区为辐射区，加快郑洛新国家自主创新示范区建设，重点推进建设开放创新双驱动发展引领示范区、战略性新兴产业与现代服务业发展核心区、建设科技金融推动创新创业发展实验区、国家区域性技术转移中心。

三 加强产业分工与合作

解决地区间产业结构高度同构化、竞争过度、合作不足等问题，形成中原城市群内产业的合理分工，在尽可能充分发挥各地优势的基础上，推动产业升级，形成郑州大都市区的整体优势。在郑州大都市区内，三次产业的结构还有待优化，工业结构趋同现象存在，形成了恶性循环、同构—过度竞争—降低价格—利润下降—成本提高—升级困难—产业趋同。铝精深加工、食品加工等工业部门在各个城市的工业结构中基本上还是水平分工而不是垂直分工，产业结构相似性高，产业互补性不足，职能同构化现象制约了城市产业经济协作体系的发育。

（一）加强产业空间协调

如果郑州大都市区不能建立有力的协调机构和完善的区域规划，那么各个城市之间难以建立起有效的合作机制，会导致跨区域基础设施难以顺畅发挥作用，各城市的国土规划、城市规划以及旅游、交通等专业规划之间只从各自的功能要求出发，缺乏协调和沟通，引起诸如用地指标矛盾、内外交通冲突、资源开发混乱、环境污染加剧、水电管网与道路设施不配套等问题。产业空间协调既是从区域的整体协调角度来审视区域发展，又是以产业结构的高度化和整合化为目标来促进区域发展，它强调了区域各种资源要素的整合能力和协同效应，具有全局性和长远性。产业发展在空间上的协调可以充分发挥地区的产业优势，获取整体利益，从而促进地区经济的发展。

（二）推动区域产业整合

经济技术发展水平相差悬殊的地域之间所主要采用的产业分工协调模式是垂直分工模式，而经济发展水平相同或接近的地域之间主要采用的产业分工协调模式是水平分工模式。从目前郑州大都市区产业基础和行业特点来看，垂直分工模式将是目前主要的分工模式，水平分工比重将会随着技术进步、产业化水平的提高逐步增加。要充分发挥各地域的资源和产业优势，按照产业链分工不同打造众多功能型的产业集聚中心，将其总部设在郑州。这样有利于在产业发展初期，集中精力对产业链的不同环节进行精细生产，提高生产和利用效率，同时发挥总部的外联内引优势，通过总部吸收和研发，提高生产和产品的技术含量。

四　重视企业发展

企业发展是区域产业分工合作优化的内在动力。充分发挥龙头企业的带动作用，激发中小企业的创新力和竞争活力，打造郑州大都市区企业网络。鼓励龙头骨干企业优化其产业布局，成立子公司及控股公司，通过联合开发，建设若干大型制造中心、零售中心、研发中心等上下游企业，通过产权链及产业链等分工合作方式实现企业的战略布局。

在郑州大都市区内，实现创新要素共享、创新信息及时更新、区际无障碍流动，在创新层面实现企业间合作共享，提高大都市区内企业创新的效率和竞争力。促进创新要素市场一体化，需要实现高端人才市场一体化、知识产权市场一体化及搭建创新服务平台，完善创新市场一体化体制机制建设。构建郑州大都市区创新收益共享机制，其难点在于突破行政区域经济利益的束缚，通过制度创新，建立创新收益溢出及共享核算标准，在"合作博弈"理念的指导下，使区域创新合作各方获得发展红利。再者，地方政府应积极为企业搭建创新合作平台和合作机会，为企业在创新合作及共享中谋得利益。

第十章
郑州大都市区的交通互联互通

交通运输是经济发展的基本需要和先决条件，是现代社会的生存基础和文明标志，也是联通都市区不同城市最基础的硬件设施和最有效的手段，对促进郑州都市区发展具有重要功能和作用。随着河南五大国家战略的全面实施和新型城镇化的稳步推进，郑州大都市区将进入快速发展阶段，由此将引起人口在空间运动上向城市超强集聚、物资向城市强集聚和弱扩散等现象，城镇化、经济、人口的快速发展对交通基础设施建设不断提出新的要求，加快构建快速、便捷、高效、安全、大容量、低成本的互联互通综合交通网络，将成为郑州大都市区建设的首要任务。

第一节　郑州大都市区的交通基础

郑州地处中原，居于九州之中，交通区位优势得天独厚。近年来，郑州不断发挥中原经济区交通节点优势，大力推进航空、铁路、公路枢纽联动发展，全国综合交通枢纽建设成果丰硕，初步形成了集铁路、公路、航空为一体的立体化交通网络。四通八达的交通系统是郑州大都市区建设的最大优势，是郑州都市区引领中原经济区新型城镇化发展的重要抓手，形成了都市区空间结构的重要支撑。

一　铁路枢纽地位不断增强

郑州号称"火车拉来的城市"，从历史上把郑州与铁路的渊源清晰地展现了出来。铁路对于郑州的发展有着特别重要的意义，20 世纪初，卢汉、汴洛两条铁路的建设，使当年的郑县（郑州的前身）一举成为繁华商埠。此后，伴随着京广、陇海两条铁路的交会延伸，郑州更是一跃成为中国铁路交通的"大十字路口"，由此奠定了郑州作为全国交通枢纽的战略地位。郑州铁路枢纽是京广铁路、陇海铁路交会节点，长期以来承担着全国客货运输集疏中转的重要任务，素有"中国铁路心脏"和"中国交通十字路口"之美誉，具有辐射全国的区位优势和良好的交通基础条件。今天的郑州拥有亚洲解编作业功能最完善的列车编组站郑州北站、中国最大的零担货物转运站圃田西站和高铁十字枢纽站郑州东站。

自新中国成立以来，河南省及郑州市特别注重铁路枢纽的建设，在我国高速铁路的大发展过程中，河南省委、省政府抢抓机遇、加紧谋划，提出围绕郑州构建米字形高速铁路网。米字形高速铁路网是在京广和徐兰"一纵一横"客运专线基础上，以郑州为中心，规划建设郑州至万州、郑州经周口至合肥、郑州经濮阳至济南、郑州经焦作至太原等四条放射线高速铁路。河南的米字形高铁得到了以习近平总书记、李克强总理为代表的中央的高度认可，也得到了铁路部门大力支持和沿线地区的积极合作。目前，米字形高速铁路网规划取得突破性进展，京广客专、郑徐客专已经建成投用，郑州至万州、郑州至合肥高速铁路开工建设，郑州至济南、郑州至太原铁路建设也将相继启动。在"十三五"期间，依托高速铁路和城际铁路网，河南省将以郑州为中心，构建半小时核心圈、一小时紧密圈和一个半小时合作圈。米字形高速铁路网建设，对改善沿线群众出行条件、促进传统农区开放发展、加速沿线城镇现代化进程，形成贯穿我国东北至西南、西北至东南的高效便捷的铁路大通道，完善国家路网结构，优化全国经济发展布局，确保国防战略运输安全具有重要意义。依托米字形高铁网，辐射八方的城镇发展轴带正在形成，构成了郑州大都市区重要的支撑轴带。

二　城际轨道网络从无到有

城市间的轨道交通既是干线铁路服务的补充和完善，又是城市轨道交通服务的延伸和提高。城际铁路在国外大都市区的应用已经有了上百

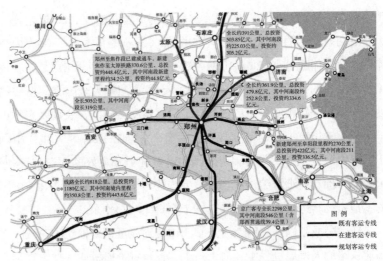

图 10-1 河南省"米"字形高铁网示意

年的历史,虽然在我国起步较晚,但是发展迅速,目前我国的京津冀、长三角、珠三角等较为发达成熟的大都市区城际铁路已经有了较为完善的布局。城际铁路的出现,大大拉近了城市间的距离,为人们的出行和交流提供了便利。为了中原城市群区域一体化发展的目标要求,为了加快推进河南城镇化进程,同时也是为了缓解区域交通紧张状况、完善综合运输结构的现实需求,河南省提出打造中原城市群城际轨道交通网络。

2009 年 11 月 26 日《中原城市群城际轨道交通网规划(2009-2020年)》获得国家发改委批复,中原大地上城际铁路的建设热潮正式开启。根据《中原城市群城际轨道交通网规划(2009-2020 年)》的建设目标和任务,郑州大都市区范围内规划了郑州—开封、郑州—焦作、郑州—新郑机场—许昌、郑州—新乡、焦作—新乡几条线路。郑州至开封、郑州至焦作、郑州至机场三条城际铁路已经建成运营。郑州至开封的城际铁路是河南投入运营的第一条城际铁路。郑开城际铁路于 2010 年 9 月开工建设,2014 年 12 月建成投用,新建线路 49.97 公里,其走向是从郑州南引出,向东到达郑州东区新东站,然后向北引出不远再折向东,穿越郑汴产业带,从中牟北部通过,抵达开封。沿线设郑州东、贾鲁河、绿博园、运粮河、宋城路 5 个车站。郑开城际的开通对于促进郑汴一体化发展,提升郑州大都市区的综合实力具有重要战略意义。随着郑州市人口的膨胀和综合实力的提升，现有的城市框架已经难以满足城市发展的需求，郑州跨越黄河向北发展成为必然的选择，原来的黄河"天堑"在快速推进的交通基础设施面前已经变为"通途"，郑焦城际铁路的修建，迈出了郑州跨越黄河向北发展的关键一步。郑焦城际线路全长 77.8 公里，南起郑州站，利用京广线向北经黄河后，经过武陟县、修武县，沿新月线引入焦作站，沿线设郑州、南阳寨、黄河景区、武陟、修武西、焦作 6 个站，新建我国首座跨黄河四线铁路特大桥。郑焦城际 2010 年 9 月开工建设，已经于 2015年 6 月 28 日开通运营，郑州到焦作由原来的铁路运行 2 小时缩短为现在的 35 分钟，对于加强郑州、焦作两地紧密联系，加速人口和产业集聚，促进焦作与郑州大都市区融城发展，推动区域经济发展，开发沿线旅游资源均具有重要意义。继郑开城际和郑焦城际通车运营后，2015 年 12 月 31日，河南省第三条城际铁路线——郑州至机场城际铁路正式开通运营，从郑州火车站到新郑机场由原来的乘坐大巴 2 个小时缩短到现在的 27 分钟，从郑州东站到新郑机场更是只需要 19 分钟，而且可以避免交通拥堵等不确定因素。郑机城际铁路位于郑州米字形高铁枢纽的"心脏地带"，运营后大都市区现有的 3 条城际铁路将实现"互联互通"，郑州、开封、焦作三市的旅客均可通过这条快速通道抵达新郑国际机场。

三 公路枢纽地位不断巩固

郑州长期以来一直是河南省及中原地区的公路网络中心、国家级公路运输枢纽，京港澳、连霍高速公路以及国道 107 线、310 线在此交会，形成国家公路"双十字"交叉。近年来，河南省按照"核心带动、轴带发展、节点提升、对接周边"的总体要求，以"网络化、向心化"为发展方向，不断加大公路基础设施投资，以郑州为中心的周边地区路网密度进一步增加，路网运行的空间联系网络进一步强化和优化。

2014 年以后，河南省根据《普通省道网规划调整方案（2013 - 2030年)》，对全省路网进行了全面改造升级。当前，以郑州为中心，以京港澳高速郑州段、连霍高速郑州段、郑云高速、郑卢高速、郑民高速、机场高速为放射线，以 G107、G107 复线、郑开大道、郑汴物流通道、S316、郑新（新密）快速通道等若干联络线为补充的高密度、多层次的公路网初步形成。截止到 2014 年底，郑州大都市区内公路通车里程达到 51323 公里，高速公路通车里程达到 1522 公里，郑州至开封、洛阳、新乡、焦作、许昌五市之间的快速通道网络逐步建成，中心城区到周边城市组团之间一级公路快速通道加快建设，以郑州为中心、辐射周边的快速通道网络基本形成。

四 航空枢纽地位正在形成

航空运输业在整个综合交通运输体系中发挥着不可替代的作用，特别是在地理环境不便地区的中、长距离高速客运中占有非常重要的地位，航空运输业的发展水平是一个地区或国家经济现代化程度的重要衡量指标。郑州大都市区内的航空运输重任主要由新郑国际机场来承担，郑州新郑国际机场位于郑州市航空港区内，坐落于郑州市区东南方向，距离郑州市区 25 公里。新郑国际机场是国内干线运输机场、国家一类航空口岸、全国八大区域性枢纽机场之一。

近年来，随着河南省综合实力的提升、居民收入水平的提高、消费结构的升级以及对外经济联系的日益紧密，尤其是在省委省政府坚持民航优先发展战略下，机场设施服务能力显著提升，航线网络更加完善，客货运量实现跨越式增长，河南的航空运输业迎来快速发展时期。2013 年 7 月，国务院批复《郑州航空港经济综合实验区发展规划（2013 - 2025 年）》，郑州航空港经济综合实验区上升为国家战略，按照"建设大枢纽、发展大物流、培育大产业、塑造大都市"的总体思路，举全省之力加快推进，航空港经济综合实验区引领开放、带动发展的作用日益彰显，河南航空运输业务规模快速增长，基础设施建设加快，航空运输网络不断完善，航空运输业取得了长足发展。2015 年，在郑州机场运营的客运航空公司已达 34 家，郑州新郑国际机场开通航线 171 条，其中国际客运航线 22 条；国际货运航线 30 条，居内陆第一，基本形成覆盖全球主要经济体的航线网络。旅客吞吐量达到 1729.7 万人次，"十二"五期间实现了翻番，居全国第 17 位；货邮吞吐量达到 40.3 万吨，"十二"五期间增长 3.7 倍，居全国第 8 位。

通用航空产业作为现代民航业的两翼引擎之一，是现代航空产业体系的重要基础支撑产业，其普及与发达程度，是衡量一个国家和地区航空业特别是民航业发展水平的重要标准。2016 年 5 月 13 日，国务院办公厅出台《关于促进通用航空业发展的指导意见》，提出到 2020 年，建成 500 个以上通用机场，全国迎来了通用航空业的大发展。郑州市提出努力将通航产业打造成上街区的支柱产业，把通航试验区打造成航空港实验区的重要组成部分，把郑州上街机场打造成中原经济区通航枢纽机场，把郑州市打造成全国通用航空经济发展领军城市，郑州的通用航空产业进入快速发展期。根据《河南省通用航空发展规划（2014－2020 年）》，"十三五"期间还将规划建设登封市、焦作云台山、新乡原阳、许昌等通用机场。通用航空业的快速发展对郑州大都市区意义重大，将极大完善大都市区和全省范围航空运输体系，有力助推郑州作为航空枢纽地区的建设。

第二节　郑州大都市区交通发展存在的突出问题

虽然郑州交通发展速度很快，航空、铁路、公路等方面都取得了长足的进步，但是随着经济社会的发展，尤其是小汽车的快速普及，轨道交通的迅猛发展，人们的出行方式正在发生很大变化，大都市区交通系统正承受着越来越大的压力，暴露的问题和面临的挑战也越来越多。

一　交通基础设施总量依然不足

随着城镇化进程的快速推进，交通基础设施无论是总量还是质量都无法满足大都市区经济社会发展需要。既有交通系统无法支撑郑州大都市区空间重构，更无法满足大规模跨区出行的需求。郑州大都市区城际轨道交通系统建设刚刚起步，目前只有郑开、郑焦、郑机三条城际铁路，总通车里程仅有 171 公里，各城市之间的交通往来仍主要靠公路网络，轨道交通出行方式占公共客运比例相对较低，在人口和经济交往愈发紧密的情况下，公路运输网络压力日益增大。公路建设方面，虽然大都市区高速公路网相对发达，但公路支线建设相对落后，公路总量不足，难以满足大都市区快速发展对道路运输的需求。国内外的相关研究表明，高速公路只有形成布局合理的网络，才能显现它的独特优势，更好发挥其运输效益。根据国家高速公路网规划，即使到 2030 年，高速公路网络也只能连接 20 万以上人口的城市，而欧美发达国家的高速公路早已经连接到 10 万甚至 5 万人口级别的城市。虽然经过近些年的努力，河南的高速公路通车里程居全国前列，但是郑州大都市区的高速公路密度与长三角、珠三角等大都市区相比，差距依然明显。郑州大都市区以国土面积计算的高速公路密度为4.9 公里/百平方公里，而同期长三角地区高速公路密度为 7.1 公里/百平方公里，珠三角地区高速公路密度更是高达 9.3 公里/百平方公里。从2010 年到 2014 年，大都市区内公路线路里程从 50296 公里增长到 51323公里，五年仅增长 2%，而同期民用汽车拥有量却呈爆发式增长，从187.9 万辆增加到 390 万辆，五年间增长了 108%，最直接的后果就是大都市区交通拥堵问题日益严重，郑州在全国最拥堵城市排行榜上也"榜上有名"。大都市区内交通拥堵问题愈发严重。由于需求的过快增长，郑州城区基础设施将迎来新一轮建设高峰，未来三年郑州市又有 7 条地铁线进入建设期，大范围、长时间的施工造成的交通拥堵问题愈发严重。河南省城市公交分担率最低的仅 4%，最高的为 26%，与世界上高达 60% 的城市相比差距较大。公共交通系统不够发达，城市公交分担率偏低，最高的为 26%，而世界上成熟的大都市区公交分担率在 60% 左右，差距显而易见。道路犹如城市的血管，若出现阻塞往往导致城市的瘫痪，尤其是在当前，私家车快速发展已经给郑州大都市区交通规划建设和管理带来了严峻的挑战。

二 城市功能与交通枢纽错位发展

与国外成熟的大都市区交通枢纽布局相比，我国多数大都市区内综合交通枢纽与城市的重要功能区是相互分离的，郑州大都市区也是如此。乘坐飞机两头奔波的现象，同样出现在往返高铁车站的过程中，尤其是新建的高铁站，多数布局在城市的"东南西北"。郑州高铁站设在郑州东站，新乡高铁站设在新乡东站，开封高铁站设在开封北站。将高铁站设在离城区十几公里甚至数十公里的地方，一些地方的基础设施、服务设施不配套并未能相应跟上，有些车站甚至不通公交、不通班车，旅客往返非常不便，即便是加快发展轻轨，也无法破解地处偏远所带来的时间成本上升的难题，高铁列车的快捷为旅客节省下来的时间，却在往返高铁站的路上消耗殆尽。铁路枢纽仅仅完成了火车站到火车站的城市间运输服务，与城市的发展规划以及城市内部各种交通方式之间的衔接不够紧密，枢纽功能不能完全发挥，并未真正服务于城市。此外，铁路客运枢纽与城市重要功能区之间缺乏轨道交通衔接或者衔接不畅，导致出入站客流以乘坐小汽车为主，地面交通压力较大。比如，大都市区重要的铁路交通枢纽郑州火车站位于二七广场附近，而大量的商场和写字楼、机关单位等位于市区的金水路附近，相当数量的高校也位于老城区，出站客流主要靠地面交通，种种原因造成附近地区人流量巨大，特别是上下班期间，二七区交通极度拥堵，许多人避之唯恐不及。虽然从长远看，新建交通枢纽布局在偏远地方能够形成新的经济增长点，带动当地经济发展，但是当下却成为制约大都市区互联互通的一大瓶颈因素。

三　交通"最后一公里"问题突出

随着郑州大都市区的快速发展，更多城市交通规划建设管理方面的问题凸显，主要表现在不同交通方式未能得到系统、全面的建设和调整。航空运输、轨道交通和地面交通缺乏系统性的协同规划建设，轨道交通大规模建设并逐步网络化运营后，暴露出综合交通系统的运行效率不高等问题，如公交接驳场站、衔接道路等配套设施未能系统地协同建设，公交系统未能结合轨道建设进行系统的调整。由于缺乏统筹规划和建设，郑州大都市区内的各交通枢纽互联互通效率有限，各种交通方式"最后一公里"问题突出。各种运输方式之间的协调发展有待加强，综合交通枢纽和一体化运输发展滞后，铁路、公路、民航等各种运输方式尚未实现高效衔接，综合运输结构不尽合理，铁路、民航运输需进一步扩大规模；城市交通与外部交通衔接不畅，公共交通发展滞后，致使区域整体交通运输能力难以提升，综合交通效能没有得到充分发挥。这也突出表现在完善大都市区的高速公路运输问题上。高速公路连接不同城市很方便，但如果上下路难，高速公路的方便快捷就大打折扣。现在一些高速公路上下口少，要奔波很远才能上下，口少车多，上下时相当拥挤。每逢节假日，各条高速公路一片拥堵，似乎已经成为一个"规律"。目前郑汴、郑焦、郑机城际的运营效果不理想，主要原因就是没有很好地解决"最后一公里"问题，交通微循环不畅、管理滞后，没有给乘客提供应有的方便。一方面，人们进站乘坐难、出站疏散不便，花费的时间成本和金钱成本高；另一方面，购票方式、车次安排、出入口设置、现场管理等也不够合理，不能完全满足人们的出行需要和心理要求。因此，政府必须通盘考虑中原城市群干线交通建设的时序、配套问题，实施居民乘坐这些交通必需的配套建设。对郑州大都市区来讲，必须把交通的大规模建设和交通的微循环建设结合起来，解决好交通最末端的交通运输问题，也就是交通"最后一公里"问题。

四　交通互联互通体制机制障碍突出

交通优势是郑州大都市区的最大优势所在，但是，交通在快速发展并不断满足经济社会发展需要的同时，体制机制弊端日益暴露，成为制约大都市区进一步发展的瓶颈。这种体制弊端，集中体现在经济社会发展对安全快捷的综合运输体系的需求与分割的行政管理体制之间的矛盾。航空、铁路、公路等分别由航空部门、铁路部门、交通部门管理，甚至同一个城市内的公交和出租车也由不同部门管理。大都市区的交通是一个复杂而又灵敏的系统，在规划、建设与运营管理过程中，需要处理好不同交通方式的分工与职能平衡，需要在公交、汽车动态交通、停车之间合理平衡，需要平衡好现状与长远发展，需要平衡好城市内部与对外交通体系的关系。这些工作需要从交通整体性出发，重视交通复杂性以及局部交通问题、细部交通问题等，系统化解决规划、建设与执行问题，但在目前的体制内，这些问题难以合理分工，难以受到重视，从而也难以解决。在大都市区内部管理层面，铁路、民航缺乏直属归口业务局，相关的建设与规划工作由铁道部和民航总局与地方政府直接协商，由地方发改委系统协商。由于行政级别差异以及部门利益最大化影响，铁道与民航部门一般更关注城市所提供的用地位置、规模、拆迁工程数量、集散交通配套建设是否适宜等问题；而地方政府主要考虑相关建设的不利影响及其与总体规划的关系。两者之间的协调难度较大，而且这样的协调更多的是不同角度、不同部门利益的平衡，很难形成符合大城市交通科学发展、可持续发展的满意决策结果。此外，以行政区分割为特征的制度性矛盾是大都市区发展中最重要、最根本性的障碍。各城市的地区利益与诉求不尽一致；区域合作的组织机构不完善，缺少统筹规划、有效协调和管理区域交通一体化的组织机构；各城市在建设、运营、管理、执法、信息等方面的规范和标准不对接等。集中体现在边界区域收费站的设置，目前郑州到新乡、焦作、许昌等地均有多个收费口。收费站点的设置是城际通勤最大的经济成本，不利于都市区交通一体化的实现。武陟、原阳、平原新区等地方，距离郑州虽近，但出行难，这些地方不少人去郑州要绕行、倒车、坐黑车。

五　管理水平需要进一步提升

制约大都市区交通互联互通的因素，除了最基本的宏观供需关系，还有微观的管理水平不高的原因。比如地铁和地面公交不协调，主干道和支线路不协调，信号控制系统落后，交通管理不规范、不严格等，应急保障能力较弱，公路超限超载问题依然突出，城市交通管理水平亟待提高、交通参与者素质有待提高。尽管机动车拥有量大幅增加，但是，城市中交通管理和交通安全的现代化设施却很少。郑州大都市区在车辆、道路和交通管理系统，城市交通信号控制系统，城市交通管制中应用人工智能技术、信息采集和信息提供技术等方面都与发达地区有很大差距，国际上正在研究并开始使用的信息化、智能化管理系统，在我国基本上还是空白。交通信号灯设置不尽合理，现在有些地方的红绿灯不但没有起到好的作用，还起到了坏的作用，一公里就设置五六处红绿灯，给出行带来不便，安了那么多红绿灯，不仅安全问题没有解决，还把通行效率降低了。停车场供给严重不足，大城市中特别是中心区严重缺乏停车设施，车辆大多停在道路和人行道上，加剧了拥挤堵塞和事故发生。重处罚、轻管理的现象仍大量存在，交警业务水平和管理效能亟须提高。人是道路交通参与的主要元素，但目前大部分交通参与者交通法律意识淡薄，文明素质不高，规则意识不强，不能自觉遵守交通法规，交通违法行为较多。同时，行人、非机动车驾驶者没有安全和守法意识，与现代城市文明交通环境的目标相差甚远。在日常的道路交通管理工作中，缺乏对交通参与者的社会公德、职业道德和个人诚信等教育培训，更缺乏相应的监督管理制约机制，造成交通违法行为屡犯，难以根治。

第三节　加快构建互联互通的大都市区交通系统

大都市区交通互联互通，绝不仅仅是将不同城市用高速公路和城际铁路连接起来那么简单，而是要打破行政区划限制，在观念、规划、政策、管理、信息诸方面一体化的基础上，在紧密联系合作中不断优化区域内交通资源配置，逐步达成区域内人流、物流双向无阻碍流动，以此来支撑和引导大都市区社会经济的跨越发展。

一　做好交通规划的顶层设计

规划具有引领发展的作用，实现郑州大都市区交通互联互通尤其需要规划的引领和指导，因此应尽快编制并出台郑州大都市区交通综合发展规划。通过科学规划，纵向上把郑州大都市区范围内整体交通的布局、建设、运营、管理、服务设计勾勒出来，统筹不同环节，实现"一条龙"相扣衔接；横向上充分考虑铁路、公路、航空、水运等不同交通形式的互联互通、协调融合，以及客运、货运的统筹安排，比如郑州新郑机场的建设，要充分考虑未来大都市区内相关支线机场、异地航站楼的规划和衔接，以及机场、铁路、城际铁路、地铁、地面公交系统无缝对接等，形成科学合理、相辅相成、便捷畅通、和谐高效的立体综合交通体系。要跳出交通看交通，以更高的站位、更广的视角、更实的举措、更新的理念来推进交通一体化，通过强化协作机制、创新合作模式破除深层次体制机制障碍，构建安全、便捷、高效、大容量、低成本的互联互通综合交通网络。

规划的编制要立足郑州及河南区位的优势及其在全国交通格局中的地位和作用，统筹考虑城镇体系和城市形态，突出综合性、协调性和实效性，尊重历史经验和总结教训，立足现状破解矛盾和问题，展望未来促进协调可持续发展，实现全国地位功能强化、区域相互联动畅通。同时，规划的编制还要综合考虑郑州大都市区的经济社会发展状况和发展趋势，以及各城市的功能定位、产业结构、城镇化趋势、人员物资流动等因素，通过开展深入的相关研究，为规划提供依据，并科学确定建设标准和开发建设时序。从规划上讲，郑州的交通规划要广泛借鉴西方发达国家的先进经验和理念，增强科学性、引领性和人本性，一经通过就具有法律效力，切实避免规划的随意性修改和变化，同时要加强城市交通微循环的规划和设计。从建设上讲，要切实解决重速度轻质量、重规模轻细节、重眼前轻长远的问题。从管理和服务上讲，交通秩序不能仅靠电子眼维持，作为交通管理主体的交通警察必须上路，这是保持良好交通秩序的有效手段。各种交通运行主体，包括机动车、电动助力车、人力车、行人等，要统一纳入交通管理主体的管理之下。管理规章制度要尽快制定和完善，比如出台电动车行驶和管理制度，把交通规则落到实处，有效解决电动车上高架快速路、进地下快速通道、在快车道行驶等问题。管理方式方法应坚持以人为本，尽可能把交通规律、管理制度和最大限度方便群众结合起来，比如交通信号灯的设置、隔离带开口的设计、单双行道路的规划、停车位的布置、停车的管理和处罚等，要尽可能人性化。

二　构建一体化交通网络

郑州大都市区未来的交通网络要以轨道交通为骨架，大力强化米字形高速铁路网骨干支撑作用，提速发展城际铁路网，打造覆盖所有中心城市的轨道交通网络；公路建设方面要以跨省通道和大都市区核心区加密路段、紧密圈连通路段为重点，推动高速公路网内联外通，提升国省干线公路技术等级，协调布局建设综合交通枢纽和集疏运系统，形成由多种运输方式支撑的综合运输通道。

以米字形高铁网、城际铁路网支撑大都市区内高效率的通勤出行。加快"米"字形高速铁路网建设，力争"十三五"时期郑州至万州、郑州至济南、郑州至太原、郑州至合肥等快速铁路全部建成，形成以郑州为中心的省辖市 1 小时和周边省会城市 2 小时的"高铁交通圈"。规划建设郑州南站至许昌、郑州南站至开封、开封至新乡、郑州至新乡、新乡至焦作等城际铁路，积极完善中原城市群轨道交通网络。加快都市区铁路货运线网建设，按照"客内货外、客货分线"的思路，以郑州北站为枢纽编组站、以侯寨站为副站，构建"十字 + 圆环"货运铁路网，提升郑州铁路网货运疏解能力。发展大运量、高速度、安全、准点、舒适的城市轨道交通是支持郑州大都市区快速发展的重要途径，也是世界许多大都市区交通发展的基本策略。加强轨道交通对大都市区空间结构的引导和优化调整，尽量避免大都市区用地空间的无序蔓延，充分发挥轨道交通对城市群空间结构的引导和优化调整作用，将轨道交通作为城镇布局的依托，形成以轨道交通为主导的复合型交通走廊，引导城市群构建集约发展的布局模式，并通过廊道效应带动城市群区域的经济增长。

通过综合枢纽的高效衔接提高都市区交通互联互通的效率。加强枢纽建设总体布局规划，加强综合交通枢纽与城市功能的结合发展，在加强城市之间经济联系的同时减轻城市内部交通网络的压力。着力提升"铁、公、机"集疏流转效率和便捷换乘能力，努力打造陆空海对接、多式联运、"零换乘"的交通枢纽体系，加强不同类型交通枢纽（航空、铁路、公路等）的快速衔接以及枢纽内部不同交通方式的便捷换乘。加快推进郑州南站建设，适时开工建设集装箱中心站二期工程，改扩建京广铁路薛店站、陇海铁路铁炉站，建成海棠寺、圃田西、南阳寨、经开中心和机场北等城际枢纽站，研究设立上街车站、扩建高铁郑州西站。适时启动郑州新郑国际机场第三条跑道和北货运区、航空物流园等配套项目建设，加快推进上街机场改扩建，规划建设新乡、登封、中牟通用航空机场，研究建设巩义、新郑、新密以及郑州市辖区范围内具备条件的通用航空机场，将新郑国际机场打造成国际航空货运枢纽和国内大型航空枢纽。加快郑州客运西南站、西站、东站，航空港区长途客运站等项目建设，建成一批公交枢纽。

三　加快体制机制创新

作为一个整体的大都市区，城市间交通只有互联互通，连线成网，才能发挥最大效益。要实现大都市区交通互联互通，必须在体制机制上有所突破和创新。作为一个涵盖多个省辖市的大都市区，郑州必须理顺交通管理体制，减少多头管理。借鉴国外和京津冀交通一体化的做法，在省级层面成立跨区域规划协调机构和联席会议机制。由交通部门主导，各地方政府参与，共同组建郑州大都市区交通互联互通领导机构，加强大都市区内各城市政策交通管理部门的协调，建立相应运行制度，保证交通运输一体化建设和管理的顺利实施。领导小组在兼顾各城市的综合利益的基础上，统筹安排各城市间交通基础设施建设，统一规划、适当超前、分步实施。各城市和地区必须摒弃地方利益的束缚，创新思路，加强协调，优化利益分配机制，打造利益共同体，形成发展合力。

以全面深化体制机制改革为动力，推动交通运输管理方式方法向多元、民主、互动转型，实现从管理向治理的重大变革，为郑州大都市区发展增添新动力。针对大都市区交通互联互通存在的体制机制障碍，进一步深化综合交通运输改革，逐步构建并完善符合大都市区发展需求的"大交通"管理体制，建立健全综合交通运输管理与协调机制，完善综合交通运输规划与发展机制，统筹推进综合交通运输大通道建设，强化综合客货运输枢纽规划建设管理，提升综合运输服务水平，推动综合交通运输信息共享，形成高效运行、相互衔接、协调发展的综合交通运输管理新格局。进一步深化行政审批制度改革，清理规范各城市交通运输行政权力，推行建立权力清单、责任清单、负面清单制度，简化行政审批事项程序，实行行政审批"一站式"服务。进一步深化交通领域行政执法体制改革，完善多部门联合执法工作机制，创新交通运输综合执法工作机制。发挥市场配置资源的主体作用，进一步开放交通运输建养市场，不断提高交通基础设施养护管理水平；加快建立区域统一的交通运输市场，满足城市群区域内资源要素的自由流动；通过与土地开发结合建立跨区域交通基础设施投资/收益分担共享机制。逐步推动大都市区内各城市之间取消公路收费，打通大都市区交通互联互通的经络。

四　全面提高交通管理水平

加快发展智能交通系统。智能交通系统，是人们将先进的信息技术、数据通信传输技术、电子控制技术、传感器技术以及计算机处理技术等有效地综合运用于整个运输体系，从而建立起来的一种在大范围内、全方位发挥作用的实时、准确、高效的运输综合管理系统。其目的是使人、车、路密切配合，和谐统一，极大地提高交通运输效率，保障交通安全。智能交通系统通过提供交通信息服务，对各类出行和交通提供包括出行时间、出行方式、出行最佳路线等信息服务，引导行人和车辆避开拥挤路线，绕道稀缺路线，把原本无序的出行与交通引导成有序的状态，科学合理地使用道路，使出行与交通均匀地散布在道路、交通系统的全部时空资源内，充分发挥其效能。推动交通运输资源在线集成，加强跨地域、跨类型交通信息互联互通。在大都市区范围内推行客运"一票式"和货运"一单制"联程服务，构建多方式可选、多层次融合、全过程连贯的一体化客运换乘体系，推进公众出行服务、货运与物流服务现代化。对于郑州这样快速发展、交通拥挤的特大型城市，发展智能交通对缓解城市交通拥堵会起到很好的作用。

鼓励公众参与大都市区交通规划建设管理工作。公众参与城市规划体现的正是规划"以人为本、科学决策"的本质要求。通过推进公众参与，可以增进政府、规划部门、居民三者之间的沟通理解，使得城市政府和规划人员能真正了解居民的真实想法和愿望；有助于提高规划决策的科学性和合理性，提高居民对规划的认可程度，确保规划顺利实施；共享规划成果，能增强居民对郑州大都市区的认同感、自豪感和幸福感。积极完善交通规划参与机制，提高城市规划工作规范化、公开化、透明化程度，逐步增加公众参与机会，提高公众参与质量；建立规划形成的互动机制，政府领导、规划部门和规划人员都要有开放的胸怀、谦虚的态度和包容的心理，积极鼓励公众参与；建立参与激励机制，探索建立规划部门经费拨付、规划编制费用支付与公众参与挂钩的绩效考评机制，以强化规划部门和规划人员的责任，逐步扩大大都市区交通规划中的公众参与。

五　解决交通"最后一公里"问题

一直以来，"最后一公里"问题是困扰各大城市交通的瓶颈之一，也影响着郑州大都市区运行效率和交通服务质量。解决"最后一公里"，可以采取以下措施：一是调整优化公交线路，加密发车班次，有针对性地改善公交服务；通过广泛听取当地居民意见，调整优化公交线网，使调整工作更具有针对性；结合公交线网存在的"空白""交叠"等现象，进一步调整优化公交线路，中心城区推进重复线路的优化归并，市郊结合部及郊区新城加强区域公交线网的布设。二是开通穿梭巴士，实现社区微循环。重点推进专门为居住区服务的方便、灵活、廉价的驳运公交线路，提供高效、便捷的短距离公交接驳换乘服务。三是发展公共自行车租赁系统，填补空白区域。地面公交及轨道交通由于受站点设置、道路条件等多种因素制约，在解决"最后一公里"出行上依然存在服务盲点，公共自行车租赁系统可成为一种有效的补充，为居民提供从地铁站点、大型卖场等地到居住小区的"短驳"服务。

疏通交通微循环。在城市里，交通微循环是交通系统中主次干道之间的交通循环，是沟通主次干道的小支路、小街、胡同和里弄等。城区的封闭式建筑占地面积大，封闭式围墙隔断了城市道路与封闭式建筑内部道路的连通，导致车辆都聚集在城市公用道路上，从而导致了城市道路的交通拥堵。减少大规模封闭式小区的规划建设，逐步开放现有封闭式建筑，可以加密次干路和支路网，让封闭式建筑之间以及封闭式建筑内的道路和社会道路自由联通，提高次干路和支路的利用率，从而提高路网的通达性，大大缓解城市的交通压力。如果能够将封闭式建筑的围墙拆除，将这些道路释放出来，并因地制宜地打通断头路，联通低等级道路，能够为机动车提供更多的出行路径选择，也会吸引众多的社会车辆选择这些公用道路，从而分担城市现有道路上的交通量，使得城市道路的交通量空间分布更加均衡，使得城市道路系统自我调节能力增强，从而缓解快速路和主干路的交通压力，必将在很大程度上缓解整个城市的交通压力。打通微循环，加强城市道路交通微循环体系建设是均衡路网交通流分布、提升郑州大都市区交通服务水平的有效途径。

第十一章
郑州大都市区公共服务一体化发展

郑州大都市区公共服务一体化发展具有良好基础，但由于区域内不同区域、城乡之间经济发展水平差异导致了公共服务水平等差异。同时，行政区划壁垒、财政投入的巨大差距、综合配套政策不完善、供求偏好存在偏差等因素制约了郑州大都市区公共服务的一体化发展。未来，郑州大都市区要以教育、就业与社会保障、医疗卫生、养老、文化体育为重点任务，通过加强政府之间的协调合作、消除公共服务一体化的制度壁垒、创新多元化公共服务供给模式和完善公共服务供求利益表达机制，实现大都市区公共服务的健康可持续发展。

第一节　郑州大都市区公共服务一体化发展现状

一　经济发展总量稳步增长，但地区经济发展水平差距较大

经济发展和政府财政实力是提升区域公共服务水平的物质保障。郑州大都市区的经济发展总量呈稳步增长的趋势，为大都市区公共服务供给提供了重要的经济基础。如图 11 - 1 所示，2006～2014 年，郑州大都市区的生产总值从 3216.42 亿元增长到了 11272.92 亿元，年平均增长率达到 14.9%。三次产业绝对量均有大幅增长，其中，第三产业增幅最大，2014 年第一、第二、第三产业 GDP 所占比重分别为 3.8%，51.3%，44.9%，

第三产业在产业结构中的主导作用越来越明显，在推动经济增长、带动区域经济发展方面发挥了重要作用。然而，从大都市区内部来看，各地区的经济发展水平呈现出极不平衡的趋势。如图 11-2 所示，2014 年，郑州大都市区内以县（市、区）为单位的 33 个地区（不包含平原示范区）之间的国民生产总值相差较大，其中国民生产总值最高的金水区是最低的马村区的 24 倍，地区间经济发展水平的巨大差距给郑州大都市区公共服务一体化发展造成较大影响。

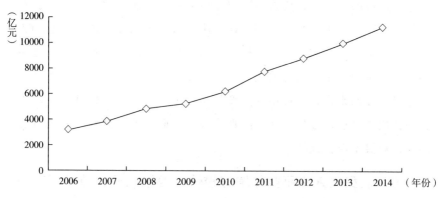

图 11-1   2006~2014 年郑州大都市区生产总值增长趋势

资料来源：《河南统计年鉴》（2007~2015 年）。

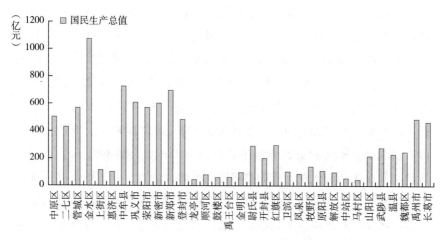

图 11-2   2014 年郑州大都市区各县级行政区国民生产总值

资料来源：《河南统计年鉴 2015》。

二 公共基础设施建设较快，但地区间对接不够畅通

公共基础设施建设不仅是城市前进的条件，更是经济发展的基石。近年来，郑州与周边地区在公共基础设施建设方面不断加大力度，都市区内城际和区域之间的差距在不断缩小。大都市区各行政区首先坚持干线公路和铁路建设齐头并建，逐渐实现了各县、市、区道路环网相连。郑汴、郑新、郑焦、郑许之间的高速公路、铁路和城际铁路网建设取得了明显成效，以郑州市为核心的半小时核心圈、一小时都市圈和一个半小时辐射圈正在逐步形成。公共交通的互联互通为郑州大都市区公共服务一体化建设提供了重要保障。然而，各个区域的基础设施建设不均衡现象比较突出，而且无论是从政策文件还是从实际操作层面来说，大都市区内城际水、电、气、污水处理等市政设施同城化建设还很缓慢，区域内其他公共基础设施的共建机制还没有形成，对接不够畅通。

三 居民收入水平整体增速较快，但地区间、城乡间存在差距

郑州大都市区居民的收入水平整体增长速度较快，生活水平得到了进一步改善。居民收入不但增长迅速，而且来源呈现多样化趋势，有工资性收入、经营性收入、财产性收入及转移性收入，农民收入中的非农收入所占比重也不断增加。但是，大都市区向地区间的居民收入水平差距较大，如图 11－3 所示，以 2014 年大都市区 33 个县（市、区，不包含平原示范区）级单元的居民人均收入为例，城镇居民人均可支配收入最高的金水区与最低的原阳县分别为 34522 元和 17400 元，农民人均纯收入最高的金水区和最低的原阳县分别为 18640 元和 8981 元，金水区这两类居民人均收入都是原阳县居民人均收入的近 2 倍。地区间、城乡间居民收入的较大差距，使大都市区居民消费之间出现断层，进而影响经济增长速度和生活水平的提高，给大都市区就业、社会保障等方面的衔接带来不小的阻力。

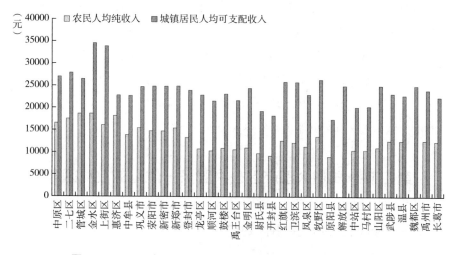

（元）40000

☐ 农民人均纯收入 ■ 城镇居民人均可支配收入

图 11 - 3　2014 年郑州大都市区各县级行政区居民人均纯收入

资料来源：《河南统计年鉴 2015》（解放区、魏都区没有农民人均纯收入数据）。

四　教育、医疗等公共服务基础较好，但地区间不平衡现象明显

相对于经济发展水平，郑州大都市区各地在坚持以人为本推进城乡公共服务一体化建设方面取得了一定成绩。从教育事业来看，除去中心城区，2014 年郑州大都市区内各县（市、区）级行政区内小学适龄人口入学率均达到了 100%，初中适龄人口入学率除开封县为 99.5% 外，其他地区均达到 100%。郑州市对周边 6 个市县城乡教育资源进行了整合，提高了教育资源的集聚效应和整体教育质量。高等教育资源共享和整合力度不断加大，如河南大学在已有的开封两个校区基础上又在郑州东区的大学城建立了龙子湖校区，实现两城跨区办学；多所高校与大都市区内各个城市积极对接，促进本地企业与科研院校开展高层次、多渠道的合作，推动科研成果技术改造并转化为经济效益。从医疗卫生来看，2014 年，郑州大都市区内卫生机构床位达到 70041 张，卫生技术人员 76597 人，三甲医院达到 46 家，各地的医疗卫生体系已经形成并在不断完善，城镇居民的卫生保健基本达到较高层次，卫生保障制度建设也逐步完善，医疗服务质量明显提高。从文化事业来看，各地以农村为重点实施了文化惠民工程和文

化信息共享工程，推进了农村基层公共文化事业的蓬勃发展。另外，各地的城乡医疗养老保险制度、最低生活保障制度也不断完善，社会救助水平稳步提高。从大都市区总体情况来看，公共服务的基础较好，但地区之间的公共服务水平还存在着明显的差距，比如，大多数三甲医院都在郑州市区，优质医疗资源分布极不均衡。公共服务资源的分配还存在重城市轻农村的问题，地区间公共服务水平不平衡现象比较明显。

第二节　郑州大都市区公共服务一体化的制约因素

一　行政区划产生刚性约束

（一）行政区划壁垒形成阻力

行政区划制度在一定程度上有利于各个区域内的独立发展，但随着区域经济一体化快速发展，行政区划的经济独立越来越淡化，经济功能界限逐渐模糊，这需要与之相辅相成的其他功能做出相应调整，协同发展的需求也就日益明显。然而，在现有的行政管理体制下，基于行政管辖权和地盘考虑的本位主义造成了各级政府间在各方面的实务操作上协调不顺畅，产生较大的协调成本。郑州大都市区跨越了郑、汴、新、焦、许5个省辖市的相关行政区域及1个省直管县级市巩义市，与常规的市管县的垂直管理不同，行政边界跨幅巨大，形成了复杂的行政区划格局，行政区划壁垒十分明显。由于行政层次较多，行政隶属关系复杂，要深入推动不同级别不同地位的城市进行平等合作，协调难度可想而知。

郑州大都市区各地政府大多致力于为本地提供公共服务，导致大都市区整体公共服务供给的碎片化，不同的城市由于财政水平的悬殊，其在公共服务的总量、质量和结构之间的差距在拉大，行政管辖权的归属还成为各地政府推卸责任和义务的借口。虽然郑州大都市区在空港物流、轨道交通等方面的一体化建设已经取得一定成就，但是在教育、医疗、就业、社保以及城市管理等领域多角度、全方位、深层次合作的进展还比较缓慢。比如，目前只在郑州设有一个民用机场并且在许昌对接设立了候机楼，其他地区均没有开通对接服务；郑州市对挂有豫 A 牌照的小汽车在辖区相关高速公路行驶实行免费，而对周边地区的小轿车牌照不实行免费。类似情况还有很多。如果固守行政边界和行政管辖权的藩篱，大都市区基本公共服务一体化的进程势必会受到制约。

（二）缺乏统一有效的协调机构

大都市区协同的关键在于能否形成利益共同体，达到 1 + 1 > 2 的发展效果。利益共享首先意味着大都市区各主体具有共同的利益基础，通过协同合作能够实现互惠互利。从现实情况来看，目前国内有些大都市区或城市群设立了跨行政区划的组织机构来协调内部各城市的发展，如长株潭城市群设立了长株潭经济一体化办公室，还有一些地方借鉴国外经验建立了如城市联盟、城市合作组织、市长联席会之类的协调组织，相互交流信息、共享发展经验、开展经贸洽谈、签订合作协议，起到了一定的沟通互动作用。然而，这些组织大多是非正式的或松散型的，如长株潭经济一体化办公室是挂靠在湖南省发展和改革委员会的议事协调机构，权威性不够，缺乏硬约束力。一旦涉及关键的重大利益问题，比如产业布局、交通干线的线路选择、生态环境治理和保护、就业与社会保障对接等，这种组织的协调能力非常有限。郑州大都市区还是一个全新的构想，目前仅有郑州市提出了《郑州都市区总体规划（2012—2030 年）》，但它没有脱离郑州市行政区划范围，社会各界对郑州大都市区还没有统一的战略认识，也没有清晰的发展规划，更没有统一有效的协调机构，合作意识与机制尚未形成，社会管理体制改革相对滞后，难以适应大都市区公共服务一体化的要求。

二 区域内公共服务的投入不平衡

（一）各地财政投入水平差距较大

目前，我国的基本公共服务主要还是依靠地方政府的财政投入，地方政府的财政收入水平制约着当地的基本公共服务的生产和供给能力，而经济发展水平制约了地方财政收入。由于自然、区位条件和社会经济基础的差异，郑州大都市区内地区之间经济发展水平的差距较大，由此带来的地区财政收入水平的差距使地区间、城乡间对基本公共服务的财政投入水平不平衡。

从纵向上看，如图 11-4 所示，2014 年郑州大都市区内的 33 个县（市、区，不包含平原示范区）级单元的常住人口人均财政收入存在着显著差别，其中，人均财政收入最高的上街区是人均财政收入最低的顺河区的近 12 倍。财政收入的巨大差距使得各县市区之间在基础设施、医疗卫生、教育、社会保障等公共服务方面的财政投入产生了巨大差异。各地区财政能力的差异导致地方政府对社会保障的支撑能力参差不齐，进一步拉大了公共品及服务的地区差异。①

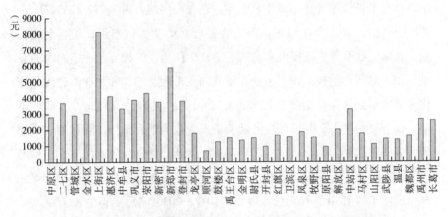

图 11-4　2014 年郑州大都市区各县级行政区人均公共财政收入
资料来源：《河南统计年鉴 2015》。

从横向上看，虽然"工业反哺农业，城市扶持农村"的国家方针政策使城乡之间的基本公共服务均等化水平得到改善，但农村基本公共服务设施建设仍然较为薄弱，特别是在群众文化生活、体育设施、医疗卫生等方面，城乡之间的差距依旧很大。在目前实行的分税制财政制度下，由于基层政府掌握的财力有限，乡村基本公共服务供给严重不足。城区中的基础设施基本是由财政全额投入的，而农村中基础设施方面的财政投入非常

---

① 殷存毅：《区域发展与政策》，社会科学文献出版社，2011，第 221 页。

有限，有相当一部分支出负担转嫁到农民身上，影响了城乡经济社会协调发展，阻碍了大都市区基本公共服务均等化进程。大都市区内各级政府财政投入机制的孤立，导致难以形成大都市区统一和合理的财政投入结构，阻碍了大都市区公共服务一体化进程，迫切需要形成一个合理的财政制度安排。

（二）财政转移支付制度不合理

在分税制改革后，中央与省级的财政关系逐渐明确，但省以下的财政体制还没有相关制度来规范，多数省市是参照中央对省级的转移支付规定构建相关的转移支付制度。财政转移支付可以分为三类：税收返还、一般性转移支付、专项及其他转移支付。在这三类转移支付中，税收返还的制度设计不利于公共服务均等化的进行，省级政府对各地的税收按基期年返还，并逐年递增，税收收入多的地区得到的返还额就多，财力就强，而税收收入少的地区得到的返还额少，财力就不足。这样一来，税收返还制度对郑州大都市区内经济发展相对较好的地区（如郑州）有利，对其他地区则不利。一般性转移支付在全部转移支付中，所占比例比较小，而专项及其他转移支付的拨款标准及依据不规范，专项转移支付准入不明确且仅占极小比重，部分专项转移支付项目设置还存在交叉重复、分配制度不够完善、资金投向较为分散等问题。财政相对困难的城市在税费收入改革后，财力并没有得到明显增强，这就直接导致基本公共服务均等化没有财力保障，目标难以实现。要实现大都市区公共服务一体化发展，必须缩小大都市区内各地区之间的财力差距，这不是仅靠各自的经济发展就能得到解决的，还需要建立科学合理的转移支付制度来优化区域财政资源配置。

三　综合配套的政策制度不完善

（一）缺乏相应的法律法规支撑

大都市区是经济社会发展到一定阶段的产物，它具有年轻的生命力。虽然关于住房保障、教育、环境保护、医疗卫生等基本公共服务的制度规范在相关法律法规中有所体现，但从总体上说，针对大都市区发展的基本公共服务法律规定还非常缺乏，更没有形成完整的体系，可操作性强、具有针对性的均等化制度安排仍旧是一片空白。此外，由于地方性法律法规适用范围的限制，郑州大都市区的各个城市原有的一些地方法规制度不仅无法扩大适用到整个范围内，从某种程度上说，还可能成为大都市区一体化发展的障碍。因此，亟须通过建立相关法律政策或制度规范来保障大都市区基本公共服务一体化战略的实施。

（二）基本公共服务标准和内容不统一

目前，郑州大都市区内各个行政区域之间尚未建立起区域基本公共服务一体化供给的协作管理机制。受多种因素影响，各地政府提供基本公共服务的标准不完全一致。比如，根据 2015 年河南省最低工资标准的规定，一类、二类、三类行政区域月最低工资标准分别为 1600 元、1450 元、1300 元，小时最低工资标准分别为 15 元、13.5 元、12 元。如表 11 - 1 所示，郑州大都市区内各县级行政区域分别涵盖了一、二、三类，跨度比较大，不同的最低工资标准必然会影响区域内劳动力要素的流动，从而对区域内产业发展带来影响，也会对郑州大都市区的就业和社会保障一体化进程造成影响。另外，各地所涵盖的公共服务内容也各具特色。小城市的民生财政支出主要用于转移农村劳动力就业、帮助贫困人口脱贫、实施新农村合作医疗保险、加强义务教育等，而对于各省辖市的中心城市来说，其民生财政支出则主要用于城市居民养老保险、高等教育、交通通信网络、文化娱乐设施等。郑州大都市区在体制机制设计上未充分考虑基本公共服务要素在不同地区之间的自由流动和有效对接，各地政府难以协调决策、统一行动。

表 11 - 1　根据最低工资标准划定的各县（市、区）行政区域类别

地　区	一类行政区域（1600元/月，15 元/小时）	二类行政区域（1450元/月，13.5 元/小时）	三类行政区域（1300元/月，12 元/小时）
郑州市	中心城区、新郑市、荥阳市、新密市、登封市、中牟县	—	—
开封市	—	中心城区（不含祥符区）	祥符区、尉氏县
新乡市	中心城区	—	原阳县

地　区	一类行政区域（1600元/月，15元/小时）	二类行政区域（1450元/月，13.5元/小时）	三类行政区域（1300元/月，12元/小时）
焦作市	中心城区	武陟县、温县	—
许昌市	中心城区、长葛市	禹州市	—
省直管县（市）	巩义市	—	—

资料来源：《河南省人民政府关于调整河南省最低工资标准的通知》，河南省人民政府网站。

（三）户籍制度的惯性作用依旧存在

在我国，户籍制度与公共服务有着千丝万缕的联系。户籍制度是一项对我国居民进行身份转换和迁徙进行控制的基本制度安排。虽然户籍制度正在不断改革，但其惯性作用的影响仍然较大。由于户籍制度的存在，大都市区内各行政区域之间不能互通共享，居民只能在各自的辖区内享受同样的公共服务，不同地区户籍的居民不能跨区享受医疗保险、养老保险等公共服务。值得指出的是，落后地区的居民本身就存在着收入水平低和消费能力弱的问题，如果公共产品及服务得不到有效供给，民众无疑将有限的收入用于如子女的基础教育、基本医疗等，这就进一步削弱了落后地区民众的消费能力。由于消费能力不足，市场规模或需求就会萎缩，从而减弱需求带动经济发展的动力，而经济发展动力不足又反过来使就业和消费难以提高，形成发展中的"贫困恶性循环"，进一步拉大地区之间居民的收入差距。

另外，无论是戈特曼的都市带理论还是佩尔斯的城市主导区域理论都表明：城市之间互为城市区域一体的过程中，乡村一直存在。随着城市群落愈加繁荣和紧密，城市与城市之间的农田分界带逐渐模糊，新兴的城市区域集合体的轮廓愈加清晰。在大都市区规划和发展过程中，郑州增长极与其他各县市区之间存在大量的乡村区域。然而，城乡二元结构下城乡户籍制度形成了市民与农民两种不同的公民身份以及城市和农村两个封闭循环的体系，附加在户籍制度上的教育、医疗、社会保障等多个公共福利和权益也被区分开来，导致两种身份在享受基本公共服务上有了必然的差别，这种体制性障碍阻碍了大都市区公共服务一体化发展进程。

四 公共服务的供求偏好存在偏差

（一）供给偏好分析

就公共服务的供给偏好而言，现行体制下公共服务的生产和供给主要还是由公共部门来主导的，公共政策或多或少掺杂着领导官员的个人偏好，受政绩考核机制和晋升压力的影响，当前地方政府热衷于将资金、资源投入那些能够带动产业发展、增加生产总值、更容易出显性政绩的基础设施建设，而对公共服务的投入就相对较少。这种现象在区域间政府竞争中更加突出，经济发展相对落后的地区希望尽快融入大都市区以获取更多的资金和资源，而经济发达的地区为了减少负担不愿意甚至阻挠大都市区一体化建设。当前，郑州大都市区呈现的是郑州"一城独大"，在区域不平衡下，郑州市的政府官员更偏向于市场分割，而其他经济条件相对落后的县（市、区）则更愿意加快一体化进程。这种供给主体偏好的差异使大都市区公共服务一体化进程出现偏差，而且这种单一的供给主体形成的供给偏好很难满足多元化的公共服务需求。

（二）需求偏好分析

就公共服务的需求偏好而言，一个区域内的某类群体与不同地域的同类群体都对公共产品的需求存在差别。低收入群体与不发达地区急需基本生活保障，如基础教育、城乡最低生活保障、合作医疗、社会救济和优抚等公共产品，高收入群体与经济发达地区则对基础设施建设、公共卫生、教育质量、市场环境、生态环境等公共产品质量要求更高。随着经济社会发展水平不断提高，公共服务的需求变得更加动态化和多元化。如何才能了解大都市区各类居民的真正需要和公共意愿，是大都市区公共服务一体化过程中的一大难题。大都市区的公共产品与服务应该考虑到区域经济发展水平的差异和各地区居民对公共产品的需求差异，这需要公共服务部门加强与市民的沟通，在政府与市民之间建立起公共需求的有效表达机制。

就目前来看，郑州大都市区在建立居民公共服务的需求偏好表达机制方面还存在明显不足，大都市区各级政府的信息公开与共享机制还没有形成，市民对公共服务的需求的反映渠道还不够畅通。

（三）供求结构非均衡

公共服务供求结构的非均衡状态是指政府基于自身的利益考虑以及自己掌握的信息来提供公共服务，但是这些公共服务并不一定是公众急需的服务，而公众迫切需要的公共服务，例如教育和医疗服务却是严重不足的。公民的集体偏好与政府供给偏好之间的衔接出现偏差，就会造成公共服务的供给与需求之间出现数量上不对等和结构上不均衡两种矛盾并存的局面。城市是市民的城市，不是政府的城市。"强大的市民社会对有效的民主政府和良性运转的市场体系都是必要的"①。大都市区公共服务的供给必须建立在区域内全体市民的实际需求和偏好的基础之上，这就要求政府与社会之间建立良好的协调和对话机制。

第三节　郑州大都市区公共服务一体化的重点任务

一　教育服务一体化

（一）提高整体配置水平，实现基础教育均等化

目前，郑州大都市区内乡镇的基础教育设施配置与建设水平明显低于城市地区，经济发达地区的配置水平明显高于其他地区，导致城乡之间、县（市、区）之间的教育资源不平衡。要实现基础教育资源配置的优化，首先必须提高大都市区基础教育的整体配置水平，逐步实现基础教育均等化，缓解居民过分选择甚至争夺城市地区教育设施的现状。在乡镇公共服务设施配置标准的制定上，逐步向城市地区配置标准靠拢，通过加大乡镇基础教育投入力度，为广大农村地区提供教育服务，从而增强城镇的集聚

①　〔英〕安东尼·吉登斯：《第三条道路及其批评》，中共中央党校出版社，2002，第9页。

能力。同时，建立远程教学网络，在网络上开设不同年级、不同学科的教学栏目，定期向网络平台提供优秀教师的优质教学内容，实现大都市区内基础教育资源的交流共享，并通过远程教学，将这些优质教育资源送达农村和边远地区，以缩小城乡和地区的差别。

（二）集中优质教育资源，增强高等教育吸引力

由于大都市区内各地经济社会发展的固有差异和各自发展的综合需要，在大都市区内实现高等教育均等化还存在一定的难度，也不具有现实性。综合考虑各地的情况来看，有必要依托大都市区内已有的高校建设基础，加大整合力度，集中优质教育资源，在政策支持、财政投入、企业合作、生源等方面给予更加宽松的环境，提高高校的教育吸引力，增加人才聚集度，实现高等教育人才的就地吸收和转化，实现大都市区内教育差异化与均等化相结合发展。加大河南与英国等国外的高等教育合作力度，支持基础较好的郑州大学、河南大学、解放军信息工程大学、河南财经政法大学、河南师范大学、河南工业大学等省内高校发挥传统优势，发展特色学科，壮大发展规模，努力建成全国同类院校中专业特色突出、具有全国影响力的大学。依托郑州新区龙子湖高校园区和其他大学城，努力培育形成一批在国内外具有较强影响力的强势学科，进一步提高其知名度和认知度，将其逐渐发展成为集教育、科研、产业于一体的聚集区。

（三）整合社会教育资源，提升网络教育共享度

随着互联网的普及和大数据技术的深度发展，网络教育逐渐成为弥补地区间教育资源配置不均衡的有效途径。郑州大都市区有必要不断整合社会教育资源，发展"互联网＋"教育，开展名家名师网络课堂，缩短因为空间和时间因素导致的教育资源差距，重点培育职高、职中、成人学校等其他类型的网络学校，扩大大都市区内居民的受教育面，特别是要围绕大都市区各地的产业结构和经济发展需求，有针对性地加快培养技能型实用人才，实现大都市区内教育软设施的均衡共享，从而在大都市城市化进程中确保农业转移人口、下岗失业人员的再就业培训水平上升到新的高度。还可以设立大都市区社会力量办学专项资金，在保障基本教育需求的

基础上，提供高标准、有特色的网络教育服务，满足居民多层次、个性化和高品质的教育需求。

二　就业与社会保障服务一体化

（一）打破就业区域壁垒，建立健全大都市区就业服务体系

健全公共就业服务体系，强化政府促进就业的公共服务职责，不断完善市、县（区）、镇（街道）和用工单位四级信息网络，建设统一的就业信息共享平台，及时收集并公布就业信息，实现大都市区域内和城乡间的劳动力资源信息共享，打破区域间要素流动壁垒，实现就业信息及时、充分的传播，促进人才要素自由流动。根据大都市区各地的产业结构调整与产业规划，依托产城融合发展目标，开展用人单位劳动力需求状况调查，开展有针对性的就业培训，提高劳动力与产业的匹配度。提升对"4050"人员、农业转移人口、贫困人口等群体的就业关注度，拓宽就业培训渠道，开发就业岗位优先满足这一群体的需求。改善农村劳动力进城就业环境，提高城乡就业服务与就业管理水平，保障城乡劳动者平等就业机会。

（二）建设科技创新服务平台，鼓励城乡劳动力开展创新创业

加快建设科技创新服务平台，依靠人才开发利用的信息资源，完善智力支撑体系，提高大都市区信息服务与管理能力，提升大都市区人才的数量和质量。制定大都市区创新型人才引进与培养的5~10年规划，培育创造型中高端人才，加强创新型人才队伍建设，为大都市区产业转型与产业对接提供优质人力资源。在政策和待遇等方面给予优惠条件，鼓励中高端人才自主创新创业及在大都市区内自由流动，充分发挥出人才价值。积极开展农业生产技术和农民技能培训，增强农民科学种田和就业创业能力。利用农业龙头企业、农业科技示范园、生产基地、专业市场等形式，推进乡镇企业结构调整和产业升级，扶持发展农产品加工业，积极发展休闲农业、乡村旅游、森林旅游和农村服务业，从而拓展农村劳动力的非农就业空间。

（三）加快区域内共享衔接，提高社会保障的响应度

大都市区建设过程也是加速城镇化的过程，会持续产生大量跨区域的农业转移人口，确保这一群体的生活稳定是一项长期而艰巨的任务。在今后很长一段时期内，有必要建立自然增长机制，确保社会保障标准随着经济发展不断上升，以提高农业转移人口尤其是失地农民的社会保障水平。具体来说，可以根据大都市区各地的经济发展能力和居民承受能力，逐步提高社会保险统筹层次，坚持资金多方筹集、个人缴费为主、政府适当补贴的原则，增强统筹调剂能力；重点推进大都市区的灵活就业人员、个体私营职工、农民、残疾人参与社会保险，提高社会救助、社会福利和社会优抚水平，促进社会保障的无条件、无障碍转移接续，提高区域内社会保障服务的响应度。

（四）推进城乡社保体系并轨，促进医疗养老制度一体化

建立大都市区社会保险城乡统筹工作领导小组，打造社会保险一体化合作平台，拓宽大都市区社会保险工作的合作空间，调动群众参保的积极性。按照属地管理、实际统筹原则和城乡一体化发展要求，将大都市区内的农业人口统一纳入城镇居民医疗保险体系，大幅提高农业人口的医疗保险水平，实现同区同待遇，推动医保就医在大都市区内实行无障碍异地即时报销和区内医保药店无门槛、无障碍购药。同时，在加快户籍制度改革的基础上，加速出台大都市区内农民养老并入城镇居民养老保险体系的制度，实现居民养老覆盖率达到100%的目标。

三　医疗卫生服务一体化

（一）加强医疗设施分级建设，实现梯度化发展

小城镇居民如果能够在小型生活圈内享受到水平相对较高的医疗卫生服务，就能减少对大型综合型医院的依赖，降低就医成本，提高使用效率，还能实现医患分流，减轻大型综合型医院的负载。因此，有必要依托郑州作为省辖市的优势，实现大都市区内省级综合医院——市（县）级

综合医院——乡镇（社区）卫生院三级配备，实现梯度化发展。可以结合大都市区公共服务中心的分级情况，重点加强基层镇卫生院的标准化配置，实现大都市区所属范围内乡镇医疗卫生均衡共享。在提升基层医疗设施建设整体水平的基础上，重点加强建设一批规模较大、质量水平较高的综合医院及高标准卫生院。医疗设施的分级建设，也使政府能够明确投资重点，从而提升整个区域的医疗设施配置效率。

（二）促进医疗队伍人才流动，实现共享化发展

优质的医疗服务有三个关键要素：高标准的医疗设施，高水平的医疗队伍和方便快捷的就医渠道。在加快医疗设施建设的同时，还要加快完善优质医疗队伍人才流动机制，建立医生下基层轮岗就诊制度，解决基层医疗人才资源短缺的问题。可以鼓励河南省人民医院、郑州大学第一附属医院等三甲综合医院的医生下基层轮流坐诊，对到基层医院坐诊的高水平医生在工资福利、补助、晋升待遇等方面给予优先考虑。还可以利用大数据技术和智慧城市建设契机，推进"互联网＋"医疗和"智慧医疗"工程，建立大都市区内医疗电子档案全区通用数据库，建立疑难杂症网络会诊平台，完善医生跟踪诊断和联合诊断机制，实现优势医疗资源在大都市区内的共享。

（三）推进医药卫生体制改革，实现市场化发展

深入推进医药卫生体制改革，加快医疗服务市场化改革，积极发展大都市区内社会化医疗机构。在建立健全医疗机构资格认证制度的基础上，鼓励社会力量举办医疗机构，一方面以基本医疗和日常保健为主，为社区医疗服务中心和标准卫生院提供有益补充，提升片区医疗服务质量；另一方面还可以提供各类专科医疗、心理咨询与疏导等服务，使其真正发挥个性化医疗服务的功能，为大都市区广大居民提供精准的医疗服务。同时，有必要加快研究出台相关政策，实现社会医疗机构与医疗保险制度的衔接，打通在社会医疗机构使用医疗保险报销的渠道，使居民在享受市场条件下的高标准医疗服务的同时，还能够减轻就医负担。

四　养老服务一体化

（一）　重视发展大都市区老年福利事业

针对社会福利事业发展经费不足以及在整个财政支出中所占比例过低的问题，郑州大都市区内各级政府应当在财政允许的情况下，增加对社会福利事业的财政投入，对经济和生活十分困难的老人提供一定的资助，保证养老福利事业发展与经济和社会发展水平相适应。同时进一步拓宽政府对老年福利投入的覆盖面，促进养老服务产品的多样化，不仅要关心关注特殊老人的生活，还要让更多的老年人享受到更加多元的福利。同时，集聚社会各界的力量，拓宽民间资金筹集渠道，在全社会营造养老助老服务的氛围。

（二）　加强机构养老与社区养老服务的整合

老年福利设施需要以更加灵活的方式满足老年人日益多变的需求。随着大都市区经济社会的不断融合，人口的流动性会越来越明显，家庭规模日益缩小，空巢家庭也不断增加，传统家庭的养老功能在逐渐削弱，家庭养老模式面临巨大挑战，向社会化养老转化已经成为一种趋势。大都市区政府应当改革经营机制，鼓励社会资本举办养老机构，通过发展公办和民营的老年福利设施，促使公共资源和民间资本互补，从而扩大老年福利设施的供给。鼓励养老机构、老年人协会等民间服务机构共同参与农村居家养老服务，政府通过经费补足、购买服务、以奖代补等形式给予支持。

（三）　促进养老服务机构的专业化、规范化、人性化

改变目前养老服务人员素质和专业水平偏低的现状，加强养老服务人员队伍的整体建设。政府必须在提高资金投入的同时，加快对护理人员和社会工作者的专业培养，制定相应的规范要求以提高养老事业从业人员的准入门槛。同时，依托较高建设水准的福利设施及相关优惠政策，吸纳更多高素质的护理人员及社会工作者进入养老服务产业。在养老设施建设和机构管理方面，应提高养老设施的建设标准和建设水平，实行分区管理和

服务，实现养老设施功能合理化分区，改善目前混住混养的现状，以更为人性化的方式为老年人提供优质的养老服务，使老人在身体和精神上都能得到慰藉。

五　文化体育服务一体化

（一）坚持以需求为导向，优化场馆设施布局

按照设施所覆盖的人均规模标准，增加文化体育设施的数量和分布密度。以各个小城镇为单位进行均等化配置，统一布局社区文化体育活动中心，街乡、区县级文化体育馆、图书馆以及市级文化体育设施，并根据不同级别对文体设施的配置种类、规模和标准进行适当的差异化调整，以满足居民需求的提升。大型文化体育设施的布局需要充分考虑大都市区范围内各县（市、区）居民的实际生活半径，不能被现有的行政区划范围所制约。有必要加大文化馆、科技馆、博物馆、图书馆、纪念馆、美术馆等省级、市级大型场馆建设在大都市区空间范围内的统筹规划力度，避免优质文化体育资源过于集中。在公共交通互联互通的基础上，重大场馆应向核心城区外的周边延伸建设，以实现区域内居民更便捷地享受到高层次的文化体育服务。全面提升农村地区文化体育设施档次和服务水平，统筹配置、合理布局、城乡共享，真正为满足农民的文化体育生活需求发挥作用，促进全民文化素质的提高。

（二）加强软环境建设，提高设施服务质量

提高文化体育设施的服务水平，设计醒目的文化体育设施标识，延长服务时间，提高文化馆、图书馆、博物馆、体育馆等文化设施的利用率，充分发挥文化体育设施丰富居民文化体育生活的作用。在内容设置上要从实际出发，既符合居民的需求，体现地方特色，又具有现代化。提高文化体育事业人才队伍的素质，加强从业人员培训，改变专业素质低、人员数量不足的现状，全面实现公共文化体育服务体系的公益性、高质量、均等性、便利性。建立公共文化服务供需机制，鼓励社会资本进入文化体育服务供给领域，鼓励多元主体共同为广大居民提供丰富多彩的文化体育产

品，充分发挥公共文化体育设施的公益性质和社会效益，丰富群众的文化生活。

（三）整合旅游文化资源，增强人文互动性

郑州大都市区有着丰富的旅游文化资源，郑州、开封均为历史文化古都，许昌为三国曹魏文化发源地，焦作、新乡也有着丰富的自然景观旅游资源，因此，有必要整合大都市区内的文化旅游资源，在实现交通互联互通的基础上，增强大都市区内居民在各县（市、区）之间的人文互动交流。文化旅游产业中的文化设施要为大都市区公共服务一体化发展贡献力量，弘扬中原特色传统文化，打造象征未来、面向年轻人、个性化的娱乐、休闲文化中心，提升郑州大都市区的文化内涵和都市品位。在体制机制创新上，可以考虑实施郑州大都市区内居民旅游联票制度或者提供更多优惠信息，如持有大都市区所辖区身份证的游客可以享受旅游门票减免或交通费用减免等等。积极宣传同根同源的中原文化底蕴，通过整合传统文化，增强大都市区内居民的认同感和归属感，在大都市区范围内营造共建共享共荣的良好发展氛围。

第四节 加快郑州大都市区公共服务一体化的对策建议

一 加强政府组织之间的协调合作

（一）加快调整大都市区域规划

合理适度的区域规划体系，对实现公共服务的跨区域科学配置、降低区域公共服务成本、提高公共服务效率等都具有重要意义。在我国地方政府职能转变尚不彻底的情况下，不论从单个城市还是从某片区域来看，以行政区划为基础的规划格局均不利于公共服务的跨界融合与共享。因此，有必要在省级政府的协调下，建立大都市区统一的规划管理体制，出台郑州大都市区协调发展总体规划，并对大都市行政区域进行适度调整，给予大都市区各行政区域更加宽松的政策环境。可以考虑对大都市区范围内的

城市规划职能进行垂直管理，对全域范围内的基础公共设施的共建共享进行统一规划，对市及县（市、区）有关重大基础公共设施项目选址和项目布局进行协调和审查，完善道路、交通、排水排污、卫生、公交、燃气、供热供水供电等基础设施规划，扩大大都市区域规划的覆盖面。

（二）建立高层次的政府协调机构

郑州大都市区内各政府隶属于不同级别的行政区，为了避免引发"治理空窗"现象，更好地实现跨部门协作，有必要明确省政府在郑州大都市区协调治理过程中的角色定位，发挥省级层面的居中协调、统筹兼顾的作用，建立一个高级别的大都市区政府间的协调议事机构来平衡诸多方面的利益冲突，重点要加强规划、城市建设、产业发展、社会事业等部门的沟通协调。同时，进一步设立大都市区基本公共服务一体化领导小组，该机构人员必须包含主要政府部门负责人以及面向社会招募的专业人才，负责制定相关的方针政策，对跨行政区域的事务进行管理，协调大都市区内部关系及与上级部门的沟通，监督地方政府间协议执行等。最后，构建大都市区政府间利益分享和补偿机制，平衡政府间不同的利益需求。

（三）成立公共服务一体化发展基金

建立有效的大都市区协调机构，就需要有一定的资源和权力作为基础，而不是一个没有硬约束力的联谊机构，有必要建立科学合理的激励约束机制、管理监督机制，努力突破集体行动的困境。大都市区公共服务设施的建设和发展涉及各级地方政府，合理分配市、县（市、区）、镇三级政府在提供公共服务中的服务供给和资金投入的责任十分必要。因此，有必要对大都市区统一的组织协调机构赋予一定的资源和权力，可以考虑在理顺各级政府财政支出责任的基础上，成立郑州大都市区公共服务一体化发展基金，对各级政府的财政支出范围进行合理的规定和划分，在公共服务财政支出方面应当由协调机构统一进行核定和分配。

二 消除公共服务一体化的制度壁垒

(一) 健全大都市区建设的法律法规

制度因素包括政策、法规、社会制度、文化习俗等，这些因素会经由一系列正式和非正式的规则对产权和交易成本产生影响，以减少活动的不确定性，实现利益最大化。[①] 因此，有必要加强郑州大都市区建设的制度保障，从法律法规和政策制度层面对大都市区发展做出规定。具体来说，在积极争取中央层面支持的基础上，河南省政府可以出台相关的意见，编制郑州大都市区发展规划纲要和实施意见，为大都市区各方面的建设提供必要的法律和政策依据。同时，充分发挥大都市区协调组织的统筹协调作用，指导和督促大都市区内各级政府制定大都市区公共服务一体化发展战略和实施意见，为大都市区公共服务一体化发展提供必要的制度保障。

(二) 完善财政转移支付制度

加快完善大都市区政府间的转移支付制度，提升各地公共服务财政供给能力，推动各地区的财政力量均衡发展，为实现基本公共服务一体化提供坚实的财力保障。郑州大都市区可以借鉴德国、瑞典等国的转移支付模式，以纵向转移支付为主，横向转移支付为辅。从纵向上说，河南省应逐年提高对郑州大都市地区的一般性转移支付的比重，并在大都市区内依据公共服务的覆盖层级确定各级政府的事权与财权，根据财权与事权相对等的原则来实行财政转移。明确专项转移支付所要求的各项条件，如沿河地带的治理、自然灾害的防护、疫情的防治等，对相应的专项转移支付项目配套资金依照支出责任来确定配套的支持比例。从横向上说，合理利用各地区资源，建立起区域间按公共服务成本计算的转移支付制度和内部返还制度，重点是加大对财力较紧地区的转移支付力度，使得无论大都市区内

---

① 〔美〕道格拉斯·C. 诺斯：《制度、制度变迁与经济绩效》，刘守英译，上海三联书店，1994，第3页。

各政府原有的财政能力如何，都能保证大都市区内所有公众能享受到便捷高效的公共服务。

（三）加快户籍制度改革

户籍原本的功能是记载公民基本信息，但现实中附加在其上面的其他权益使其功能发生了异化，户籍被当作资源配置和利益分配的重要凭据。户籍制度改革涉及社会各阶层利益，牵一发而动全身，但不能因此止步。首先，要分区域分步骤统一城乡二元户籍制度，将市民和农民户籍统一变更为居民户籍，这一步改革已经在全国很多地区开展。其次，还原户籍制度原始功能，逐步剥离依附在户籍制度上的各种社会权益，可以依托郑州大都市区建设开展试点，实现大都市区户籍制度同城同权。最后，在当前改革还不够彻底的情况下，可以建立大都市区内户籍制度捆绑下的公共服务共享制度，在公安、民政、卫生与计划生育、社会保障等相关部门统筹协调的基础上，实现户籍辖区内的公共福利共享。比如，大都市区内的户籍人口可以在全域范围内实现医疗、养老保障统筹，大都市区内的高校入学指标实现均等化等等。

三　创新公共服务的多元化供给模式

（一）加大政府性资金投入力度

提高公共服务一体化水平尤其是公共基础设施对接程度是郑州大都市区健康可持续发展的重要保障。有必要进一步强化政府责任，加大政府性资金的投入力度，在财政支出中优先安排基本公共服务支出预算，确保大都市区公共服务领域的财政投入占新增财政支出的比重稳步提高。根据大都市区各地发展的差异性，在完善财政转移支付制度和补助机制的基础上，积极争取国家、省级相关社会发展专项资金扶持，同时，运用大都市区发展基金，对社会建设薄弱地区的基本公共服务进行重点扶持，实现基本公共服务供给能力整体性均衡。

（二）加快实现公共服务供给主体多元化

随着区域经济一体化的发展，越来越多的跨区域公共服务超越了原有行政区的功能范围，需要加强政府间以及多元主体的合作。郑州大都市区要在空间范围内实现公共服务一体化发展，就必须构建跨行政区划和层级以及吸纳非政府成员共同参与的协调合作机制，让市场、社会组织及公众参与到社会事业建设中来，实现大都市区公共服务供给的多元化，以其高效灵活的优势，满足民众多元化、多层次、大批量的公共服务需求。具体来说，对于基础设施、医疗卫生等一些纯公共产品，可以由政府担任唯一主体；对于公路、生产性基础设施等跨行政区域且容易造成"拥挤"现象的公共设施，可以在政府引导下充分发挥市场力量来提供供给；对于供电、供水等非排他性不足但又容易造成垄断和重复建设的准公共服务，可以让社会企业充当供给主体。通过引入市场竞争机制，鼓励多元化社会力量参与供给，形成竞争与合作的格局，保障公共服务有效供给。

（三）探索公共服务市场化投融资机制

探索推行大都市区公共服务市场化投融资运作模式，建立投资、补贴与价格协同机制，降低社会资本投资准入门槛，鼓励社会资本以多种方式参与提供公共服务。完善投资、建设与运营的市场化体系，通过特许经营、外包、公私合营、购买服务等形式，加强政府、企业、社会组织的资本合作，积极推进一批采用 PPP 等模式的公共服务项目。比如，对大都市区内的公路、桥梁、电厂、水厂、污水处理厂等基础设施项目，通过采用BOT 方式，向社会公开招标投资主体，收益期满后无偿移交政府；对供水、排水、供气、公交场站、园林绿化、公共厕所、垃圾处理等引入 TOT方式，将部分或全部资产采用转让、入股、拍卖、使用权出让、经营权出让等模式，吸引社会资金，进行资产运作。通过完善市场化投融资机制，弥补大都市区大规模公共服务和基础设施的资金缺口，提高公共服务供给效率。

四　完善公共服务供求利益表达机制

（一）健全公共服务的需求表达机制

一要实现表达权利平等化。只要是在大都市区范围内的公民，无论其属于哪一个行政区域，都有平等合理的、具有回应性的权利进行利益表达。二要实现表达渠道多元化。建立开放性的公共服务需求表达机制，以公众需求为出发点，采取传统渠道（如电视、报纸、听证会等）与新兴渠道（如网络微信、微博等）相结合的方式，尤其注重网络渠道的力量，通过多种正式或非正式的方式，使公众参与到公共服务供给的决策中来。三要实现表达意识法制化。如果公共需求表达机制没有法制化，政府在权力运行中就难以对有关利益主体的诉求做出及时有效的反应，这样在政策操作层面，政策的导向也可能与实际效果相差甚远。有必要将公众表达的诉求通过法律的形式确定下来，通过这样的"风向标"对大都市区公共服务供给进行调整，以督促政策的制定和执行都不产生偏离。

（二）健全公共服务的供给表达机制

一要提高公共服务供给的透明度。研究制定公共服务重大行政决策程序规则，把公众参与、专家论证、风险评估、合法性审查、集体讨论确定为郑州大都市区公共服务决策的法定程序。通过完善听证、公证、问责、举报等制度和民意调查机制，提升基本公共服务供给过程的透明度。二要建立大都市区重大基础公共设施建设年度需求报告制度。大都市区内各县（市、区）应每年向大都市区协调机构提出重大基础设施改造、新建和功能转换的需求报告，由协调机构提出规划布局与建设方案，确定大都市区基础设施年度建设计划，避免以行政区为界限盲目建设。三要建立公共服务供给绩效评价与监测体系。在政府的绩效考核体系中纠正"重经济指标，轻公共服务"的倾向，强化对公共服务项目的考核，并以服务结果为导向，避免仅评估人员数量、设施投入等指标，而忽视供给结果和质量的评估。建立有效的问责制度。为保证问责制度的落实，应加强统计指标建设，以便进行大都市区公共事业一体化发展的检测与评估。

第十二章
郑州大都市区的生态环境

郑州大都市区既是经济发达和人口密集地区，也是生态退化和环境污染严重的地区。构建郑州大都市区，必须坚持在保护中发展、在发展中保护，要切实把生态环境建设放在突出重要位置，强化水污染、大气污染、土壤污染等关键领域的污染联合防治，建立生态共建机制，带动区域生态环境质量全面改善，在污染治理、生态修复、宜居环境建设等方面走在全省前列，为中原崛起、河南振兴提供新支撑。

第一节　共守生态安全格局

一　共筑大都市区生态屏障

坚持区域生态建设一体化，推动大都市区生态建设联动，加快推进与大都市区生态安全关系密切的周边重点生态功能区建设，筑牢大都市区生态安全屏障。强化市级统筹，推动毗邻地区与郑州、新乡、焦作、许昌等共建太行山生物多样性及水源涵养生态功能区、焦新自然及文化遗产保护生态功能区、嵩山矿区生态恢复与水土保持生态功能区、豫北黄河故道湿地生物多样性保护生态功能区、豫东黄河湿地生态功能区，共筑区域生态屏障。

一是建设太行山生物多样性及水源涵养生态功能区。该区包括新乡、焦作、济源形成的一个狭长条状区域的深山区，属于暖温带半湿润半干旱气候，生物种类丰富，有国家重点保护的珍稀濒危物种，其中有高等植物1760余种，国家重点保护的动物有三十多种，还分布有太行山国家级猕猴自然保护区、云台山国家森林公园、焦作森林公园等多处自然旅游区。这些地区局部地区生境敏感，环境脆弱，受破坏后植被难以恢复。近年来，随着旅游的开发，生态环境呈破碎化，生态系统结构的完整性和系统的稳定性受到不同程度的影响。因此要加强对野生动植物的保护，保持和恢复野生动植物物种和种群的平衡，保护自然生态系统与重要物种栖息地，防止生态建设导致栖息环境改变。

二是建设焦新矿区生态恢复及水土保持生态功能区。该区包括焦作和辉县西部的浅山区，气候属于暖温带大陆性季风气候，蕴藏丰富的煤炭、铝矾土、耐火土、铁矿、黏土等矿产资源，由于长期的毁林开荒和矿产开发，矿山岩石裸露和煤田地表塌陷，植被覆盖率低，生态环境脆弱，生态系统稳定性低，容易产生水土流失。因此要加强对天然林和公益林的保护，禁止非保护性砍伐。推进植被恢复与重建，重点营造水土保持林。加大矿山环境整治修复力度，控制人为因素对土壤的侵蚀。拓宽农民增收渠道，解决农民长远生计，巩固退耕还林成果，有效防止水土流失。

三是建设嵩山自然及文化遗产保护生态功能区。该区包括巩义、荥阳南部、新密、登封大部，是河南嵩山风景名胜区和嵩山国家地质公园所在地，植被良好，生物资源和人文景观资源丰富。有国家二级保护动物12种，国家保护植物8种，有文物史迹1127处，其中全国重点文物保护单位13处，省级重点文物保护单位13处。由于该区地势较高，山地地形起伏较大，山上土层较薄，水土流失比较严重。因此要加强植被保护和自然景观，保持水土，适度进行旅游开发，保护自然及文化遗产。

四是建设豫北黄河故道湿地生物多样性保护生态功能区。该区包括新乡市东部、卫辉市和延津县接壤的黄河故道，以及封丘县境内的黄河滩涂地带和背河洼地，属于暖温带大陆性季风气候区，有鸟类130多种，其中34种国家重点保护鸟类，7种河南省重点保护鸟类，还有野生兽类、两栖动物、爬行动物、鱼类、水生昆虫等多种湿地动植物。近年来受厄尔尼诺现象影响，该区连续多年干旱少雨，湿地面积大大萎缩，同时，该区交通发达，周边地区人口稠密，土地开发利用活动过度，造成地下水位下降。

因此，要加强该区的湿地保护，控制农业开发占用湿地和地下水的超量开采，保护湿地生物多样性。

五是建设豫东黄河湿地生态功能区。该区包括开封北部黄河大堤以内部分和郑州辖区的黄河南岸滩涂，属黄河下游内滩区，地貌以滩涂为主。气候适宜，土壤、水文等生态条件良好。该区有河流湿地、沼泽、滩涂、库塘、洼地、农田、森林生态系统等多种生态系统类型，蕴藏丰富的野生动植物资源，有国家一级重点保护动物 10 种，国家二级重点保护动物 33 种。历史上黄河多次溃堤改道，汛期堤坝受洪水威胁大，枯水期河道断流时有发生，水生态环境脆弱。因此，要加快推进黄河滩区生态移民工作，降低滩区生态压力，保护湿地生物多样性，维护水位稳定。

二　共建大都市区生态廊道

以郑徐高铁、京广铁路、陇海铁路、郑焦城际铁路、郑开城际铁路、连霍高速、京珠高速、环城快速路等主要交通通道及黄河、贾鲁河、惠济河、颍河、卫河等主要河流为重点，完善城市通风绿廊体系，维护流域水生态空间，共建大都市区大生态廊道，实现主要铁路、公路、河流两侧绿化加宽加厚，形成互联互通的区域生态网络。

一是提升高速公路和重要省道干线公路沿线生态绿化水平。高速公路和重要省道干线公路沿线的绿化要兼顾环境保护、生态美化、交通安全等功能。高速公路和干线公路建设对周边地理环境造成了不同程度的破坏，在其沿线栽种植被不仅有利于自然环境的恢复，还能起到保持水土、降低噪音、吸烟滞尘、净化空气的作用。对大都市区内连霍高速、大广高速、京港澳高速、长济高速、武西高速、107 国道、310 国道等高速公路和重要国道、省道干线公路沿线可视范围内的林地，要因地制宜采取补、造、改、封等综合措施加速绿化，结合景观设计借景、分景、隔景等艺术手法，使乔木、灌木相结合，植被错落有致，增进公路设施与沿线自然风景的协调性，美化环境的同时也能够为行人提供视线诱导，减少司机视觉疲劳，保障交通安全。

二是提升铁路沿线的绿化。铁路沿线的绿化是铁路的一道安全屏障，也是旅客舒适旅行的重要组成部分。在不影响铁路交通安全运行的条件下，按照宜林则林、宜草则草的原则，充分利用空闲地、荒地、拆违治乱后的公共用地等土地资源，广泛开展造林绿化行动，种植经济林、防护林或建设苗圃，将铁路的喧嚣与外界环境隔开，形成天然的隔音屏障。对京广高铁、郑开城铁、郑焦城铁、京广铁路、陇海铁路等铁路沿线城市路段要按照城市园林绿化标准进行绿化美化，对裸露土地全部实施绿化，对铁路沿线重要地段、重要区域、重要部位的既有建筑和附属设施及园林绿化进行规划设计，推进铁路沿线风貌塑造，使铁路沿线成为展示大都市区现代文明形象的窗口。

三是加强河流水系两岸生态系统建设。以黄河、贾鲁河、惠济河、颍河、卫河等河流为重点，加强流域综合治理，恢复流域生态功能，实现全流域治理，保护流域水土资源，形成蓝色生态廊道。加强流域水生态系统保护与修复，开展湖滨带、重点湖库及小流域水土流失综合治理，因地制宜实施坡面水系工程，发展特色林果业，推进河流及上游生态清洁小流域建设。严格河流湖泊滨岸保护和管理，保护滨岸自然生态空间。恢复河流上下游纵向和河道—滨岸横向的自然水文节律动态，拓展河流湖泊横向滩地宽度。提高河流城市段植被的固岸护坡和景观等功能，提升农田、农村集水区河段滨岸植被面源污染截留功能。统筹考虑风景名胜区、自然保护区、湿地等敏感区域的生态需水要求和蓄水要求，加强水利水电工程的联合调度。保障河流、湖泊生态环境需水，优先保障黄河、卫河等干流生态基流。

三 共保城市间生态空间

依托大都市区内的生态本底，以保护好城市基本生态网络为目标，加强生态空间管制，严守生态保护红线，合理划定城市开发界线，构建城市间生态安全格局。

一是加强生态空间管制。着力提升生态空间管制效力。强化主体功能区的功能定位，按照主体功能区规划、省域国土空间总体规划和环境功能区要求，从生态环保的角度对城市空间实行分区差别化管理。加强规划衔接融合，编制大都市环境功能区划，突出环境功能区划对重要生态功能空间的管控作用。加强环境功能区规划与主体功能区规划、经济社会发展规划、城乡规划、土地利用规划、地下空间规划等相关规划的衔接融合，避免出现环境管理政策和措施的交叉重复。强化生态空间管控措施。落实空间环境准入制度，建设项目环评要依据所在区域的环境功能区划开展，凡建设项目环评与当地环境功能区划要求不相符的，一律禁止建设。强化排污总量控制制度，建设项目新增污染物排放量，必须在满足排污总量削减替代比例要求的同时，严格按不同环境功能区进行排污总量削减替代。推行负面清单管理。负面清单管理要根据特殊管控要求，对环境禁止准入和限制准入区域的项目进入，实行严格控制和监管。强化环境承载能力监测预警。要根据不同环境功能分区特点制定环境承载能力量化指标体系及评估技术方法，建立动态监测和预警机制，对环境功能或环境质量不达标的区域实行预警，实施限制性措施。

二是严守生态保护红线。贯彻落实国家主体功能区制度和河南省主体功能区规划，划定生态保护红线，加强生态红线区域保护，确保面积不减少、性质不转变、生态功能不降低。在太行山生物多样性及水源涵养生态功能区、嵩山自然及文化遗产保护生态功能区、黄河湿地生态功能区等重点生态功能区和生态环境敏感区、脆弱区等区域划定生态功能保障基线、环境质量安全底线和自然资源利用上线，建立生态保护红线体系，严格保护这三条生态保护红线。生态保护红线的具体范围由大都市区各级政府在编制环境功能区划时按照相关技术规范统筹划定，保障生态保护红线的科学性和完整性。各地要切实加强生态保护红线区内自然生态环境和生态功能的原真性保护，依法关闭生态保护红线区内破坏生态环境或具有潜在破坏性的企业。同时，完善财政转移支付制度，扩大财政转移支付中用于生态保护红线区公共服务和生态补偿的资金比例。

三是合理划定城市开发边界。城市开发边界是根据一个城市的地形地貌、自然生态、环境容量和基本农田等因素划定的，可进行城市开发建设和禁止进行城市开发建设的区域之间的空间界线，是允许城市建设用地拓展的最大边界。合理划定城市开发边界，有利于节约用地和保护耕地，促进城市转型发展，提高城镇化质量。合理划定城市开发边界，要收集城市及相邻区域的地形地貌、生态环境、自然灾害、历史文化以及基本农田分布等相关资料，充分考虑生态红线、自然灾害影响范围和永久基本农田等限制条件，以道路、山脉、河流或者行政区划分界线等清晰可辨的地物为参照，选择其中集中成片或成组的建设用地，结合城市发展总体规划、土地利用总体规划等相关规划，确定城市开发边界的范围和面积。

第二节　实施环境共治

一　深化跨区域水污染联防联治

以改善水质、保护水系为目标，全面实施化学需氧量、氨氮等多种污染物协同控制和涉水工业企业全面达标排放计划，大力实施水环境综合整治工程，强化工业废水污染治理，抓好农村地区水污染防治，系统推进水污染防治和水生态保护，促进大都市水环境质量明显提升。

一是确保饮用水源地水质安全。加强集中式饮用水源地保护，在河流源头、饮用水水源保护区及其上游严禁发展高风险、高污染产业。深入开展县级以上集中式饮用水水源地达标建设，开展专项整治行动。加强城市备用水源地的保护与建设，显著提高饮用水水源应急保障能力。加强农村饮用水源地保护，保护有饮用水供水功能的水库和湖泊河流，重点做好老樟窝水库、井湾水库、龙头水库、宋爻水库、王堂水库、后寺河水库、慈云寺水库以及村镇地下水井群的水源地保护工作。

二是全面开展水环境综合整治。加强黄河、贾鲁河、惠济河、颍河、卫河等重点流域的水环境综合整治，建立和完善跨境断面区域水污染防治联动协作机制。加强流域水生态环境功能区质量目标管理，建立流域水生态环境功能分区管理体系，确保达到水环境功能区水质要求。着力改善污染严重河流水质，推进卫河、双洎河、颍河等河流综合整治，实施流域污染防治与生态修复工程。强化环境执法，坚决打击违法排污行为，重点解决局部河段污染严重问题。大力开展污水深度处理，推进老旧城区污水收集管网和雨污分流改造，全面提升城镇生活污水集中处理能力与水平。积极推进地下水污染防治，健全地下水环境监管体系。

三是加强工业污水治理。严格环境准入，在水污染防治重点控制区域、缺水地区、生态敏感区域，限制耗水量大、废水排放量大的新建和单纯扩大产能的项目建设。实施工业污染物减排工程,对重点工业企业治污设施进行提标改造,进一步削减化学需氧量、氨氮排放量。严格控制特征污染物排放,确保重金属、有毒有机物等稳定达标排放。全面排查并淘汰落后产能,鼓励企业实施清洁生产,提高工业用水循环利用率,减少废水排放总量。集中治理产业集聚区水污染,使区内污水管网全覆盖,污水能够实现集中处理。优化工业企业空间布局,推动重污染企业退出大都市区的城市建成区。

四是加强农村地区水污染防治。大力发展生态循环农业,开展农作物病虫害绿色防控和统防统治,推广应用新型肥料和高效低毒低残留农药,减少农业面源污染。着力改善农村水环境和用水条件,实施村庄河塘清淤和河网水系联通等水环境治理工程,保障农村河道河畅水清、人水和谐。加快推动村庄与集中居住区生活污水处理系统建设工程,提高农村生活污水收集处理率。通过实施保水保土、农田整治、生态修复等工程措施,因地制宜打造农村生态清洁型小流域。

二 联手防治大气污染

推进大气污染联防联控。加强地市联动、区域协作,建立统一协调、联合执法、信息共享、区域预警的大气污染联防联控机制,对重大建设项目实行环境影响评价区域会商机制,开展区域大气环境联合执法检查,全面开展二氧化硫、氮氧化物、颗粒物、扬尘、工业烟粉尘、挥发性有机物以及城市面源等多污染源多污染物协同控制,推动大都市区大气污染协同治理。

一是深化工业废气污染治理。强化对石化、化工、电力、钢铁和建材等行业大气污染物的治理和监管,推进燃煤电厂超低排放改造以及钢铁、水泥、建材等行业脱硫脱硝除尘达标治理,实施工业锅炉及炉窑烟气脱硫、低氮燃烧和高效除尘改造,全面关闭排放不达标的燃煤锅炉,进一步提高工业烟尘、粉尘的处理效率。强化郑州、开封、焦作、许昌、新乡等重点城市煤炭消费总量控制,推动雾霾严重的城市逐步实现煤炭消费负增长。完善挥发性有机物产品准入标准和监控体系,以化工园区及石化、干洗、喷涂、印刷等行业为重点,全面开展挥发性有机物污染调查与治理工作。在石化行业推行"泄漏检测与修复",对化工企业有组织地排放废气,采取回收、焚烧等方式进行治理。对汽车、家具等涂料使用行业,开展挥发性有机物污染防治。

二是全面整治机动车排气污染。研究制定机动车总量控制政策,重点控制大型载客汽车和重型货车的增长,适时出台机动车限购调控措施。提高机动车和非道路动力机械排放标准,对非道路动力机械实施环保标志管理。控制非道路动力机械污染,没有达到国Ⅳ标准的非道路动力机械禁止在大都市区内销售和使用。加快制定外地高污染车辆限行政策,禁止低于国Ⅳ排放标准的外地车辆进入中心城区。加大高污染车辆淘汰力度,加快淘汰老旧机动车,淘汰主城区内燃油助力车。完善智能化机动车管理系统,探索实施交通排污费征收调控手段。制定新能源汽车推广计划,规划建设充电设施,鼓励发展电动汽车等新能源汽车。鼓励使用公共交通工具,所有公交、出租车辆均达到国Ⅳ以上标准。

三是综合整治城市扬尘和生活性污染。全面推行绿色施工,建设工程施工现场应全封闭设置围挡墙,严禁敞开式作业,施工现场道路应进行地面硬化。渣土运输车辆采取密闭措施,并安装卫星定位监控系统,健全道路遗撒监控系统。推行道路机械化清扫等低尘作业方式,推动道路保洁扫、洗和收集一体化。加强仓储、车站等地装卸作业及物料堆场扬尘防治。大型煤堆、料堆实现封闭储存或建设防风抑尘设施。加强城市市区和城乡接合部裸露地面绿化。积极开展扬尘污染控制区创建活动,不断扩大控制区面积。

四是防控秸秆焚烧污染。加强秸秆综合利用。加大对秸秆收集和综合利用的扶持力度,实行有利于秸秆收集和还田的收割方式,完善秸秆收储和利用设施,制定鼓励秸秆收集利用的财政和经济政策,推动秸秆综合利用的规模化、产业化发展,从源头控制秸秆禁烧。严格实施秸秆全面禁烧。落实禁烧工作责任,将秸秆禁烧落实情况与生态补偿政策和环保工作考核挂钩,层层落实禁烧责任制,杜绝秸秆焚烧现象。

三 加强固废危废污染联防联治

坚持预防为先,着力消除固废危污染隐患,强化城市间固体废弃物联

郑州大都市区建设研究

合处理处置，鼓励跨区域合作共建危废处理设施，健全生态环境事件应急网络，妥善处置环境突发事件，维护生态环境安全。

一是加强重点行业与区域风险防范。重点加强石化与化工行业环境风险防控，全面掌握排查危险化学品生产、使用及存储情况以及风险隐患，健全环境监管及风险防范制度，严厉查处环境违法行为。加强化学品生产、储运过程中的风险防范和监管，实施危险化学品环境管理登记制度和危险化学品企业环境风险分级管理制度。开展重点防控区域化工有毒污染物的污染预防与控制示范工程，推广绿色的化学工艺及产品。

二是加强危险废物安全处置。规范危险废物处置设施建设，鼓励跨区域合作共建危废处理设施，促进危险废物利用和处置行业的产业化、规模化发展。强化危险废物风险管理。重点对产生危险废物的企业和负责危险废物运输与处理的单位加强环境风险管理，着力解决历史遗留的危险废物污染防治问题。全面提高危险废物应急处置能力，建设危险废物贮存场和危险废物应急贮存库。加快建设一批固废资源回收基地和危废处置节点，构建区域性资源回收、加工和利用网络。逐步加强对实验室危险废物等非工业源危险废物的管理，重点在移动通信、电动自行车销售、机动车维修等行业，开展废铅酸、废铁锂等各类废电池的回收工作。实施一批生活污泥深度脱水、污泥焚烧及综合利用项目，提高污泥处置处理能力。强化城市间固体废弃物联合处理处置，优化生活垃圾填埋场、垃圾焚烧厂等环境基础设施布局。

三是加强土壤与重金属风险防控。加强农用地土壤污染监管。以重要农产品产地、特色农产品基地、基本农田，尤其是以"菜篮子"基地为监管重点，开展农用土壤环境监测与评估。加强重点区域土壤污染监控。强化对产业集聚区、专业园区等重点区域和金属表面处理及热处理加工等重点行业周边区域的土壤环境监测与风险评估，预防和控制重金属对土壤的污染。加强污染场地土壤治理。强化污染搬迁企业旧址、服役期满的工业用地等土地再开发利用的风险管理，建立申报、建档和风险评估制度，对污染场地土壤进行综合治理与修复，确保土地转换用途后的安全利用。

四是加强核与辐射安全监管。加强废弃放射源收贮工作，确保放射性污染物得到安全处置。实施放射源在线监控系统建设工程，对医疗、工业、科研等重点放射源实施远程监控，逐步提高现有放射源在线监控率。实施辐射安全监管信息系统建设工程，将放射性废物库监控系统等进行有效整合。

第三节　共同建设绿色城镇

一　提升城镇整体绿化水平

以适应大都市建设和人民群众宜居宜业需求为目标，以增绿、补绿为主要内容，统筹城镇园林绿化工作，提升城市绿化空间品质，形成人与自然和谐共生的绿色空间格局。

一是全面推进城郊绿化。根据"城区绿化与城郊绿化同步，绿量扩张与绿质提升并举，生态效益与景观效益兼顾"的原则，全面推进城郊绿化。在城郊接合部、城市环线周边等脏乱差区域实施城郊绿化工程，对工业三废、噪声污染、违章建筑等开展环境综合治理，推进拆违还绿、造景添绿项目建设。在城市的出入口及绕城高速公路实施绿化提质改造，建成环城绿色廊道。

二是加快城镇增绿透绿行动。提升街景绿化品质。街景绿化结合城市建筑设计风格和不同街区的风貌特色，在主城区以及街道、镇所在地实施彩色绿化工程。以城市主干道为轴线，建设城市林荫大道，使城区道路增树、增绿、增景。加强城市次干道、背街小巷新植新造，全面推动公共绿地建设。大力倡导屋顶、阳台、墙体立面、立交桥等立体绿化，改变城市"水泥森林"形象。推进社区（单位）绿化工程。推进绿化进单位、进企业、进社区、进园区，着力建设公园式、花园式社区和园区。

三是扩建公园绿地。结合城中村改造、城乡环境整治、弃置地生态修复等，加大街头游园、社区公园、郊野公园、绿道绿廊等规划建设力度，满足市民出行"300 米见绿、500 米见园"要求。优化整合城市土地资源，新增和扩建城市休闲游园绿地，建成一批引领城市景观亮点的园林精品，为市民提供更多的休闲娱乐场所。推进城市健身休闲绿道建设，方便市民骑车、健身、游憩和亲近绿色。

四是提升绿色空间品质。尊重城镇自然格局，划定禁建区、限建区、适建区以及绿线、蓝线、紫线和黄线"三区四线"。优化城镇生态空间布局，加强城镇周边及内部生态水系保护，打造城市视廊体系。突出人性化空间尺度设计，推广低强度的小街区建设模式。加强历史文化街区、传统记忆地区和历史建筑的保护，有序推进城市更新。

二 发展城镇绿色经济

推动经济发展方式转变，努力构建科技含量高、资源消耗低、环境污染少的绿色产业结构，加快发展绿色经济，有效降低发展的资源环境代价，走出一条经济发展与生态环境改善共赢之路。

一是加快产业绿色化转型。推行绿色生产方式，发展绿色园区，建设绿色工厂，打造绿色供应链，实施绿色评价，实现生产低碳化、循环化和集约化。加快淘汰落后产能，推动产业业态互补、高中低端协同融合发展。加快太阳能光伏发电、水电等新材料、新装备研发和生产，发展节能与新能源汽车产业。大力发展现代服务业，提高生产性服务业比重，提升生活性服务业质量，加快建设国家服务业核心城市。大力发展郑州、开封、焦作、许昌、新乡的文化旅游产业，优化大都市区全域旅游空间布局，培育发展特色旅游业态，加快建设世界旅游目的地城市。推动传统文化产业转型升级，促进文化与旅游、科技、生态、体育等深度融合，培育新型文化业态。

二是促进资源绿色高效利用。按照"减量化、再利用、资源化"原则，加快建立循环型农业、工业、服务业产业体系，研究推进循环经济产业园区建设，提高全社会资源产出率。推动工业、交通、建筑、商业等重点领域节能减排，加快低碳城镇、低碳园区和低碳社区试点示范，逐步提高节能标准。实施生活垃圾强制分类收运、分类处置。强化土地利用规划管控和用途管制，实行建设用地总量控制，加强地下空间综合开发利用，提高土地利用效率。大力发展低耗水产业，推广高效节水技术和产品，创建节水型企业（单位），加快建设节水型社会。

三是推动绿色科技创新。加强绿色产业关键技术攻关，重点突破节能减排、资源循环利用、新能源开发、污染治理、生态修复等领域关键技术。打造一批绿色科技成果转化平台、中介服务机构，加快成熟适用技术示范应用。优化绿色科技创新环境，强化知识产权公共服务和司法保护，完善绿色科技创新人才引育、激励、使用机制。

三　推动基础设施建设绿色化

全面落实集约、智能、绿色、低碳等生态文明理念，提高城市基础设施绿色化建设水平，优化节能建筑、绿色建筑发展环境，建立相关标准体系和规范，提升城市生态环境质量。

一是推广城镇绿色建筑。推广绿色建筑和建材，严格执行建筑节能强制性标准，注重建筑文化风貌，提升建筑品质。在旧改、棚改、立面综合整治等工作中同步实施建筑节能改造。推进建筑工业化，提高装配式建筑比例。

二是建设绿色交通。贯彻落实公交优先战略，完善绿色公交基础设施建设，构建方便快捷的公共交通网络体系。推广智能交通管理，缓解城市交通拥堵。推进城市步行和自行车交通系统建设。城市交通要落实行人优先的理念，改善居民出行环境，保障出行安全，倡导绿色出行。郑州、开封、许昌等城市应建设城市步行、自行车绿道，加强行人过街设施、自行车停车设施、道路林荫绿化、照明等设施建设，大力发展城市公共自行车，切实转变过度依赖小汽车出行的交通发展模式。

三是建设海绵城市。以"自然积存、自然渗透、自然净化"为原则，合理采取"渗、蓄、滞、净、用、排"等措施，全面实施海绵城市工程建设，促进降雨就地消纳和利用，逐步实现城区小雨不积水、大雨不内涝、水体不黑臭、热岛有缓解。

四是建设地下综合管廊。开展城市地下综合管廊试点，支持有条件的区（市）县建设综合管廊，可以在许昌、新乡、焦作等城市因地制宜建设一批综合管廊项目，形成省内示范、规模适中、分片成网的现代综合管廊系统。新建道路、城市新区和各类园区地下管网应按照综合管廊模式进行开发建设。搭建管廊信息平台，实施管网智能监测。

四　倡导城镇生活方式绿色化

弘扬正确的价值理念和消费观念，倡导勤俭节约、绿色低碳、文明健康的生活方式和消费模式，让绿色生活成为公众自觉自律的行为。

一是倡导绿色节能生活。倡导绿色住房消费，积极推广使用绿色建材和节水型器具、LED 照明等节能环保低碳产品，引导绿色装修。积极引导公众购买节能与新能源汽车、高能效家电、节水型器具等绿色环保低碳产品，减少一次性用品使用，抵制过度包装。全方位开展反食品浪费行动，党政机关、国有企业要带头厉行勤俭节约，推动全民在衣、食、住、行、游各方面加快向勤俭节约、绿色低碳转变。

二是倡导生活垃圾分类处置。按照减量化、资源化、无害化的原则，建立生活垃圾分类回收机制，推动生活垃圾收运体系与再生资源回收体系有机结合，加快建设生活垃圾和再生资源回收站点、分拣中心、集散市场"三位一体"的回收网络，推进餐厨废弃物资源化利用。

三是营造绿色生活文化氛围。加强绿色生活文化宣传教育，利用电视、网络、报纸等媒体，普及环境保护法律法规、科学知识，在社区街道、工厂企业、中小学校等全面开展绿色生活文化教育，倡导勤俭节约、绿色低碳、文明健康的社会新风尚，并通过主题宣传活动、展览展示、典型示范、岗位创建等多种形式，广泛动员全民参与绿色生活方式建设行动。

第四节　建立大都市生态环境协同共赢机制

一　建立生态环境协同共赢的组织体系

大都市的环境治理和生态建设问题涉及不同行政区域，需要借助一定的组织形式或机构支撑，进行必要的协调，解决大都市区面临的生态环境问题。

一是建立大都市区生态环境保护委员会。把生态环境保护委员会作为大都市区环境保护和生态建设的最高协调与决策机构，明确其法定地位和权力，对生态环境保护委员会的成员构成、职能权限、决策程序、法律责任、工作机制等做出相应的制度性规定。生态环境保护委员会的成员主要由发改委、环保、国土、林业、水利、农业等有关职能部门和相关领域的专家学者等组成，其职能主要是研究解决涉及跨区域、跨部门的重大环境问题，对经济与社会发展的重大决策、规划实施以及重大开发建设活动可能带来的环境影响进行充分的研究论证，对重大环境活动提出政策指导和建议。

二是建立和完善大都市区生态环境合作的联席会议制度。联席会议是大都市区重大生态环境事项集体会商、环境纠纷处理、环境信息交流的平台，主要包括城市之间生态环境治理联席会议和主要流域生态环境治理联席会议，城市之间生态环境治理联席会议主要讨论不同城市间环境治理的合作与协调，协调解决跨区域生态破坏、环境污染问题，对区域重大环境问题和跨市域环境问题进行研究，组建大都市区环境联合执法小组，强化对大都市区污染治理工作的监督检查等。主要流域生态环境治理联席会议主要讨论处理有关流域生态环保协调与合作，处理流域环境管理中的纠纷，协调各方利益，处理河流上下游、左右岸的关系，参与制定跨界生态环境保护和防治规划，加强边界地区建设项目环境管理，加强边界地区联合执法和环境污染整治。

二　建立大都市区生态环境协同共赢的综合决策制度

综合性决策制度既是协调各部门、各地区利益的平台，也是推动环境治理由末端治理向系统治理转变的关键。生态环境协同共赢要求在决策过程中对环境、经济和社会发展进行统筹兼顾、综合平衡，将生态环境目标纳入相关政策领域。

一是建立大都市区生态环境与经济发展综合决策制度。坚持环境优先的发展原则，大都市区建设在处理环境与发展的关系中，必须坚持环境优先，公共政策的制定必须体现鼓励资源节约和环境保护的价值取向，体现生态环境合作治理的制度约束，在保护中发展，在发展中保护。实施对环境有重大影响的重大经济政策、规划、基础设施建设、开发区建设等重大决策事项，必须进行环境影响评价，组织其他相关部门和专家进行会审。生态环境保护的要求要逐步渗透到各类政府规划、政策的制定和执行之中，促进生态环境政策与其他政策的一体化。

二是建立大都市区政府规划间环境目标衔接制度。在大都市区生态环境治理中，各级政府间的总体规划、专门规划或流域规划中的环境目标一致与衔接是生态环境治理协调合作的基本要求。政府及部门要处理好局部与整体、经济建设和社会发展、城市建设与环境保护等一系列关系，将环境建设纳入各类规划之中，实现不同规划在环保政策层面的对接，确保各类规划中环境保护目标措施衔接一致。

三是建立大都市区重大建设项目联合会审制度。凡是在区域边界和环境敏感区建设可能造成跨行政区域不良环境影响的区域性开发和重大项目，除了进行环境影响评价外，还要建立联合审查审批制度。严格边界建设项目环境准入，以属地为主，征询相邻政府环境主管部门意见，推进边界建设项目联合管理，防止污染跨界转移，避免产生环境污染纠纷。

三 建立大都市区生态环境协同共赢的执法合作机制

环境管理和环境执法是环境保护和生态建设的中心环节，建立大都市区执法合作机制主要包括环境联合督查制度、跨界河流联合共治制度、环境基础设施共建制度、区域环境应急协作制度等。

一是建立大都市区环境联合监察制度。在不同城市政府之间建立联合执法机制，通过开展联查、互查行动，采取有效措施，及时消除生态环境安全除患，联合打击各类生态环境违法犯罪行为，合理协调处理生态环境事件。对于跨行政区或交界环境问题，根据需要建立相邻政府联合执法小组，开展区域饮用水源保护地重污染企业排查，处置跨界突发性环境污染事件，处理行政区域交界地区的环境污染纠纷。

二是建立大都市区跨界河流联合共治制度。加强流域统筹，打破行政区划壁垒，制定统一规划和目标，明确职责，强化协调河流上下游和左右岸联防共治，发挥综合治理效益。在大都市区内所有跨县的河流交界段面处建立水质联合监测点，在交界断面安装水质自动监测装置，确定水质控制指标，落实河流上下游和左右岸相邻政府的责任，强化跨界河流断面水质目标管理和考核。上下游政府之间定期进行联席会商，相互通报并商讨跨界水污染防治工作。

三是建立大都市区环境应急协作制度。突发环境事件危害性、扩散性强，需要政府间或多个政府部门的联合应急处理。制定联合应急预案，建立协同作战、响应快速的区域环境应急监测网络。完善应急监控系统，加强重要环境敏感区域污染监控预警，加强区域流域环境风险防范，共同建立各类环境要素的环境风险评价指标体系。

四 建立大都市区生态环境协同共赢的信息系统

信息资源是生态环境合作治理的基础性资源，必要的信息资源能增强政府协同治理能力，提高合作治理效率，因此，需要建立环境信息互通共享机制，保证环境信息的时限性、全面性和准确性。

一是建立大都市区环境信息共享平台。充分利用现有互联网、政府网络资源，依托电子政务网络平台，建立生态环境管理信息应用系统和生态环境基础信息数据库，促进生态环境信息高速传输和处理，并与有关部门实现信息接口兼容，与各环保主管部门联网，实现上下级政府、横向政府之间生态环境信息资源共享，环境信息共享，及时、准确、完整地掌握大都市区内各地区、各流域环境质量及其动态变化趋势。

二是完善大都市区环境监测信息平台。建立大都市区环境动态监测数据库，全面实现监测数据处理的信息化、数据传递的网络化，实现各类环境监测信息共享。完善生态环境数据库管理，科学进行数据采集，加强数据质量控制，对不同部门间环境监测结果不一致的，由县级以上环境保护部门报经生态环境保护委员会协调后统一发布，形成权威的、有效的监测数据信息资源，推进在线监控系统的规范化、标准化管理。

三是健全大都市区生态环境信息通报制度。定期发布城市空气质量、流域水质、饮用水源水质、城市噪声等信息，公开重点污染源环境信息、环境影响评价信息、建设项目环保审批情况和环境监察信息，及时向社会通报重大环境污染事件的查处情况，保障公众环境知情权。政府部门间要建立信息通报制度，不同城市间、流域内政府间也要进行环境信息通报，及时有效地对生态环境工作进行沟通、协调，避免各地、各部门因信息不对称而造成沟通障碍，特别是面对环境突发事件，需要即时通报，确保各相关城市能及时掌握情况和共同参与应对。

第十三章
郑州大都市区协调与管治机制

建设郑州大都市区是一项纷繁复杂的系统工程，它涉及经济、社会、文化、生态以及管理制度等方方面面，不仅要充分发挥市场机制的调节功能，也要更好地发挥政府的统筹协调作用，更需要建立能够打破政府之间、政府与社会之间、政府与企业之间权力界限的合作机制。这就需要建立大都市区协调组织，大力发展行业协会，以行政管理体制改革为突破口，加快公共服务市场化改革，并发挥传统文化的整合作用，从而形成良好的协调与管治机制，以保障郑州大都市区实现平稳快速的发展。

第一节 郑州大都市区管治的理念

一 管治主体：从一元化向多元化转变

在计划经济时期，"全能型政府"的理念强调政府全面又直接地介入经济社会生活的方方面面，政府大包大揽、无所不能，权力和资源都高度集中在政府手中，形成了一元化的管理体制。随着经济社会发展更新加快，新生事物不断涌现，政府规模不断扩张，但政府规模的扩张并未提升政府能力，其消极效应越来越明显。这与大都市区经济社会活动的扩散性、公共事务的跨区域性与政府管治的边界性形成了突出矛盾，亟待新的管治理念来替代这种一元化的理念。随着市场经济体制的逐步完善和新公共管理主义的兴起，多中心治理理念在区域治理中越来越受到重视，它强调政府应该是"有限权能政府"，只是城市公共物品的提供者和调节者，而非社会经济的主导者。多中心理论是与集权和分权结构相反的，这种治理结构为公民提供机会组建多个治理当局。①

郑州大都市区由郑、汴、新、焦、许五大城市中的相关区域组成，县（市、区）级行政单位有 33 个，如果仅靠政府力量直接管理大都市区发展事务，无论是从行政管理体制方面还是市场经济发展需要方面都是乏力的。大都市区从本质上说是一个经济区域而非行政区域，没有配置相应的行政权能。为了更好地适应大都市区经济、社会、生态的变化，提高大都市区管治的效率和质量，就需要发挥不同主体的积极性和治理能力，通过政府与其他各种力量的合作来完成，也就是说要形成由政府、企业、科研院校、社区组织、市民共同组成管治主体的多元化治理中心（见表 13 - 1）。多元化的管治理念强调政府与企业合作、政府与非政府组织合作、企业与非政府组织合作等各种合作模式在大都市区建设中发展起来，共同推进大都市区一体化进程。

表 13 - 1   大都市区多元化管治主体

治理主体	特 征	类 型	实例说明
政 府	行政权威	政府机构 事业单位	政府职能部门 高校、科研院所
市 场	追逐利益最大化	企 业	企 业
社 会	公益性、志愿性、自愿性	区域性社会组织 行业性社会组织	社区组织 各种产业协会

二   区域认同：从分立向融合转变

思想观念的统一有助于降低交易费用，实现集体行动合作。认同感的形成是大都市区合作共建的心理基础。大都市区跨界治理理念的实质是对市场原则和公共利益的认同。由于经济活动所需的资源在空间上并非呈均质状态分布，经济活动面临空间的成本差异、经济或产业的结构差异以及

---

① 埃莉诺·奥斯特罗姆、拉华·施罗德、苏珊温：《制度激励与可持续发展》，上海三联书店，2000，第 204 页。

制度差异，进而决定了区域间在经济规模、发展水平和发展能力方面存在差异，最终导致大都市区内的发展不平衡。因此，在行政区划体制不可能很快从根本上解决矛盾的情况下，政府间的协调就成为关键。① "合则两利，分则两败"，只有当各地政府认识到唯有一体化发展才能实现共赢时，相互融合才真正成为政府和市场共同的行为。大都市区发展必须摆脱行政区划分割的障碍，消除地方保护主义，不断就一体化发展问题寻求和建立共识。

"合作就是机遇，融合就是力量"的理念已经成为大都市区一体化建设的协商与合作基础。融合发展的理念有助于提高各级地方政府参与大都市区建设的自觉性，逐渐从个体分立的本地意识转变为集体融合的区域认同和良好预期，在发展过程中协调好局部利益与整体利益、当前利益与长远利益的关系。比如，在大都市区发展过程中，可能会涉及行政区划的调整，部分县（市、区）的行政区划会发生变化，在产业结构调整、同城待遇、子女教育、社会保障等方面会带来巨大的波动，这都需要本级政府树立全局观念，站在整体融合发展的角度形成共识。各级政府应采取切实措施，通过示范导向、规划导向、政策导向、服务导向及舆论导向等来不断加深人们对"郑州大都市区"理念的理解，促进大都市区一体化观念的形成，让各方利益主体在各个层面上切实认识到大都市区建设的价值与意义，实现多向互动、共生共赢。

三 权力关系：从单向度到多维度转变

现有传统的行政区划制度将区域自上而下划分为多个等级层次和区域，不同层级和区域的行政权力配置不同的职能，实施等级管理和区划管理。由于行政单元的多样化和区域化，伴随着市场经济的发展，单向度的权力关系逐渐被打破，权力运行呈现出多维度的离散关系，权力资源逐渐从闭合的政府组织向市场、社会组织流动，在不同的权力主体中形成多维度的协调、谈判、契约及合作伙伴关系，形成网络化权力结构。大都市区

---

① 联合考察组：《探索城市群一体化道路——关于长三角、珠三角、中原、长株潭等城市群的考察报告》，"湖北将推址武汉城市圈建设领导小组第三次（人）会议交流材料"，2006 年 5 月 31 日，第 8 页。

协调与管治的最佳途径是突破行政区划分割状态、行政体制等级关系，实现跨行政区在不同层级政府组织之间、不同职能单位之间、政府组织与非政府组织之间、政府与社会组织和企业组织之间通过全方位交叠与嵌套形成多层次的协商、合作与衔接机制，从而实现大都市区共同管治（见图13-1）。

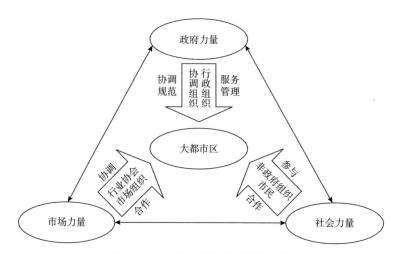

图 13-1　大都市区多维度管治架构

郑州大都市区战略构想的实现，需要将对权力关系的认知理念从单向度的政府主导转变为多维度的合作治理。各级政府应挣脱权力博弈与利益争夺的狭隘立场与思维束缚，从政府职能的本质要求出发，积极探索合理分权、利益共享、遵循法制、顺应市场、协调融合、效能并存的都市区管治架构。具体来说，就是要发挥市场机制的主导性作用，充分运用市场力量实现资源要素在大都市区内的整合与优化，防止单靠行政权力搞"拉郎配"；以经济利益关系为纽带，在多个利益主体之间形成互惠互利、合作共赢的利益共享和成本分担机制；以各类市场组织为主体，充分调动国有、民营、外资企业及各类社会组织参与大都市区建设的积极性和创造性，充分展现企业在区域合作中的主体作用；以产业错位互补与链式发展为主线，强化大都市区产业集群化发展，培育大都市区与优势产业和品牌；以政府宏观调控为推手，通过制定战略、统筹规划、强化政策措施来推动大都市区发展。

第二节　郑州大都市区管治的影响因素

一　政府与政府之间的关系

（一）权责利不明晰：大都市区政府间的博弈格局

大都市区形成的主要目的是使空间内各个主体从竞争走向合作，从"零和博弈"走向"正和博弈"，从而提升区域的整体竞争力，为居民提供更加充足和优质的服务。大都市区管治机制中的核心主体是各级政府，府际关系涉及的内容很多，如财政划分、产业发展、区域发展战略等，这些内容不可避免地涉及权责利的关系。在大都市区域各地政府及其与上级政府的博弈过程中，由于权责利不明晰，引发出各种各样的问题，给有效管治造成困难。改革开放以来，上下级政府特别是中央与地方、省级与地市级之间的分权大致分为两个层面，一个是财政权利（简称财权）的分配，另一个是行政事权（简称事权）的分配。不论是财权还是事权，都具有共同之处，二者都涉及资源性分配，比如财政税收分配比例、行政审批权限、规划制定政策等；二者在内容和程度上都具有选择性，即地区倾斜性或优惠性倾向较为明显。在国内上下级关系的权威作用非常强大的背景下，作为大都市区发展战略，仅靠大都市区内部各级政府的协调统筹明显是不够的，上级政府尤其是省级政府层面有责任对大都市区发展战略给予确认或肯定。目前，郑州大都市区在区域规划、财政资源分配、产业融合等各个方面都还未形成省级政府层面上或者由省级主导签订的相关协议。正如各地的国家级战略需要得到中央部门确认一样，郑州大都市区的发展至少需要得到河南省级政府层面的支持才能够顺利进行。即便是没有省级层面明确支持，也至少需要以一定的官方形式确定下来，以避免在区域内的各级政府领导人换届过程中出现"新官不理旧账、一届政府一种政策"的现象，保证大都市区发展战略的延续性。

（二）行政壁垒与恶性竞争：大都市区政府间的合作困境

行政壁垒是指政府及其职能部门利用行政权力、通过行政指令等方式对潜在主体进入特定领域的自由进行限制、干预所形成的阻碍，它是制约区域合作的重要因素。由于行政壁垒具有强制性、随机性和主观性，某些地方政府为了将本区域利益最大化，违背经济发展规律，对市场经济发展进行行政干预，大搞地区封锁，进而形成地方保护而忽视区域的整体利益，造成行政区之间的资本、技术、人才、信息等要素无法快速交流，使区域间的资源无法实现最优配置。伴随着行政壁垒的还有政府间的恶性竞争。事实上，大都市区内的很多企业竞争渗透着强烈的地方政府经济行为，随着社会主义市场经济体制的建立，市场经济在资源配置中占主导地位，但是由于与之相配套的政治体制的改革尚不完善，政企并没有完全分离，企业在经济活动中仍然会受到行政权力的制约和影响，使企业之间竞争成为各政府之间的竞争。更甚之，有的政府企业化，变成了市场经济大潮中的一名超级运动员，出现政府不讲市场经济秩序的现象。比如招商引资，本应由企业出面洽谈项目、引进投资，结果却由政府一手包办，政府与投资者洽谈并滥用权力，承诺各种优惠政策，俨然成为一个投资者。相邻地区之间各自为政，各自产业结构互不关联，这往往就造成区域产业结构不合理，既没有发挥产业集聚的效益，也容易造成公共基础设施的重复建设和公共资源的浪费。伴随大都市区的扩张与发展，这种无序竞争的经济活动和决策行为所带来的负效应日益显现，成为影响和制约大都市区健康有序发展的障碍。因此，构建大都市区稳定和谐的政府间关系不仅需要消除地方保护主义思想，其实质性问题是要加强利益平衡的机制或制度建设。

二 政府与市场之间的关系

（一）大都市区管治的政府失灵

就市场经济条件下的政府行为而言，政府是对市场机制的有效补充，但政府行为的效率取决于三个相互依存的前提条件：一是政府决策的民主性、科学性和合理性及决策程序的规范性；二是政府有执行决策的全部能力，不存在执行的组织、信息及观念障碍；三是政府作为公共利益的代表者及社会利益矛盾的仲裁人不受自身利益和其他特殊利益集团的影响而且具有公正性。无论在理论上还是在实践中，这些前提条件都或多或少难以满足，这也必然导致政府失灵，主要表现就是政府的越位和缺位。越位是指政府替代市场机制来配置资源，应该退出对资源进行配置的领域而没有退出，缺位是指本应由政府承担的义务却没有完成，对应该管理的领域没有进行有效的管理。比如，各地政府可能会制定各种措施阻碍跨区域的统一市场体系的形成，限制本地的企业跨区发展，使经济要素资源过度集中在某些城市，导致空间布局失衡、产业同构、重复建设等问题；还有些出于各自地方利益和规避投入责任的考虑，使得社会事业共建共享进展缓慢。政府失灵的主要原因在于市场化的改革使地方政府成为新的利益主体，多元化的利益格局开始形成，但由于相应的激励与约束机制不健全，地方政府在追求自身利益的最大化与社会效益最大化之间产生矛盾。

（二）大都市区管治的市场失灵

由于市场化改革不充分而导致市场机制在资源配置的某些领域运作不灵，达不到资源的最优配置，产生市场失灵。导致区域协调发展中"市场失灵"的因素比较复杂。首先，一般意义上的外部性、公共产品提供、垄断、信息不对称、周期波动性及收入公平等问题，使得市场机制被破坏而扭曲了资源配置取向。最典型的例子就是市场经济很难解决的外部性问题，如上游地区产生的污染需要下游地区来治理。未来大都市区是一个相互紧密关联的有机整体，区域内的重大基础设施、生态资源及环境的开发与利用等都存在正的或负的外部性，不论是正的外部性还是负的外部性都会造成私人收益与社会收益的差距，从而引发矛盾。其次，由于存在影响要素资源分布的空间因素，如各个区域之间的自然资源禀赋可能存在显著差异，市场机制本身无法解决为实现大都市区协调发展的目标而出现"市场失灵"。在区域内部存在较严重的经济垄断和行政性垄断、市场分割与封锁现象，阻碍了区域统一、开放、竞争和有序的市场格局的形成，也由此加剧了地方之间、部门之间的利益冲突，并干扰上级政策的贯彻执行。再次，从区域经济一体化来看，企业的跨区经营是推进经济一体化的重要条件，大型的跨国公司在中国投资都是以跨区经营为基本特点，而我国的企业特别是国有（或集体）企业，在其现代企业制度没有建立起来之前，企业的空间扩张决策总会受到地方政府直接或间接的干预，从而影响企业的空间扩张。

（三）政府与市场的共同作用

"从城市发展起源来看，公共产品供给的规模效益与经济要素集聚的交易效率是城市孕育、发展、成熟的动力，城市是代表着公共产品的'城'与代表着市场交易的'市'的融合。"[①] 大都市区协调发展仅仅依靠政府的努力是难以实现的，日益复杂的经济、社会和环境治理等问题的解决，都需要建立能够打破政府之间、政府与社会之间、政府与企业之间权力界限的合作机制。随着经济社会的发展，政府职能进行重新定位，市场竞争机制不断引入，而政府改革的一个重要环节就是分权，即权力下放。大都市区管理体制变革不再仅仅局限于基于科层制行政管理而设立的权威的、集权的、统一的大都市政府模式，或是基于市场机制的分散化地方政府竞争模式。有效的管治必须建立在良好的市场基础之上，运用市场原则来实现区域内的资源配置，充分发挥市场的作用。在市场经济体制约束下，政府使用资源主要是用于向社会提供公共品及服务，维护和完善市场经济体制的秩序，反映在发展战略中就是实现发展战略目标，既要充分履行政府应尽职能，又要最大限度地利用市场力量去配置资源，这是一种可能达到的均衡状态。

三 政府与社会之间的关系

（一）市民社会的崛起

城市作为人口最为密集的地域，必然存在各种各样的偏好和需求，这种偏好或需求通过价值观念、经济利益等多元化方式表现出来，进而分化为众多阶层以及各种各样的利益主体。当前政府并没有完全的能力来满足各方需求，必然需要借助外力来实现。城市从根本上来说是市民的城市，

---

① 胡拥军：《新型城镇化条件下政府与市场关系再解构：观照国际经验》，《改革》2014年第2期，第120~130页。

不是政府的城市。随着新公共管理主义的兴起，政府、市场、社会之间的关系发生了根本性的变化，这一变化包括政府职能的市场化、公共决策民主化、公共权力多中心化。这促使除政府和市场之外的第三部门快速发展，增进了人与人的相互信任与合作，这正是市民社会（亦称公民社会）崛起的基础，也为大都市区的管理提供了新的思路。当然，要在繁杂的多样化组织之间都形成正式的跨界合作制度体系，本身也是不现实和不可能的，这就需要大量的非正式、松散性的互动合作。在很多情况下，这种非正式的合作更多依靠相关部门和非政府组织之间建立在常年工作关系基础上的地缘情结和社会资本，而不是正式的制度和政策。不管是在中国传统文化背景下，还是在西方的市民社会体系中，政治文化和心理因素是跨行政区域治理必须考虑的重要因素，以"人际交往"为核心的社会资本，是保障大都市区跨界治理有效运转的内在支撑力。

（二）政府与社会力量的合作

政府放权并不仅仅是在政府内部各层级之间的权力转移，还包括权力向市场、向社会的转移。新的管治理念强调多种主体参与社会的运作，从而在各个主体的相互冲突协作中形成多元化的管治结构。公民以集体参与的形式组成各种各样的第三部门组织，使第三部门在承担大量社会服务过程中不断壮大，逐渐在国家——市场——市民社会的管治结构中占据重要的一极，这也是避免政府失灵和市场失灵的最佳途径。在世界区域治理案例中，公众参与在区域规划和区域内各城市间的协调工作中发挥着重要作用，在很大程度上成为推动区域协调健康发展的重要因素。然而，在我国区域治理过程中的公众参与机制还不完善，与发达国家的区域治理中公众参与水平相差甚远。在长期存在的"强政府、弱社会"的社会体制下，社会组织发育程度很低，参与治理的渠道很狭窄。由于对郑州大都市区建设在意识形态层面还没有形成一个清晰的构想，在相关的发展规划制定过程中，公众参与的程度更低。除此之外，现有的社会组织大多是在政府管理部门的培育和推动下产生的，对政府的依附性很强，在发动市民参与大都市区治理方面的作用极为有限，其作为大都市区治理的主体地位也体现不出来。因此，郑州大都市区管治必须充分将市民和社会组织吸纳进来，加快培育社会组织，以填补政府和市场双失灵领域的空白。

第三节　郑州大都市区管治模式的选择

一　集权的大都市政府模式

（一）基本特征

20 世纪以来，理论界和各大都市区、城市群进行了许多有益的探索，积累了丰富的实践经验，也取得了一批理论成果，形成了大都市区管治的几种模式。第一种模式是集权的政府模式，也称为"巨人政府"模式。这种模式认为，权力越分散，责任与义务越难以界定，效率就越低，大都市区内存在多个层次政府，最终会造成政府机构重叠，职责分散不清，公共决策效率低下，难以实施有效监督。因此，应建立统一的、高度集权的大都市区政府。"一个大都市区，一个政府"，大都市区政府是唯一的决策中心，享有高度权威性，最重要的目的就是通过权力机构来实现对区域统一开发与建设，从而降低区域协调成本。

（二）典型案例：韩国的首都圈管治

韩国首都圈以首尔市、仁川市、京畿道为核心，集中了近50%的韩国人口、50%以上的制造业和70%以上的GDP。它是韩国的产业密集区，也是具有国际影响力的都市圈之一。① 目前，首尔侧重于服务业，仁川侧重于物流，而京畿道侧重于制造业。韩国首都圈成立了首都圈整备委员会，由建设部主管，国务总理任委员长，财政部、建设交通部等相关部委长官及首尔、仁川和京畿道政府主要负责人任委员，充分体现了中央政府对该区域发展的重视。1972 ~ 2000 年的四次国土综合开发规划中，从国家层面明确了首都圈基础设施建设的目标、战略及实施举措，并先后实施

---

① 田香兰：《韩国首都圈的协同发展》，《中国社会科学报》2014 年 8 月 13 日。

了《首都整备规划法》、《首都圈整备规划（1984—1998年）》、《首都圈整备施行规划》等法律法规，从而将首都圈发展管理纳入法制轨道以保证其权威性。韩国首都圈建设过程中充分发挥了政府的宏观指导作用，保证了各项规划、建设的落实。①

（三）评价与启示

这种模式的优点在于：它有利于各项决策的成果得以迅速贯彻实施，有利于大都市区的统一规划，能够依靠政府的权威调动各城市的资源、财力，避免依靠市场机制可能产生的大量协调成本，尤其是在大规模的基础设施建设中能充分实现规模经济效益，大大减少内部竞争和冲突，使资源流动更为畅通。原本在大都市区内各个政府或合作成员的部分的"权力抗拒"是十分明显的，而且通常所谓的行政区划对合作与协调发展产生阻碍，因为权力排他性会产生较高的交易成本，通过集权的管治模式使得这部分排他性很强的权力内部化了，这种内部化的过程就是把合作成员的部分权力进行再分配以形成一种新的治理体制。

然而，在这种集权的管治模式下，权力和资源都掌握在大都市区政府手中，极易导致行政机构膨胀、寻租与腐败，从而降低行政效率，也与我国目前的精简机构政策背道而驰，并导致政府对经济新的行政干预。而且它还影响了地方政府权力关系的稳定，陷入等级化的官僚结构危机，难以代表不同利益，不能很好地满足人们关于民主、自治、独立以及日益多样化的需求和偏好，在一定程度上又抑制了地区政府的积极性和灵活性，导致策略成本可能会增加。因此，跨界治理应该关注和研究组织部门间关系，推动和实施跨部门治理，消除孤岛和阻隔，促进协作和联合，解决一些管理顽疾。

二 分权的市场竞争模式

（一）基本特征

市场竞争模式有三个基本要素：第一，区域公共产品以商业运作方式

---

① 梁志峰：《长株潭城市群"两型社会"建设中基础设施共建共享之湘潭对策研究》，《湖南科技大学学报》（社会科学版）2009年第2期，第115～123页。

生产提供；第二，区域公共产品供给有赢利目的；第三，市场运营的模式生产的是区域公共产品。在分权的市场竞争模式中，没有统一的大都市政府组织，各个地方政府地位平等，相互独立，但通过政府间协议合作制定竞争规则，以避免形成"诸侯经济"或"集权变异"，保障大都市区公共产品生产的效率和质量。各地方政府之间的对话、协调、合作与冲突的解决，主要依靠一些跨区域的非政府性质的联合组织来完成，相关的决策主要按照市场经济规律来进行，高效解决诸如垃圾处理、环境污染、公共交通、公共医疗卫生、消防治安等外部性较强的跨区域问题。

（二）典型案例：纽约大都市区管治

纽约大都市区以曼哈顿为核心，由纽约州、新泽西州北部及康涅狄格州南部地跨 3 州的 24 个县组成，总人口 1800 多万，是世界上最大的城市密集区之一。纽约大都市区至今都没有形成统一、具有权威的大都市区政府，但存在着一些有限度的区域合作。1921 年，由银行家查尔斯·诺顿发起，在"罗素·赛奇基金会"的资助下建立"纽约区域规划委员会"（后更名为纽约区域规划协会），主要成员有银行家、工业企业家、资产家、专家学者等。它的主要职责是调整和协调政府各个部门之间、政府与公众之间的各种关系和不同意见，对城市有序增长和发展进行管理，是政府的顾问和研究机构。[①] 它主要通过私人投资的方式，对大都市区开展重大战略规划，该协会在 1921 年间发表了《纽约及其周围地区的区域规划》，针对当时的移民、基础设施、城市病、环境、通信技术、产业组织方式等方面的问题提出了 20 项政策及"再中心化"的主张和设想；1968年，针对郊区蔓延和中心城区衰落影响了大都市区可持续发展的问题，该协会提出了将就业集中于卫星式的新城，并恢复区域轨道交通系统的主张，最终保住了成百上千亩开敞空间，并对区域通勤铁路系统的建设提供了正确指导；1996 年，该协会发表了名为"危机挑战区域发展"的战略规划，提出通过投资和实施正确的政策来重建经济、环境和公正，主张和

---

① 黄王丽：《美国纽约大都市区的规划管制——VLURP 程式运作实例刍议》，《世界地理研究》2000 年第 1 期，第 75～81 页。

寻求政府、企业、市民、社会团体等多元利益主体共同参与的联合规划机制。

（三）评价与启示

这种模式的优点在于：它不改变地方政府组织结构和职能范围，将市场规则引入政府职能领域，既不增加政府组织形成叠加权威的组织形态，又能实现公共服务的规模供给，提高生产效率。这种模式下的机构一般规模较小，能够根据大都市区发展的现实需求调整发展规划，能够灵活地满足居民的需求和偏好，而且便于市民参与和监督，有利于增强决策的透明度和针对性，为推动大都市区经济社会转型发展发挥了十分重要的决策咨询功能。

然而，如纽约区域规划委员会这样的组织，起初完全是在私人赞助下开展活动的，尽管后来它获得了政府特许和资助，但仅仅通过影响政府官员和选民意见来发挥作用，只有说服的权力，管治的权威性不够，很难实现大都市区内跨行政界线的大空间公共服务合作。"市场失灵"产生的极化效应有可能排挤落后地区或领域的发展机会，从而加重发展中的区域和领域之间的失衡。分权的市场模式在很大程度上难以使大都市区各发展主体间形成合作的凝聚力。在我国目前特定环境下，由于缺少相应的行政干预力量，仅凭协调机构，决策实施的效果难以预测。在大都市区管治主体及其力量选择上，应发挥政府主导作用，同时顺应市场经济发展的内在规律和要求，充分发挥市场、社会组织在大都市区管治过程中的参与作用。

三　网络化的合作模式

（一）基本特征

网络化的合作模式是以跨地方公共事务治理与协作网络为基础组合而成的治理组织形式，它主张将政府机制、市场机制与社会机制融合，以侧重功能性的过程治理代替结构性的政府改革，大都市区管治过程实际上就是各主体之间谈判、协作的过程，所以也被称为"都市联盟"。它主要针对各个主体共同面对的制约区域持续发展的问题，或者为了规划区域内基础设施、产业布局和经济增长方式，而建立区域内互惠、合作和共同发展的（多层治理机构）网络体系。它既不同于完全自上而下的政府集权模式，也不同于完全自下而上的自由市场模式，而是基于区域的自发宏观调控过程，使各个利益主体的权利得到充分、合理的体现及合法的保障，从而强化区域的整体实力。

（二）典型案例：大温哥华地区管治

大温哥华地区位于加拿大西海岸比西省西南菲沙河河口，面积3260平方公里，包括20个市和2个选区。为消除经济社会发展一体化和政治分割之间的矛盾及对区域产生的负面影响，大温哥华地区政府由此应运而生，它是一种灵活的政府形式，是一种由区内政府选派代表组成的联合政府形式。这个组织包括董事会及下属各部门，并设有区域长官来负责下属各部门的运转。它的主要功能有两个方面，一是协调跨市、区的区域性事务，包括区内各市之间，以及与省政府、联邦政府协调与大温哥华地区发展有关的项目、计划提案等。二是为大温哥华区的居民提供比各市单独提供更有效的区域性的基本服务，包括供水、污水处理、空气质量管理、交通规划、固体废物处理。① 在这个体制下，大温哥华地区政府对各市、区的事务没有直接的干预权，各市、区仍保持自己的独立性，其职能仅限于协调区域基础设施和服务，如区域公共交通、供水、废物处理、区域性公园等和编制实施区域规划。

（三）评价与启示

这种模式的优点在于：它强调水平方向的合作，不限制城市政府非跨界职能的行使，同时又能满足人们的不同需求。它既保持部分行政干预力量的存在，又无须对现有政体进行根本性调整和改动，防止行政机构的过分臃肿。非政府组织的规则相对较少，没有条条框框的限制，自然更具灵活性，应变能力也更强。除了在治理中能表现出很强的效率外，还能减少管治成本。因此在不受地方利益的约束下，非政府组织在推动大都市区地

---

① 郭雪飞：《温哥华与成都管理模式比较研究》，《四川大学学报》（哲学社会科学版）2012年第3期，第144~149页。

方政府的合作上具有独特的意义。

然而，在实践中，网络化的合作组织缺乏权威性与稳定性，当各利益主体面临跨界矛盾、利益冲突或社会需求的时候，不可能仅仅通过与某个政府、企业或社会组织的单边协作就能彻底解决问题，往往会以自己为中心，导致各自为政，协调成本会增加。因此，在错综复杂的政府之间、部门之间、公私之间构建多重、多边的跨界合作关系过程中，每个组织单位则是这个上下左右、纵横交错的组织网络体系中一个节点，如何在一个网络化的组织体系中获得跨界合作利益的最优化、最大化，是网络化合作模式成功的关键所在。

以上三种治理方案，实际上代表三种不同的治理机制，即科层制、市场机制和组织网络。尽管三种治理机制在大都市区治理实践中都能解决一些问题，但都不可能解决全部问题，也都会导致新的问题产生。"城市研究不应去寻求一种惟一正确的组织模式，而应关注各种可能的治理模式以及治理是如何通过地方公共经济结构来和绩效发生关系的。"① 因此，郑州大都市区建设应该关注各种可能的管治模式，建立起地方政府之间，政府与非政府之间，政府与企业之间的多元化的混合管治结构，加强各个主体之间的相互配合。在政府的引导下，调动非政府组织参与的积极性，实现治理机制的多元化，以推动大都市区实现经济社会快速平稳的一体化发展。

第四节　郑州大都市区管治的政策建议

一　建立大都市区协调组织

（一）建立协调组织

科学合理的组织结构是治理活动顺利进行的重要前提，没有跨区域、跨组织的协调机构，大都市区的合作事务就难以推进。从这个意义上说，适当的集权是必要的，有利于快速形成协调的新秩序。城市学家 L. 芒福

---

① 〔美〕罗纳德·J. 奥克森：《治理地方公共经济》，万鹏飞译，北京大学出版社，2005，第 161 ~ 162 页。

德指出："如果经济发展想做得更好，就必须设立有法定资格的、有规划和投资权力的区域性权威机构"①，并在权力、职责、资金等方面给予区域协调组织以保障，使之高效运作。如何最大限度地降低大都市区内各级政府部门地区保护壁垒，实现整个大都市区的协同共享，是大都市区发展的关键所在，解决这个问题的根本途径，就是要建立如"郑州大都市区政府"、"郑州大都市区管理委员会"、"郑州大都市区协调发展委员会"之类的协调组织，并作为常设机构，从宏观层面加强整个大都市区的统筹协调，真正做到以大都市区的整体利益为出发点，均衡考虑大都市区的整体利益及地方成员之间的利益关系和得失，找到适合大都市区整体发展的道路，从而实现共赢。为了使协调机构更加有序，可以分设出几个委员会，对基础设施一体化、产业一体化、市场一体化等领域进行分别管理。

（二）明确组织职能

大都市区协调组织应该在明确其管治边界的基础上，形成平等竞争、资源共享、互惠互利、共同发展的理念。它的主要职能应该是制定大都市区各成员之间的合作章程、远景规划以及落实大都市区的整体发展战略，即从整体层面考虑，对大都市区内的资源、劳动力和技术等方面进行优化配置。它在保持各个主体独立性的同时，协调各成员之间跨地区的合作同盟关系或解决其利益矛盾，比如政府合作、土地资源利用规划、交通及基础设施对接、生态环境共建共治、地区产业功能调整、公共服务及设施一体化等政治、经济、社会等各个方面经常出现的问题。

（三）赋予一定的权力和资源

一个有效的区域合作应该被视为"非零和博弈"，它实际上是权力再分配的一种形式，即集中的权力有利于解决共同的问题，增强区域合作成员的整体行动能力。② 以往国内一些大都市区出现的"市长协调会"、"部

---

① 杨新海、王勇：《由生物入侵到城市竞争与区域协调》，《城市问题》2004年第5期，第15~19页。

② 〔德〕贝阿特·科勒·科赫：《因应变化：欧洲联盟治理的转型》，吴志成、李向阳译，《欧洲一体化研究》2003年第3期，第45~52页。

门联席会议"之类的协调组织之所以出现功能疲软，就是因为没有掌握一定的权力和资源，对区域内各利益主体的协商没有产生"硬约束"。因此，郑州大都市区协调组织要具有一定权力和其他资源，以保证其对各级政府具有真正的激励和约束作用，从而平衡诸多方面的利益冲突。大都市区内各级政府有必要让渡一部分行政管理和资源管理的权限给这个协调组织，以保障其发挥真正的作用。可以借鉴国际上通用的做法，成立大都市区发展基金，基金的主要用途是：①支持有关大都市区合作与协调发展中的基本公共品及服务均等化建设项目，尤其要帮助解决合作成员中落后地区的突出问题。②支持诸如环境治理或保护、大型基础设施建设等对整个大都市区整体发展有很大影响的项目。③支持产业调整以形成大都市区内的合理分工。基金由各级政府根据合作的领域和财力的大小各自承担相应的比例，同时在明确组织职能和合作领域的基础上赋予协调组织最终决定权力，以统筹大都市区整体发展。

（四）强化组织的权威性

为了进一步强化郑州大都市区协调组织的权威性，在赋予其一定的权力和资源的同时，还需要更高一级政府层面的制度支持。郑州在河南五大国家战略中具有核心区位优势，站在中原崛起的战略高度上看，以郑州为核心的大都市区发展具有深远的战略意义。因此，为了更好地协调局部利益与全局利益的冲突，可以借鉴国内外相关经验，在协调组织中有必要存在省级政府层面的成员，并赋予其对相关问题的最终裁决的权力以协调安排各项工作，同时加快完善有关法律法规及政策，用正式制度安排坚决加以贯彻和执行，规范各个利益主体的行为，从而加大同城化协调的力度和效果。

二 大力发展行业协会

（一）发展行业协会的必要性

在跨城市发展地区，随着专业化和分工的不断深化，城市之间的矛盾和冲突显然是不可避免的，各行业之间的协调变得越来越重要，建立各种行业性的协调组织对降低城市合作的交易成本非常必要。因此，仅成立一个大都市区协调组织机构显然不够，还需要创造条件鼓励社会力量广泛参与，更多地吸收民间智慧，营造区域跨界融合发展的良好氛围，努力构建和谐、文明、有序的区域社会体系。通过构筑跨城市、独立型的区域行业协会、商会、区域论坛、社会民间组织等平台，实现信息的汇聚和互通，提供多方谈判机制，有助于降低城市之间的交易成本，促进跨区域问题的解决，也有利于对政府权威协调机构的协调措施进行有效实施，对其协调职能进行补充，并且对其协调职权进行监督。

（二）行业协会的成员构成

行业协会可以由国内外不同领域的研究者、实践者、领导者、企业家和市民代表等组成，尤其要重视三类人员，一是专家学者尤其本土专家学者，这一群体对河南省情和郑州大都市地区发展实践有着深入的研究，他们提出的意见和建议对未来郑州大都市区发展有着深远的指导意义。二是郑州大都市区域内的各行业企业代表，这一群体与大都市区经济可持续发展息息相关，也对未来郑州大都市区的经济社会环境的变化最为敏感。三是社会公众，这一群体是郑州大都市区综合发展的最终受益者，未来大都市区发展的成果是否与市民需求相匹配，关系发展改革的成效。

（三）行业协会的主要功能

行业协会主要解决跨区域的基础设施建设、环境保护、产业发展等问题，促进政府之间、政府与民间的合作与交流。通过吸纳各类利益主体组成跨界区域层面开放性的行业协会，如各种产业协会、生态环境协会等，让社会上持有不同观点的各种思想进行交流，求同存异，逐渐达成共识，利用群体智慧就郑州大都市区发展的重大问题进行辩论、辨析和提供决策咨询，从中发现区域跨界融合发展与治理模式创新的路径，协同推动区域社会的开放、融合、公平发展。

（四）行业协会的制度保障

在制度保障和创新方面，有必要改革和突破行业协会的"一地一业"、社会组织不能跨界服务等法律限制，创新社会组织登记管理制度，为这些社会组织在整个郑州大都市区范围内依法开展活动、提供跨界服务创造最有利的法律条件、制度基础，通过搭建在同城化背景下社会互动需求与市场利益诉求的表达机制和通道，增进跨城社会的融合发展，增强跨界治理的民主化和社会化，满足公民社会和市场经济发展的需要，从而形成多种利益集团、多元力量参与、政府组织与非政府组织相结合、体现社会各阶层意志的新公共管理模式。

三　合理调整行政区划

（一）加快清除行政区划障碍

大都市区管治的核心是协调区域多元利益发展主体的权利分配关系，而形成这些权利分配关系的根源之一就是行政区划的分割。行政区划是政府行政的地域性束缚，具有强烈的分割效应，在中国的特殊体制下尤其明显。由于行政区划导致的经济运行或生活成本、发展机遇获取、利益分配的不一致，反过来又进一步加剧了地域分割。在经济全球化的背景下，大到国与国之间，小到乡镇与乡镇之间，必然存在诸如基础设施对接、产业竞争、资源争夺、要素流动、生态污染、政策冲突等各类边界利益矛盾。随着区域经济的一体化，突破行政边界的区域经济必将快速发展，城市区域化、区域城市化现象将会越来越明显，未来大都市区的经济功能交叉融合还会继续强化。因此，为了实现有效的区域管治，一个现实而有效的途径就是调整行政区划。只有打破行政界线范围的制约，才能使大都市区实现整体性发展，进而提高综合竞争力。我国大都市区的形成还处于初级阶段，在城市快速发展和空间外延的客观趋势下，适当的行政区划调整可以减少不必要的资源浪费和无谓的区域内消耗，扩大市场运作的空间，整合政府间的关系，提高城市运行效率。

（二）行政区划调整的构想

在大都市区行政区划调整中，常常采用的途径有兼并（如撤县/市设区以扩大中心城市范围）、合并（如两个县市的合并重组）、提高行政级别（如珠三角地区有一些县级行政单元直接升格为地级市）。可以根据现实发展需要，借鉴国内外大都市区管治中行政区划调整的理念，扩大中心城市中心城区范围，增强中心城市的辐射带动功能，在更大区域范围内整合资源，促进经济和服务跨区域重组与整合发展。按照城市功能转型的要求，适当合并城市中心城区内一些面积较小的政区，推动城市中心内部的"小区制"向适度合理的"大区制"转变，促进中心城区资源的跨界整合与发展。具体到郑州大都市区来说，考虑推动郑州升格为副省级城市，将郑东新区作为正式的行政区纳入郑州市中心城区，同时撤销荥阳市、新密市、新郑市、中牟县行政区划，增设荥阳区、新密区、新郑区（或航空港区）、中牟区作为城市功能区进行建设和发展，将平原示范区纳入郑州市范围，实现郑州跨河发展，这样郑州市城区将达到 12 个，使郑州大都市区城镇人口规模达到 1000 万左右，从而缩小与武汉、西安、成都等中西部城市在空间上的数量级差距，形成能够与之相比肩和互补的特大都市。

（三）构建双层行政管理体制

逐步构建双层行政管理体制，突出郑州大都市区协调机构与区域内各县（市、区）政府的作用，两者存在明确分权。各县（市、区）政府负责地方事务，如经济发展、教育、住房、社会福利、社区建设等，而将交通、水利、规划、土地、环境等规划管理职权移交给大都市区协调机构，但可以在本级政府内明确具体实施的机构。上下两层政府的财税分别源自按职能划分的不同管理领域。这样，大都市区协调机构进行区域的统一协调，以实现效率与公平；而各县（市、区）摆脱了原有行政等级羁绊和行政区划约束，可以在更为平等的环境中按照实际需求协调发展。这种大都市双层制管治模式不同于西方国家通过选举或联合产生的松散型双层制管理模式，它来源于对现有"市管县"行政体制的改造，是一种紧密型的都市区管治模式，它有利于减少郑州大都市区中各区在财政、计划、规划、建设等方面的摩擦，并在上下级政府之间形成合理的分工，划分区域性职能和地方社会服务职能，实现大都市区内一体化发展。

当然，行政区划调整只是手段，不是目的，其实质就是要不断寻求一种公平与效率并重的大都市区管治方式。它的意义与功能毕竟是有限的，要避免激烈的行政区划变动可能给地方经济社会带来不安定和波动，也要防止调整后以新的形式、在新的地域形成新的"行政区经济"。从根本的、长远的角度来看，行政区划制度的创新，不能仅仅停留在区划调整的层面上，而必须和政府职能转变、区域管治模式变革等配合进行，才能最终实现从简单的行政区划调整到良好的大都市区管治的飞跃。

四　加快公共服务的市场化改革

如何向特定范围内的公众提供高效、多元、均等的公共服务或公共产品，是任何区域乃至国家共同面临的一个社会治理难题。从行政效率的角度考察，集权不一定带来高效，高度集权的单中心体制并不是提供大都市区公共服务最合适的组织结构，适当分权更能激发地方政府的责任感，决策中心的多元化更能保证行政效率的提高。竞争是提高公共服务供给效率的关键因素，要想发挥市场机制在资源配置中的优势，关键是要打破公共服务供给中的垄断，引入多元竞争机制。一个大都市区就如一个诸多城市参加的"巨大的公共产品竞争市场"，市场的活力就在于公共产品的多样性与市场主体的多元化。实际上，有效的社会治理需要拥有一个强大的公共产品供给体系，而有效的公共产品供给系统一定是政府与非政府组织协同参与构成的，多个参与者在许多领域进行竞争与协作并建立长期的联盟关系。倡导公私合作伙伴的形式，向相关利益群体提供足够、多元的公共服务，正是大都市区跨界治理高度关注和努力解决的议题之一。

20世纪90年代以来，西方大都市区管治的显著特征是依据公共产品的性质组建区域服务供给的公私伙伴关系，它可以存在于大都市区各级各类地方政府间，政府与私营机构、非政府组织之间，服务范围清晰划分，服务收益明确分享，充分发挥市场组织和社会组织在公共服务生产和供给中的作用。因此，有必要建立相关的制度框架，加快郑州大都市区公共服务市场化改革，使不同利益主体充分介入大都市区公共事业的决策中，保障地方政府以及私营企业，第三部门、社会公众在公共服务领域的良性竞争。市场化改革的重点在基础设施、交通、教育、医疗卫生、文化体育等领域。可以借助政府间协议、合同外包、税收减免、招标采购等方式，通过公平竞争来促进相互间的合作与发展，推动民营企业、非政府组织、非营利性组织等市场或社会组织参与不同层面的公共产品供给，以此满足民众多样化的需求。政府主要职能就是制定标准和监管扶助，推进大都市区域内多个参与主体的合作进程，降低公共产品成本，保障公共产品质量。

五　发挥传统文化的整合作用

文化对人们观念的形成具有深远的影响，它通过思想、观念、信仰及习惯等直接影响人们的行动。成功的大都市区管治往往植根于文化的共性。具有共同人文和历史渊源的区域在构建大都市区统筹发展时可以减少融合过程中的矛盾，继承和保护区域内的历史文化遗产，避免外部开发和行为模式对本土认同的侵蚀，并创造出适应本地风俗特点的新生活方式，这是推动大都市区发展的深层因素。相似的文化和历史有利于产生共同的认同感和归属感，通过发挥传统文化的整合作用，大都市区内各城市间更具有包容性，有利于彼此间人口流动、经济联系等，也有利于塑造大都市区的整体个性与特色。

郑州大都市区是中原文化的主要发源地区之一，中原文化是中华文化之根，中原地区以特殊的地理环境、历史地位和人文精神，使中原文化在漫长的中国历史中处于主流文化地位。中原文化的一个重要特性就是包容性，它通过经济、战争、宗教、人口迁徙等众多方式，实现了物质文化、制度文化和思想观念的全面融合与不断升华。郑州大都市区域内的各城市间的文化历史同脉，生活背景一贯相通，承袭了共同的人文渊源，其文化具有很大的相容相似性。久远的历史脉络使大都市区内市民有着强烈的认同感，文化根基与传统底蕴的同一性也为加快郑州大都市区发展奠定了坚实的人文基础。因此，有必要整合中原传统文化，通过人文底蕴的紧密联系把郑州大都市区内各城市紧紧连接在一起，发挥出润滑剂和黏合剂的作用，从而有助于形成大都市区域内分工协作的价值基础，提升各利益主体相互协作的意愿，减少在大都市区的产业结构调整、基础设施及公共服务一体化、城镇体系建设、生态共建共享、机制构建等多个方面的发展过程中的阻力，加快大都市区同城化发展。

参考文献

刘鹤鹤：《成都大都市区管理与国际经验借鉴》，西南交通大学，2008。

谢守红：《大都市区空间组织的形成演变研究》，华东师范大学，2003。

姚阳：《新城市化发展模式与地方治理——美国大都市区发展的经验与启示》，《学术界》2013 年第 3 期。

洪世键、黄晓芬：《大都市区概念及其界定问题探讨》，《国际城市规划》2007 年第 5 期。

张京祥、邹军、吴启焰、陈小卉：《论都市圈地域空间的组织》，《城市规划》2001 年第 5 期。

谢守红：《大都市区的空间组织》，科学出版社，2004。

许学强、周一星、宁越敏：《城市地理学》，高等教育出版社，1997。

郭其伟、陈晓键、朱瑜葱：《俄勒冈州城市增长边界实践及其对我国的启示》，《西北大学学报》（自然科学版）2015 年第 6 期。

易承志：《超越行政边界：城市化、大都市区整体性治理与政府治理模式创新》，《南京社会科学》2016 年第 5 期。

孙群郎：《当代美国大都市区交通拥堵的治理措施》，《世界历史》2011 年第 3 期。

王学锋、崔功豪：《国外大都市地区规划重点内容剖析和借鉴》，《国际城市规划》2007 年第 5 期。

孙群郎：《当代美国的精明增长运动及其评价》，《史学理论研究》

2015 年第 4 期。

张强:《全球五大都市圈的特点、做法及经验》,《城市观察》2009 年第 1 期。

冯德显、贾晶等:《中原城市群一体化发展战略构想》,《地域研究与开发》2013 年第 12 期。

王发曾、张改素等:《中原经济区城市体系空间组织》,《地理科学进展》2014 年第 2 期。

喻新安、杨兰桥等:《中部崛起战略实施十年的成效、经验与未来取向》,《中州学刊》2014 年第 9 期。

赵森:《基于中心地理论的晋陕豫黄河金三角区域经济合作基础》,《经济研究导刊》2011 年第 10 期。

张素芳、张羿宸:《郑州航空港建设对提升城市功能的影响》,《合作经济与科技》2016 年第 9 期。

孟晓晨、马亮:《"都市区"概念辨析》,《城市发展研究》2010 年第 9 期。

洪世键、黄晓芬:《大都市区概念及其界定问题探讨》,《国际城市规划》2007 年第 5 期。

王国霞、蔡建明:《都市区空间范围的划分方法》,《经济地理》2008 年第 2 期。

曾群华:《关于区域同城化的研究综述》,《城市观察》2013 年第 6 期。

杨姝琴:《广州增强国家中心城市辐射力研究》,《城市观察》2014 年第 6 期。

朱惠斌、李贵才:《深港联合跨界合作与同城化协作研究》,《经济地理》2013 年第 7 期。

詹荣胜、刘兴景、孙立锋:《把握区域发展都市区化趋势,以宁波为极核城市打造都市区》,http://daily.cnnb.com.cn/nbrb/html/2016 - 05/12/content_958000.htm? div = - 1。

李彤、韩宇:《构建环渤海世界级城市群综合交通体系研究探讨》,《城市》2011 年第 9 期。

连维良、汪应洛：《城市规划郑州都市区建设的若干战略思考》，《城市规划》2012 年第 8 期。

许学清：《科学建设郑州生态都市区的思考》，《城乡建设》2013 年第 11 期。

薄爱敬：《中原城市群综合交通运输网络的发展对策》，《郑州铁路职业技术学院学报》2016 年第 2 期。

汤宇轩、池利兵等：《郑州都市区交通发展的战略思考》，《建设科技》2014 年第 15 期。

黄涛、郭亚宣：《基于新型城镇化视野下的郑州都市区规划体系思考》，《现代城市研究》2016 年第 4 期。

刘宁斌、苗道华：《郑州构建多中心大都市区规划研究》，《河南城建学院学报》2016 年第 4 期。

郑州市城乡规划局：《郑州都市区总体规划 2012 - 2030》。

王元庆、孙林岩等：《我国大城市交通问题产生的体制原因及对策研究》，《城市问题》2007 年第 5 期。

王建国：《推进中原城市群交通发展一体化》，《河南日报》2016 年 9 月 23 日。

周干峙：《论我国大城市交通》，《城市发展研究》1996 年第 9 期。

涂成林、隆宏贤：《国际大都市城市交通体系建设管理研究》，《城市观察》2010 年第 8 期。

程天云：《美国公众参与城市规划的特点与启示》，《今日浙江》2006 年 11 月 25 日。

段里仁、毛力增：《疏通微循环是改善城市交通的重要举措》，《综合运输》2012 年第 10 期。

张新勇、史小军：《美国、加拿大城市规划建设做法及启示》，《城市管理与科技》2012 年第 12 期。

曹敏晖：《城市交通存在的问题及对策分析》，《重庆交通大学学报》（社会科学版）2009 年第 2 期。

张文磊、张思颖：《区域生态共建的理论和制度设计探讨》，《环境科学与管理》2009 年第 4 期。

郭荣朝、苗长虹等:《城市群生态空间结构优化组合模式及对策——以中原城市群为例》,《地理科学进展》2010 年第 3 期。

王玉明、刘湘云:《区域环境治理中的政府合作机制》,《2011 中国可持续发展论坛论文集》。

民革天津市委会课题组:《京津冀协同发展格局下生态环境保护合作机制研究》,《天津政协》2015 年第 3 期。

崔木花:《中原城市群 9 市城镇化与生态环境耦合协调关系》,《经济地理》2015 年第 7 期。

David K. Hamilton. Governing Metropolitan Areas. New York: Garland Publishing, Inc. , 1999.

Department of Infrastructure. Melbourne 2030 – Planning for Sustainable Growth, 2002.

City of Cities: A Plan for Sydney's Future. Metropolitan Strategy, 2005.

Mayor of London, The London Plan: Spatial Development Strategy for London. February, 2004.

后 记

进入 21 世纪以来，随着河南经济社会的发展和新型城镇化的加速推进，人口向省外的流动增速明显放缓，省内流动人口不断增加且流动更加频繁。2011~2015 年，河南全省只有省会郑州是净流入地区，外省流入河南人口的 37% 和省内流动人口的 60% 均流入郑州，近五年间郑州净流入人口达到 185 万人，仅比深圳少 1 万人，在全国大中城市中位居第七。大量的净流入人口，让郑州保持创新活力、维持人口红利的同时，也让郑州处于交通拥堵、房价飞涨、环境恶化、管理失效的发展阵痛中。

虽然党委政府、城市管理部门、专家学者都聚焦于郑州现代化国际商都、国家中心城市、"一带一路"节点城市、中原经济区核心城市等国家级战略的建设与布局，并力求解决伴随郑州城市发展而来的种种阵痛，但由于对全省人口流向的判断不准，对郑州净流入人口量的估计不足，对一系列"城市病"的出现准备不够，城市的规划、建设、管理三大关键环节都不同程度地出现了问题。

郑州作为中原经济区、郑州航空港经济综合实验区、郑洛新国家自主创新示范区、中国（河南）自由贸易试验区等国家战略的核心区域，未来仍将处于快速扩张的过程中。在此背景下，以大都市区为主体形态来应对郑州面临的转移人口的流入、城市规模的扩张、空间结构的优化、功能布局的完善等问题，对于打造中原经济区的核心增长极尤为重要。由于建设郑州大都市区是依据发展规律、立足河南省情提出的新探索，决定了本书研究的原创性、挑战性，也决定了书中存在不足的必然性。

本书由河南省社会科学院城市与环境研究所所长王建国研究员负责策

划选题，拟定大纲，统筹协调，组织实施，并对全书进行统稿、修订和审定。写作分工如下：第一章，彭俊杰；第二章，易雪琴、韩鹏；第三章，柏程豫；第四章，郭志远；第五章，王建国、王新涛；第六章，李建华；第七章，王建国；第八章，彭俊杰；第九章，左雯；第十章，郭志远；第十一章，易雪琴；第十二章，李建华；第十三章，易雪琴。由于作者学术水平和实践经验所限，书中不当甚至错误之处在所难免，敬请读者批评指正。

在本书付梓之际，向河南省社会科学院各位领导，以及科研处、办公室、财务处等部门对本书出版的支持表示由衷的感谢，也衷心感谢社会科学文献出版社任文武主任、丁凡编辑的热情帮助。

笔者
2016 年 11 月

图书在版编目（CIP）数据

郑州大都市区建设研究 / 王建国等著 . -- 北京：
社会科学文献出版社，2017.5
（中原学术文库）
ISBN 978 - 7 - 5201 - 0748 - 8

Ⅰ.①郑…　Ⅱ.①王…　Ⅲ.①大城市 - 城市建设 - 研
究 - 郑州　Ⅳ.①F299.276.11

中国版本图书馆 CIP 数据核字（2017）第 088091 号

中原学术文库·学者丛书
郑州大都市区建设研究

著　者 / 王建国 等

出 版 人 / 谢寿光
项目统筹 / 任文武
责任编辑 / 丁　凡

出　　版 / 社会科学文献出版社·区域与发展出版中心（010）59367143
　　　　　地址：北京市北三环中路甲 29 号院华龙大厦　邮编：100029
　　　　　网址：www. ssap. com. cn
发　　行 / 市场营销中心（010）59367081　59367018
印　　装 / 三河市尚艺印装有限公司

规　　格 / 开 本：787mm × 1092mm　1/16
　　　　　印 张：16.5　字 数：260 千字
版　　次 / 2017 年 5 月第 1 版　2017 年 5 月第 1 次印刷
书　　号 / ISBN 978 - 7 - 5201 - 0748 - 8
定　　价 / 58.00 元

本书如有印装质量问题，请与读者服务中心（010 - 59367028）联系